前言

随着社会的发展，社会分工越来越细化，对劳动者的技能要求越来越专业，学习—提高—实践成为企业和个人发展的一项重要内容。在经济交流越来越多、经济关系越来越复杂的今天，商务谈判不仅是利益争夺的“战场”，也是个人生存的一项重要技能，它已经成为企业内部组织间、个人间、组织与个人间沟通的重要方式。商务谈判作为现代企业商务人员必须掌握的一项职业技能，越来越受到个人和企业的重视。如何在有限的时间内，让学生既掌握必要的商务谈判专业知识，又具有一定的职业能力和再学习能力，成为高职教学亟待解决的问题。

本教材打破传统教材的编写模式，按照项目化教学，采用任务驱动的方式，突出商务谈判实践中的策略和技巧应用，符合高职高专学生的学习特点。本教材内容以商务谈判进程为主线，以能力培养和实际应用为核心，遵循商务谈判的规律，由浅入深，通过对大量案例的具体分析，将理论阐述融于实际谈判业务操作中，突出商务谈判实践中的策略和技巧应用。教材分为商务谈判基础篇和商务谈判实战篇，共八个项目，每个项目包括项目目标、项目引导、课堂拓展和知识运用几大部分。本教材可读性、实用性较强，体现了当前人才培养的最新理念，具有职业教育的鲜明特点。

本书由潍坊工程职业学院市场营销专业带头人潘瑞艳担任主编，潍坊工程职业学院赵凤卿、重庆工商职业学院卿云晖、安徽水利水电职业技术学院丁紫辉担任副主编，潍坊工程职业学院李芳、叶丽、马帅以及江苏农林职业技术学院彭燕琼参与编写。具体分工如下：项目一与项目二由潘瑞艳老师编写，并负责拟定编写思路和大纲，对全书进行校审工作；项目六由赵凤卿老师编写；项目五由丁紫辉老师编写；项目三由卿云晖老师编写；项目四由李芳老师编写；项目七由叶丽老师编写；项目八由马帅老师与彭燕琼老师共同编写，并负责制作全书的教学课件与课后习题参考答案。

教材在编写过程中，查阅、引用了许多国内外相关著作及网络资料，借此机会一并表示感谢！

囿于编者学识与经验有限，教材中难免存在纰漏，不当之处恳请各位专家、学者和广大读者提出宝贵意见，以便再版时进行修正。

编者

目　录

商务谈判基础篇

项目一　商务谈判认知 ………… (3)

任务一　认知商务谈判的内涵 ………… (4)

任务二　了解商务谈判的原则 ………… (10)

项目二　谈判思维能力训练 ………… (16)

任务一　发散思维能力训练 ………… (18)

任务二　跳跃思维能力训练 ………… (20)

任务三　逆向思维能力训练 ………… (21)

项目三　谈判语言能力训练 ………… (24)

任务一　拒绝的语言训练 ………… (25)

任务二　赞美的语言训练 ………… (27)

任务三　幽默的语言训练 ………… (30)

任务四　论辩的语言训练 ………… (35)

任务五　提问的语言训练 ………… (40)

任务六　肢体语言艺术 ………… (44)

项目四　商务谈判礼仪认知 ………… (52)

任务一　商务谈判礼仪初识 ………… (53)

任务二　谈判人员个人基本礼仪 ………… (57)

任务三　国际商务谈判礼仪 ………… (71)

商务谈判实战篇

项目五　商务谈判的准备 ………… (81)

任务一　收集、分析谈判资料 ………… (82)

任务二　制订谈判计划 ………… (96)

任务三　组建谈判队伍 …… (101)
任务四　准备谈判场地 …… (111)
任务五　进行模拟谈判 …… (114)
项目六　商务谈判的开局 …… (120)
任务一　谈判气氛的建立 …… (120)
任务二　谈判开局策略 …… (125)
任务三　谈判开局技巧 …… (130)
项目七　商务谈判的磋商 …… (135)
任务一　磋商阶段的报价 …… (136)
任务二　磋商阶段的讨价还价 …… (143)
任务三　价格让步 …… (156)
项目八　商务谈判的结束 …… (165)
任务一　判定谈判结束时机 …… (166)
任务二　选择谈判结束策略 …… (170)
任务三　结束谈判的技术准备 …… (173)
任务四　谈判的后期管理 …… (177)

参考文献 …… (184)

普通高等职业教育“十三五”规划教材
“教—学—做一体化”校企合作重点科研成果推荐教材
21世纪高职高专规划教材·市场营销系列

商务谈判项目化教程

主　编　潘瑞艳
副主编　赵凤卿　卿云晖　丁紫辉
参　编　李　芳　叶　丽　马　帅　彭燕琼

中国人民大学出版社
·北京·

商务谈判
基础篇

项目一

商务谈判认知

【项目目标】

1. 理解谈判的含义及特征。
2. 熟知商务谈判基本原则。
3. 熟悉商务谈判的过程。

【项目引导】

分橙谈判

有一个妈妈把一个橙子给了邻居的两个孩子。

这两个孩子便讨论起来如何分这个橙子。两个人吵来吵去，最终达成了一致意见，由一个孩子负责切橙子，而另一个孩子选橙子。结果，这两个孩子按照商定的办法各自取得了一半橙子，高高兴兴地拿回家去了。一个孩子把半个橙子拿到家，把皮剥掉扔进了垃圾桶，把果肉放到果汁机里榨果汁喝。另一个孩子回到家把果肉挖掉扔进了垃圾桶，把橙子皮留下来磨碎了，混在面粉里烤蛋糕吃。

从上面的情形我们可以看出，虽然两个孩子各自拿到了看似公平的一半，然而，他们各自得到的东西却未物尽其用。这说明，他们在事先未做好沟通，也就是说两个孩子没有申明各自利益所在。没有事先申明价值导致了双方盲目追求形式上和立场上的公平，结果，双方各自的利益并未在谈判中达到最大化。

如果我们试想，两个孩子充分交流各自所需，或许会有多个方案和情况出现。可能的一种情况就是遵循上述情形，两个孩子想办法将果皮和果肉分开，一个拿到果肉去榨汁，另一个拿到果皮去做烤蛋糕。然而，也可能经过沟通后是另外的情况，恰恰有一个孩子既想要果皮做蛋糕，又想喝橙子汁。这时，如何能创造价值就非常重要了。

想要整个橙子的孩子提议可以将其他的问题拿出来一块谈。他说："如果把这个橙子全给我，你上次欠我的棒棒糖就不用还了。"其实，他的牙齿被蛀得一塌糊涂，父母上星期就不让他吃糖了。

另一个孩子想了想，很快就答应了。他刚刚从父母那儿要了五块钱，准备买糖"还债"。这样他就可以用这五块钱去玩电子游戏，才不在乎这酸溜溜的橙子呢。

两个孩子的谈判思考过程实际上就是不断沟通、创造价值的过程。双方都在寻求对自己最大利益的方案，同时也满足对方最大利益的需要。

任务一　认知商务谈判的内涵

一、谈判的概念

谈判是人们在日常生活中解决矛盾冲突的一种工具。谈判有广义与狭义之分。广义的谈判是指除正式场合下的谈判外，一切协商、交涉、商量、磋商等。狭义的谈判仅仅是指正式场合下的谈判。

谈判是人类交往行为中一种非常广泛和普遍的社会现象。古今中外，大到国与国之间的政治、经济、军事、外交、科技、文化的相互往来，小到企业之间、个人之间的联系与合作，都离不开谈判。正如美国谈判专家荷伯·科恩所说："世界是张谈判桌，万事均可谈判。"

谈判是由"谈"和"判"两个字组成的。"谈"就是说话、讨论，是指双方或多方之间的沟通和交流。"判"就是分辨、评定、判决，决定一件事情。

谈判就是双方将自己的观点从"最理想"调试到"最可行"的"谈"的过程。一切有关协商、交涉、商量、磋商的活动，都是谈判。

美国谈判学会会长、著名律师杰勒德·I. 尼尔伦伯格在《谈判的艺术》一书中所阐明的观点更加明确，他说："谈判的定义最为简单，而涉及的范围却最为广泛，每一个要求满足的愿望和每一项寻求满足的需要，至少都是诱发人们展开谈判过程的潜因。只要人们为了改变相互关系而交换观点，只要人们是为了取得一致而进行磋商，他们就是在进行谈判。"

不同学者从不同的角度定义谈判的概念。综合关于谈判的各种概念，本书认为：谈判是有关方面就共同关心的问题互相磋商、交换意见，寻求解决的途径和达成协议的过程。

二、商务谈判的特征

商务谈判是一种经济谈判，是指不同利益群体之间，以经济利益为目的，就双方或多方的商务往来关系而进行的谈判。

好的谈判者并不是一味固守立场，追求寸步不让，而是要与对方充分交流互动，从双方的最大利益出发，创造各种解决方案，用相对较小的让步来换得最大的利益，而双方也是遵循相同的原则来取得交换条件，实现互利互惠。在满足双方最大利益的基础上，如果还存在达成协议的障碍，那么就不妨站在对方的立场上，替对方着想，帮助扫清达成协议的一切障碍，从而达成统一的最终协议。因此，谈判是参与各方为了达到某种利益目标所采取的某种协调行为过程。商务谈判的特征主要有以下六项。

（一）商务谈判是实现企业经济利益和满足对方需要的一种营销手段

与其他谈判相比，商务谈判更加重视谈判的经济效益。商务谈判的谈判者以获取经济利益为基本目的，在满足经济利益的前提下才涉及其他非经济利益。在商务谈判中，谈判者都比较注意谈判所涉及的成本、效率和效益。所以，人们通常以获取经济效益的好坏来评价一项商务谈判的成功与否。不追求经济效益的商务谈判就失去了价值和意义。正如尼尔伦伯格所言:“谈判的目的在于得到我们需要的,并寻求对方的许可,就这么简单。”

（二）商务谈判是以价值谈判为核心的

商务谈判涉及的因素很多,谈判者的需求和利益表现在众多方面,但价值几乎是所有商务谈判的核心内容。这是因为在商务谈判中价值的表现形式——价格最直接地反映了谈判双方的利益。谈判双方在其他利益上的得与失,在很多情况下或多或少都可以折算为一定的价格,并通过价格升降得到体现。需要指出的是,在商务谈判中,我们一方面要以价格为中心,坚持自己的利益,另一方面又不能仅仅局限于价格,应该拓宽思路,设法从其他利益因素上争取应得的利益。因为,与其在价格上与对方争执不休,还不如在其他利益因素上使对方在不知不觉中让步,这是从事商务谈判的人需要注意的。

（三）商务谈判是双方冲突与合作的过程

“冲突”与“合作”的共存过程本就是商务谈判的实质,纯粹的合作就无需谈判,直接执行就可以了;而单一的冲突只能使谈判破裂,双方都得不到各自想要的东西。所以,谈判的“冲突”和“合作”本就是谈判过程中再正常不过的事情,如果是没有“冲突”或是“合作”的谈判,那你可要小心了,这可能是骗局。

（四）商务谈判注重合同条款的严密性与准确性

商务谈判的结果是由双方协商一致的协议或合同来体现的。合同条款实质上反映了各方的权利和义务,合同条款的严密性与准确性是保障谈判获得各种利益的重要前提。有些谈判者在商务谈判中花了很大气力,好不容易为自己获得了较有利的结果,对方为了得到合同,也迫不得已做了许多让步,此时谈判者似乎已经获得了这场谈判的胜利,但如果在拟订合同条款时,掉以轻心,不注意合同条款的完整、严密、准确、合理、合法,往往会掉进谈判对手在条款措词或表述技巧上所设的陷阱,这不仅会把到手的利益丧失殆尽,而且还要为此付出惨痛的代价,这种例子在商务谈判中屡见不鲜。因此,在商务谈判中,谈判者不仅要重视口头上的承诺,更要重视合同条款的准确性和严密性。

（五）商务谈判特别强调时效性

俗话说,“时间就是金钱”,商场如战场,商机不等人。在现代市场竞争形势下,市场瞬息万变、变幻莫测,竞争者虎视眈眈,时间变化往往会使黄金变粪土,也可使抓住机会者变为百万富翁。特别是对具有季节性、时令性的零售商品的购销,时机的选择尤为重要,一旦错过销售旺季,商家的收益将会大打折扣。所以在商务谈判中,谈判者都非常注意谈判自身的效率和合同履行的时间保证。

（六）商务谈判是互惠的过程,是一种不均等的公平

谈判是“给予”与“接受”兼而有之的一种互动过程,不论参与双方是自愿的还是被动的,单方面的施舍或接受都不能算作一种谈判。所以,谈判是互惠互利的。如果一方只想从另一方索取利益,则这种谈判缺少最起码的基础,谈判的双方也不可能真正坐到一起。美国汽车传奇人物李·艾柯卡有一句发自肺腑的感慨:“要经常为别人的利益着想。”

但是,互惠并不意味着均等,有些谈判者从中获得的好处多,有些谈判者从中获得的好处少,谈判双方所拥有的实力与技巧的差异,导致了这种不平等的结果。不过,谈判的结果使一方绝对吃亏也是不现实的,双方对谈判结果都有否决的权利,谈判结果都能保证自己的基本利益。只要双方都认可,无论结果是多么的“不平等”,这样的谈判就算是公

平的。

【课堂拓展】

合作延续谈判

伦敦科斯塔罗旅行社的业务员常与西班牙一家连锁旅馆的业务经理见面，讨论下一季的订房。会谈的时候，科斯塔罗旅行社的业务员提出：客户抱怨旅馆的各个项目，要求变动；还有几项服务上的缺点要旅馆予以改善。西班牙旅馆的经理一项一项地查看，大部分的项目都同意改善，最后他停下来，叹口气说："先生，我以为这是一次谈判，但我全是在让步。""不错，"旅行社代表说，"你停止让步，我就开始谈判。"

三、商务谈判的过程

对每一位谈判者来说都应当明确：一场成功圆满的谈判必须使双方的利益需求获得一定的满足，或者说双方各自目标预期在谈判桌上求得一定程度的平衡，随之而来的是彼此合作关系在此基础上得到进一步的改善与融洽。因此，一次成功的谈判活动，每一方都应是获胜者。

当彼此具有利害关系与矛盾争议的双方，为了协调一致、争取和解，经过一定的准备，各自派出己方代表，在约定的时间、地点进行一场正规的谈判时，谈判就有了特定的规则和程序。一般来说，正式的谈判活动从开始到结束，划分为准备阶段、开局阶段、磋商阶段和结束阶段。

（一）准备阶段

谈判的准备工作对于谈判是非常重要的。谈判前，要对对方的情况做充分的调查了解，分析他们的强弱项，分析哪些问题是可以谈的、哪些问题是没有商量余地的；还要分析对于对方来说，什么问题是重要的，以及这笔生意对于对方重要到什么程度等。同时也要分析自身的情况。

假设我们将与一位大公司的采购经理谈判，我们应先自问以下问题：

——要谈的主要问题是什么？

——有哪些敏感的问题不要去谈及？

——应该先谈什么？

——我们了解对方哪些问题？

——自从最后一笔生意，对方又发生了哪些变化？

——如果谈的是续订单，以前与对方做生意有哪些经验和教训要记住？

——与我们竞争这份订单的企业有哪些强项？

——我们能否改进我们的工作？

——对方可能会反对哪些问题？

——在哪些方面我们可以让步？我们希望对方做哪些工作？

——对方会有哪些需求？他们的谈判战略会是怎样的？

回答这些问题后，我们应该列出一份问题单，要问的问题都要事先想好，否则谈判的效果就会大打折扣。做好谈判准备工作是预防冲突激化的有效手段，谈判桌上风云变幻，谈判者要在复杂的局势中左右谈判的发展，则必须做好充分的准备。只有做好了充分准备，才能在谈判中随机应变、灵活处理，从而避免谈判中利益冲突的激化。由于国际商务谈判涉及面广，因而要准备的工作也很多，一般包括谈判者自身的分析和谈判对手的分析、谈判班子的组成、谈判时心理的准备、精心拟定谈判目标与策略，必要时还要进行事先模拟谈判等。

1. 知己知彼，做好准备

在谈判准备过程中，谈判者要在对自身情况做全面分析的同时，设法全面了解谈判对手的情况。自身分析主要是指进行项目的可行性研究。对对手情况的了解主要包括对手的实力，对手所在国（地区）的政策、法规、商务习俗、风土人情以及谈判对手的谈判人员状况等。目前中外合资项目中出现的许多合作误区与投资漏洞，乃至少数外商的欺诈行为，很大程度上是中方人员对谈判对手了解不够造成的。

2. 选择高素质的谈判人员

国际商务谈判在某种程度上是双方谈判人员的实力较量。谈判的成效如何，往往取决于谈判人员的知识方面和心理方面的素质。由于国际商务谈判所涉及的因素广泛而又复杂，因此，通晓相关知识十分重要。较为全面的知识结构有助于构筑谈判者的自信与成功的基础。此外，作为一个国际商务谈判者，还应具备一种充满自信心、具有果断力、富于冒险精神的心理状态，只有这样才能在困难面前不低头、风险面前不回头，才能正视挫折与失败，拥抱成功与胜利。

因为商务谈判又常常是一场群体间的交锋，单凭谈判者个人的丰富知识和熟练技能，并不一定就能达到圆满的结局，所以要选择合适的人组成谈判班子与对手谈判。谈判班子成员各自的知识结构要具有互补性，从而在解决各种专业问题时能驾轻就熟，并有助于提高谈判效率，在一定程度上减轻主谈人员的压力。

3. 拟定谈判目标，明确谈判最终目的

商务谈判中经常遇到的问题是价格问题，这一般也是谈判利益冲突的焦点问题。如果你是一个出口商，你要确定最低价；如果你是一个进口商，你要确定最高价。在谈判前，双方都要确定一个底线，超越这个底线，谈判将无法进行。如果出口商把目标确定得过高或进口商把价格确定得过低，都会导致谈判失败。

作为一个出口商，你的开价应在你能接受的最低价和你认为对方能接受的最高价之间，重要的是你开的价要符合实际，是可信的、合情合理的，促使对方做出响应。一个十分有利于自己的开价不一定是最合适的，它可能向对方传递了消极的信息，使对方对你难以信任，而采取更具进攻性的策略。

当你确定开价时，应该考虑对方的文化背景、市场条件等因素。在某些情况下，可以在开价后迅速做些让步，但很多时候这种作风会显得对建立良好的商业关系不够认真，所以开价必须慎重，而且应留有足够的回旋余地。

4. 制定谈判策略

每一次谈判都有其特点，要求有特定的策略和相应的战术。在某些情况下首先让步的谈判者可能被认为处于弱势地位，致使对方施加压力以得到更多的让步；然而另一种环境下，同样的举动可能被看做是一种要求回报的合作信号。在国际贸易中，采取合作的策略，可以使双方在交易中建立融洽的商业关系，使谈判成功，各方都能受益，但一个纯粹的合作关系也是不切实际的。当对方寻求最大利益时，会采取某些竞争策略。因此，在谈判中采取合作与竞争相结合的策略会促使谈判顺利进行。这就要求我们在谈判前制定多种策略方案，以便随机应变。你需要事先计划好“必要时可以做出哪些让步”，并确定怎样让步和何时让步。重要的是在谈判之前要考虑几种可供选择的竞争策略，万一对方认为你的合作愿望是软弱的表示时，或者对方不合情理、咄咄逼人，这时改变谈判的策略，可以取得额外的让步。

不少国际商务谈判因缺乏谈判技巧而失败。谈判者通过培养倾听和提问的能力，通过掌握上述的技巧，就可以在谈判中掌握主动、获得满意的结果。

（二）开局阶段

开局阶段主要是指谈判双方见面后，在进入具体交易内容讨论之前，相互介绍、寒暄以及就谈判内容以外的话题进行交谈的那段时间和经过。开局阶段占用的时间较短，谈论的内容也与整个谈判主题关系不大或根本无关，但这个阶段却很重要，因为它为整个谈判奠定了基础。经验证明，在非实质性谈判阶段所创造的气氛会对谈判的全过程产生重要作用和影响。因此，谈判人员在此阶段的目的和任务就是要为谈判创造一个和谐的气氛，为谈判的后几个阶段打下良好的基础。

这个阶段也称为摸底阶段。这种摸底，是通过谈判双方各自的陈述进行的。通过这种陈述，双方对于能否满足对方的需要，各自的利益、条件、目标有了一定程度的了解，做到心中有数。

具体来说，这一阶段的主要工作有以下三个方面。

1. 分析谈判对手的期望

当己方决定争取实现某项交易目标而须进行商务谈判时，首先要做的准备工作就是分析谈判对手的期望。分析谈判对手的期望，应根据交易目标的必要和相互间商务依赖关系的可能，通过直接的或间接的先期探询，即相互寻找、了解交易对象的活动，在若干候选对象中进行分析比较和谈判的可行性研究，找到己方目标与对象条件的最佳结合点，以实现优化选择。

2. 建立适宜的谈判气氛

不同的谈判气氛，对于同一场谈判具有不可忽视的影响，会在不知不觉中把谈判朝着某种方向推进。如热烈的、积极的、合作的气氛，会促使双方尽快地达成一致协议；而冷淡的、对立的、紧张的气氛则会把谈判推向破裂的边缘。

3. 开局试探

谈判者在开局阶段应注意察言观色，试探、分析谈判对手的各项信息。按行为学家的论述，双方初次见面的前5分钟内，85%的信息是靠彼此的神态和动作来传递的。譬如，对方在开局之初便瞻前顾后、优柔寡断，或是锋芒毕露，他就很可能是一个初出茅庐的新手；相反，若对方从容不迫、侃侃而谈，设法调动对方的兴趣或想方设法刺探对方的实力，他肯定就是一个谈判的行家里手。

因此，应注意把握好双方接触的瞬间。一般情况是一见面，双方互致问候，然后开始洽谈。话题最好从随意的闲聊打开，如旅途是否舒适，在本地吃、住得是否习惯，想不想到本地的风景名胜去看一看，同时也可以谈一谈自己的经历、见闻和各种有趣的事情，比如，国际社会的新闻、新上映的电影、体育比赛、社会事件等。如果双方曾经认识可以先叙叙旧，谈一些共同经历中彼此感兴趣的和值得回忆的事情。总之，应通过随意的闲聊找到共同的语言和共同的情感，营造轻松愉快的气氛，为进一步相互沟通和正式谈判奠定良好的基础。

与此同时，可以对对方的性格、态度、意向、策略、风格等有一个切身的体验，便于在以后的过程中加以利用。更为重要的是，通过察言观色，可以分析出某种假象和伪装，捕捉和观察对方真实的内心世界。

（三）磋商阶段

在短暂的开局结束之后，进入谈判的磋商阶段，该阶段也称为讨价还价阶段，主要是集中力量处理价格问题。在这个阶段中，双方都想在尽力列举材料、运用策略来最大限度地遏制对方企图后，达到自己的目标，所以这个阶段是谈判中用时最长、困难最多，最能体现智慧，对谈判结果有着最重要影响的阶段。

这一阶段的主要工作有以下三个方面。

1. 明示与报价

明示是实质性谈判的开始，谈判各方通过各种信息传递方式，明确地表示各自的立场、观点，提出明确的交易条件，以便于启动后面的谈判。报价，不仅指在价格方面的要价，而且泛指谈判一方向另一方提出的所有要求。其目的在于明确己方需要、对方需要、彼此相互需要和不暴露于表面的内蕴需要，在此基础上各方积极寻求缩短差距、平衡需求的解决方案。在这一阶段，要注意提出交易条件的形式、报价的先后、条件的变换、报价的原则和信息传递方式几个方面。

2. 议价与讨价、还价

议价与还价就是彼此对报价及交易条件上存在的分歧解释和讨论的过程。它是谈判的一个关键步骤，也是整个谈判过程最困难、最紧张的阶段之一，需要双方付出较大的精力。有的可能通过一轮磋商双方就形成了一致的意见，也有可能需要多轮磋商才能达成协议。每一轮交锋磋商过程都是一次完整的回馈反应。当双方各自设下自己的目标、表示出自己的愿望后，就是一连串的回馈反应过程：提出要求—考虑表态—交锋磋商—坚持或让步。通过多次反复交锋，双方的观点渐趋一致，分歧与差异慢慢缩小。一次谈判能否成功，关键就看议价的结果，因此要表现出勇气、自信与毅力，要利用谈判的策略和技巧，说服对方，实现互惠互利的谈判宗旨。在此环节，双方存在不同的意见并不可怕，重要的是必须寻找出彼此的分歧和差异在哪里、有多大，从而判断出分歧差异是否能够克服以及本次谈判的艰难程度。谈判人员对双方的分歧和差异要做出认真的分析研究，善于明晰谈判桌上的表面差异与实质差异、一般差异与原则差异。只有迅速找出问题的要害所在，才能使自己保持清醒的头脑，在谈判桌上时时处于主动的地位和相对优势。

3. 让步磋商

让步磋商是谈判最重要的阶段，也是整个谈判过程中最困难、最紧张的阶段之一。磋商实质上是谈判双方为缩小差距而做出的妥协让步。通过多次反复磋商，双方的观点趋于一致，彼此的分歧与差距缩小，谈判朝着共同合作的目标推进。一次谈判能否取得圆满成功，关键就要看磋商妥协的结果。

（四）结束阶段

结束阶段是谈判双方经过艰苦的“舌战”，已经就问题的解决找到了双方认同的处理方法，双方的意图在交锋、妥协之后趋于接近，彼此认为基本上达到了自己的要求，便会拍板表示同意。有不少人误以为谈判双方拍板成交，就算谈判过程的终结。其实不然，在拍板定案之后，还有许多复杂甚至棘手的工作要做。

签约时谈判工作人员以双方主谈人达成的原则性协议为基础，对谈判内容加以总结整理，并用准确规范的文句加以表述，最后由谈判代表正式签字生效。双方代表费尽心思，历经谈判准备、正式会谈等曲折复杂的过程，目的是制订一个对双方都具有约束力、能保证彼此利益的协议。这个谈判协议要求表述准确、内容全面，不允许产生严重歧义和遗漏疏忽，否则就可能给一方图谋分外之利造成可乘之机，同时也会给另一方带来意想不到的损失。

任务二　了解商务谈判的原则

商务谈判的原则是指商务谈判中谈判各方应当遵循的指导思想和基本准则，是商务谈判活动内在的、必然的行为规范，是商务谈判的实践总结和制胜规律。因此，认识和把握商务谈判的原则，有助于提升谈判者的综合素质，维护谈判各方的权益，提高商务谈判的成功率和指导商务谈判策略的运用。

一、平等主体原则

平等主体原则是指商务谈判中无论各方的经济实力强弱、组织规模大小，其地位和人格都是平等的。在商务谈判中，当事各方对于交易项目及交易条件都拥有自己的发言权、表决权和否决权，能否达成协议，不能一家说了算或少数服从多数。谈判各方必须充分认识到这种相互平等的权利和地位，自觉贯彻平等原则，要求谈判各方互相尊重、以礼相待，任何一方都不能仗势欺人、恃强凌弱，把自己的意志强加给他人。只有坚持这种平等的原则，商务谈判才能在互信合作的气氛中顺利进行，才能达到互利互惠的谈判目标。可以说，平等主体原则是商务谈判的基础性原则。在遵循此原则的前提下，谈判各方才能真实地表达自己的谈判意愿和想法，实现各自的谈判目标。

二、客观性原则

谈判的客观性原则就是要求谈判者尊重客观事实、服从客观真理，而不要仅凭自己的意志、感情主观从事。通俗地说，客观性原则就是要服从事实、讲道理，克服主观因素的干扰。谈判者因为处在相互对立的两端，在既定的立场、自己利益和强烈感情的支配下，更容易陷入臆想、偏见、固执己见的泥潭中，以致不顾事实真相，不讲客观真理，一意孤行，容易导致抓不住达成协议的有利时机，所以，谈判的客观性原则对谈判活动更显重要。

三、互利双赢原则

互利双赢原则是指商务谈判的目的在于使所有参与谈判的主体都能获利，获得双赢、共赢和多赢。商务谈判不是竞技比赛，不是“零和博弈”，不能一方胜利、一方失败，一方盈利、一方亏本。因为谈判如果只利于一方，不利方就会退出谈判，这样自然导致谈判破裂，谈判的胜方也就不复存在。同时，谈判中所耗费的劳动，也就会成为无效劳动，谈判各方都会成为失败者。现代谈判观认为，互利双赢是商务谈判“合作非零和博弈”的直接结果。著名的美国谈判学家尼尔伦伯格把谈判称为“合作的利己主义”，他认为，合作是互利的前提，没有合作，互利就不能实现。谈判各方只有在追求自身利益的同时，也尊重对方的利益追求，立足于互补合作，才能互谅互让，争取“互惠双赢”，才能实现各自的利益目标，获得谈判的成功。

【课堂拓展】

互惠双赢

如果一单生意只有自己赚，而对方一点不赚，这样的生意绝对不能做。有钱大家赚，利润大家分享，这样才有人愿意合作。

——李嘉诚

在谈判中双方的利益不一致是必然的，有时甚至是尖锐对立的。坚持立场，各不相让，常使谈判出现僵局，而奉行互利原则，则可以打破僵局，达成对双方都有利的协议。

美国著名人际关系学大师戴尔·卡耐基曾经历这样一场谈判。有一段时间，他每个季度都有 10 天租用纽约一家饭店的舞厅举办系列讲座。在某个季度开始时，他突然接到这家饭店的一封要求提高租金的信，将租金提高了 2 倍。当时举办系列讲座的票已经印好了，并且已经都发出去了。卡耐基当然不愿意支付提高的那部分租金。几天后，他去见饭店经理。他说：“收到你的通知，我有些震惊。但是，我一点也不埋怨你们。如果我处在你们的位置，可能也会写一封类似的通知。作为一个饭店经理，你的责任是尽可能地多为饭店谋取利益。如果不这样，你就可能被解雇。如果你提高租金，那么让我们拿一张纸写下将给你带来的好处和坏处。”接着，他在纸中间画了一条线，左边写“利”，右边写“弊”，在“利”的一边写下了“舞厅，供租用”。然后说：“如果，舞厅空置，那么可以出租供舞会或会议使用，这是非常有利的，因为这些活动给你带来的利润远比办系列讲座的收入多。如果我在一个季度中连续 20 个晚上占用你的舞厅，这意味着你将失去一些非常有利可图的生意。”

“现在让我们考虑一个‘弊’。首先你并不能从我这里获得更多的收入，只会获得的更少，实际上你是在取消这笔收入，因为我付不起你要求的价，所以我只能被迫改在其他的地方办讲座。”

“其次，对你来说，还有一‘弊’。这个讲座吸引了很多有知识、有文化的人来你的饭店。这对你的饭店来说是个很好的广告，是不是？实际上，你花了 5 000 美元在报上登个广告也吸引不了比听我讲座更多的人来这个饭店。这对于饭店来说是很有价值的。”

卡耐基把两项“弊”写了下来。然后交给经理说：“我希望你能仔细考虑一下，权衡一下利弊，然后告诉我你的决定。”第二天，卡耐基收到一封信，通知他租金只提高原来的 1.5 倍，而不是 2 倍。

卡耐基一句也没提自己的要求和利益，而始终在谈对方的利益以及怎样实现才对对方更有利，但却成功地达到了自己的目的。关心对方的利益、站在对方的角度设身处地地为对方着想，指出他的利益所在，对方会欣然与你合作。成功谈判的关键在于找出什么是对方的真正需要。当你谋求你的利益时，也为对方指出一条路，使其获得他所谋求的利益。

四、遵守伦理原则

商务谈判既是一种经济活动，也是一种伦理活动。现代谈判观认为，成功的商务谈判的标准不仅在于谈判有无达成协议，而且在于谈判有无遵守商业伦理，如是否坚持诚信原则、是否尊重谈判对手、是否有欺诈行为等。诚信作为所有商家必须坚持的原则，是指谈判各方在谈判过程中要言而有信，一旦许诺，就要遵守。只有遵守诚信原则才能获取对方的信任，使谈判轻松愉快地进行下去。反之，如果言而无信，导致对手疑虑重重，那么谈判的气氛就会变得紧张，谈判必将朝着不利的方向恶化。当然，谈判者言而有信并不等于要把一切和盘托出，一个“过于热诚，一上来就自报家底”的谈判者恐怕也不是优秀的谈判者。一个精明的谈判者，他在传递信息时传递的必然是真实信息，宁可不说，也不可传达虚假信息。但同时他又能审慎分析谈判双方存在的差距及解决问题的良好办法，提出可行的多种解决方案，供对方选择。因此，谈判者既要言而有信，又必须辨分寸、讲原则。该说的应该说清楚，该传达的信息一定要传达，该坚持的应坚持，该回避的就要回避。这一切的前提便是遵守商务谈判的伦理道德规范。

五、灵活应变原则

灵活应变原则是指在商务谈判中要坚持自己的原则和底线，同时更要懂得应变，适时把握成交的机会，促使商务谈判取得成功。商务谈判应变能力是指商务谈判者对突然发生的情况或尚未料到情况的适应、应付能力。在谈判活动中，常常会出现各种意外的突发情况，如果谈判人员不能很好地应付和处理，就会陷入被动，甚至功亏一篑，导致谈判失败。应变能力的强弱与人的灵活性、创造性有密切的联系，当眼前出现的情况同原先预想的有较大出入时，应变能力强的人能够调动自己的想象力，提出各种灵活的办法、变通的方案，尽量妥善解决。同时，对对方提出的方案、措施，也能够冷静分析思考，权衡利弊关系，做出正确的抉择。但应变能力差的谈判人员却做不到这一点，他们习惯于按老办法去处理新问题，常常是这个我不能接受，那个我不予考虑，从来不去寻找更好的解决问题的方法。显然，这种类型的谈判人员是达不成有建设性的协议的。当然，灵活应变并不是说我们就不需要坚持自己的底线和原则。事实上，不坚持原则的谈判者也是不能取得谈判成功的。这就要求谈判者能审时度势，把握好坚持原则和灵活多变的“时机”与“度”，很好地驾驭整个商务谈判过程。

【课堂拓展】

灵活应变的销售员

营销员：“张老板（事先打听好目标老板的姓氏），祝您生意兴隆。不好意思，您开业时我没得到消息，没来恭贺，这个花篮是我的一点心意。”（营销员使用“送礼接近法”接近客户）

张老板（疑惑地）：“你是？”

营销员：“我是金星啤酒集团的销售员，我姓刘，以后您就叫我小刘吧。”

张老板：“你看我现在很忙，要是推销啤酒的话就以后再来！”（客户拒绝）

营销员：“我的外号叫‘小财神’。在刚开业的大喜日子里，您不会把财神拒之门外吧？我可是来给张老板您送钱的。”（半幽默式的介绍，故意吸引他的注意）

张老板："给我送钱？"（营销员拜访客户，就是为客户提供赚钱的机会）

营销员："对，金星啤酒在很多饭店非常畅销，张老板不卖金星啤酒太可惜了。"（用利益诱惑客户，并用实例证明）

张老板："卖什么啤酒不都是一样赚钱？"（客户提出需求异议）

营销员："那可不一样！金星啤酒能够让您赚更多的钱。金星啤酒质量好、品牌美誉度高，是目前市场上最具竞争力的啤酒品牌之一。而且我们的金星小麦啤酒等产品单瓶利润高，给您留足了利润空间，当然是最赚钱的。您的生意那么好，没有金星啤酒终究是个缺憾。来您酒店的消费者有没有点名要金星啤酒的？"

张老板不语，做沉思状。

营销员："知名品牌、品质好的啤酒可以给您酒店的生意锦上添花，消费者不喜欢的酒反而会影响您的生意。金星啤酒近年获得了'中国名牌'这一国家质量级别的荣誉，全国啤酒品牌通过评选的只有8个。我们的酒完全有条件同贵店的档次规模相辅相成、共同发展。"

张老板："听了你的介绍我也有点心动，但是我已经答应专销K品牌，而且交了订金，这几天卖得还可以，我不想换了。"

营销员："K品牌？这是一个小品牌，您档次这么高的酒店销售不知名的啤酒品牌，对贵酒店产生的负面影响您考虑过没有？"

张老板有些犹豫。

营销员继续说："我们注重的是诚信，竭诚为客户服务、共同发展是我们的服务宗旨和目标。餐饮终端现在最需要的是人气，对吧？我们有一个演出团，可以在您店前做一次文艺演出，来给张老板聚聚人气。"（找出利益点）

张老板的眼睛一亮："这倒是个好主意，小刘，演出收不收钱？"（张老板亲切地称呼营销员为小刘，表明了其心态的变化）

营销员："不但不收钱，而且活动我们还要经常搞。先让你们餐饮终端的生意好，赚到钱，我们的产品才能销得好，要的就是这种利益共享的伙伴关系。"

张老板下定了决心："就这样！我们谈谈经销的具体事项吧！"

营销员："好的，我看我们就直接谈如何专销吧。"

张老板："专销是可以，但你们至少得每年出10 000元专销费。"

营销员："只有专销才能让您赚更多的钱。根据贵店的规模，我们一年最多只会出3 000元。"

张老板："这样就没法谈了。"

营销员："您提的条件我们确实无法接受，而且我们投入的专销费是与销量挂钩的。倒不如这样，如果您专销我们的精品小麦啤酒，这是我们的样品，包装非常上档次，进店价只要2元1瓶，您的零售价可达3元1瓶，比您销2元1瓶（一般进价1瓶1.5元左右）的其他品牌酒多赚0.5元钱。每累计销售1 000件，我们再奖励您1 000元（给客户算账，降低客户投资风险）。我们还回收空瓶，0.4元1个。这样算下来，您赚的利润比让我们投的专销费多得多。"

张老板："那你们少说也得交2 000元专销费。"

营销员："这样吧，我们再给您投入一台价值2 000元的展示柜，您销量达到2 000件时就免费送给您了。”

张老板：“那好吧。不过我们的结账方式是月结。”

营销员：“那不行。我们的优惠政策前提是必须现结。我们在本地有办事处，每天都可以送货收瓶，每天的送货量和您的日销量大致相当，并不占压您多少资金。”

张老板：“那少说也得上打下。”

营销员（考虑，并作为难状）：“这可是违反我们销售制度的事。为了我们合作的成功，我可以向公司争取对您实行上打下，但每次欠款不能超过 1 000 元。”

张老板：“那好吧，反正我现在经销的啤酒马上就卖完了，明天你们开始上货吧。”

营销员：“好的，为了保证我们双方的利益，我们签订一份经销合同吧?”

张老板：“好的。”

营销员：“谢谢张老板的关照，希望我们合作成功!”

六、诚信原则

诚信原则要求谈判双方都要讲信用、重信誉、遵守或履行诺言或协议。信用是诚信无欺的职业道德，也是谈判双方交往的感情基础。在谈判中要讲真话、不说假话，做到“言必信”，同时遵守诺言、实践诺言，做到“行必果”。讲求信用、表里如一能给谈判双方以安全感，使双方乐于洽谈生意，利于消除疑虑，促进成交，进而建立长期的商务关系。如果谈判人员不讲信用，出尔反尔，言而无信，那么要取得对方的合作是不可能的。因此，谈判人员及其所在企业、组织要坚持诚信原则，以信誉为本，实事求是、言行一致、取信于人。同时，在谈判中也要注意不轻易许诺，一旦承诺达成协议就必须严格履行。

【课堂拓展】

分配野猪

清晨，有三个猎人在热带雨林狩猎。猎人甲发现了一头野猪，迅速告诉了两个同伴；猎人乙出枪迅速，一下将野猪击倒；猎人丙箭步向前，到猎物跟前补了一刀。三人各有贡献，接下来是分配野猪肉。

经过选举，三人一致认为甲办事公平，一贯主持公道，由他负责分配。

甲说，三人各有功劳，先各得 10 磅。分后其他两人都提出异议，因部位不同、肉质有别，此法分配不公。如何解决？乙建议，将肉全部剁碎，使质地均匀，再分之。大家交口称赞，并共同操作。完毕，已夕阳西沉。

分肉泥开始，甲发现野猪有功，乙先行射杀，丙紧随其后补刀勇猛，各自贡献不菲，按功分之，循环往复，肉泥分毕。可是，各自看看自己所得，再看他人，却都认为自己所得太少，分配仍旧不公。因再无剩余之肉可分，只能相互调整，在调整中三人争论不已，时至第二天中午，烈日炎炎。突然，有人惊呼，哪来的刺鼻难闻之味？原来肉泥已腐臭不能食也，全弃之，公平终于实现。

知识运用

1. 为什么说商务谈判的核心是价格?

2. 你怎样理解“在成功的谈判中双方都不是失败者”这句话?
3. 怎样看待中国加入 WTO 谈判是“双赢”的结果?
4. 你认为在谈判的原则中，最重要的是哪一个原则? 为什么?

项目二

谈判思维能力训练

【项目目标】

1. 理解发散思维、跳跃思维、逆向思维的概念。
2. 学会发散思维、跳跃思维、逆向思维的方法。
3. 能够在合适的场合正确地使用发散思维、跳跃思维、逆向思维来解决问题。

【项目引导】

一、狐狸和葡萄

饥饿的狐狸看见葡萄架上挂着一串串晶莹剔透的葡萄，口水直流，想要摘下来吃，但又摘不到。看了一会儿，无可奈何地走了，它边走边安慰自己说："这葡萄没有熟，肯定是酸的。"

这就是说，有些人能力小，做不成事，就借口说时机未成熟。

上面是《伊索寓言》中的小故事，简单来看就是：狐狸想吃葡萄，却又摘不下来，看了一会儿无奈地走了，边走边安慰自己"葡萄没有熟，肯定是酸的。"

其中有几个关键点：

(1) 狐狸为什么想吃葡萄?

(2) 狐狸为什么摘不到葡萄?

(3) 狐狸摘不到葡萄为什么又看了一会儿才走?

(4) 走的时候还能有什么反应?

(5) 站到故事之外又能怎样看呢?

根据以上几点，可以怎样发散?

根据 (1) 发散

狐狸走的时候对葡萄说：哈哈，吓到你了吧！不过刚才我是跟你闹着玩的，你知道我们狐狸都是吃肉的！

也可以说：真尴尬，早知道出来的时候多喝点水了，就不会是现在这样了。

或者：哎，阿狐、阿狸的生日礼物又没了。

或者：看来晚上的葡萄酒没了。

或者：我只想拿下来看看你熟了没，真小气，看都不让看。

或者：可恶，都几天没抓着兔子了，没想到吃个葡萄也这么难。

或者：回去找那个小羊好好算账，要不是它弄脏了河水，我也不会渴，更不会在这儿出丑。

或者：太阳太可恶了，把我热渴了，却又不让我吃葡萄。

或者：我为什么非要吃葡萄不可呢？（反省动机）

…………

根据（2）发散

狐狸走的时候说：真是的，都怪我爸妈把我生得这么矮，气死我了！

也可以说：谁让你长那么高的？

或者：等我回去锻炼好身体再来找你算账。

或者：你等着，等我长高了再来。

或者：哎，是你的别人抢不走，不是你的也抢不来；看来，吃不到葡萄是天意啊！

或者：要不是前天崴了脚，我把你们全都摘了。

或者：等我回家吃饱了饭，再来大战八百回合。

或者：我真的尽力了吗？（自省状）

…………

根据（3）发散

摘不到葡萄，狐狸无奈地看了一会儿：虽然吃不到你，但你还是那么漂亮、那么晶莹剔透。

也可以说：其实我是想把你摘回去，种到土里，来年发芽结果的。

或者：狐狸看了一会，流着眼泪走了，说着：我想吃葡萄……

或者：真是可惜，把这果子留给乌鸦那混蛋了。

或者：虽然我这么爱你，但你还是无动于衷，哎！

或者：不让我吃，我还就不吃了！

或者：就让你再活两天吧。

或者：你等着，等我叫兄弟来拔掉你。

…………

根据（4）发散

狐狸走了，但又掉头回来，气急败坏地对着葡萄根一阵乱咬。

或者：没有什么是必不可少的，如果得不到也不用太悲伤，因为我有更多其他的快乐啊。

或者：哎，今天的初中考试“摘葡萄”科目看来是要不及格了。

或者：要想摘到葡萄，就得能够着它，那么我得借助其他的工具，或者踩个高跷，或者弄个梯子，或者找猴子和小鸟帮忙更好，团队合作嘛！

或者：为什么葡萄非要长那么高呢，为什么不能长在地上呢？

或者：也许错过了这顿美味，却成全了一片风景，呵呵！有什么可遗憾的呢？

…………

根据（5）发散

站在故事之外，狐狸走了，猴子端着一盘葡萄过来：辛苦了！这戏拍得很成功。

或者：狐狸走了，旁边的小鸟都嘲笑它，它却说：对自己想要的东西，尽力了就行，再说我又没做什么伤天害理的事情，比起那些为了一个东西不择手段的强多了。

或者：狐狸刚要走，突然晴天霹雳，一段葡萄藤掉落，狐狸赶紧捡了起来：哇，老天还是爱我的！

二、园园买了多少牛奶

园园买了一大瓶牛奶，由于商标脱落，不知道牛奶的净重。回家后她连瓶放在秤上称重，显示是3.5千克。现在，她喝掉了一半，又放到秤上去称量，显示是2千克。2分钟之内你能算出牛奶和瓶子各有多重吗？

三、祈祷的时候可以抽烟

有个教徒在祈祷时犯了烟瘾，他问在场的神父，祈祷时可不可以抽烟。神父回答“不行”。另一个教徒也想抽烟，但他换了一种问法，结果得到了神父的许可，你知道他是怎么问的吗？

他这样问神父：“在抽烟的时候可不可以祈祷?”神父回答：“当然可以。”同样是抽烟和祈祷，祈祷时要求抽烟，那似乎意味着对神的不尊重；而抽烟时要求祈祷，则表示在休闲时也想着神的恩典，神父当然也就没有反对的理由了。

任务一　发散思维能力训练

一、发散思维的概念

发散思维（divergent thinking），又称辐射思维、放射思维、扩散思维或求异思维，是指人的大脑在思维时呈现的一种扩散状态的思维模式，它表现为思维视野广阔，思维呈现出多维发散状。人们通过“一题多解”“一事多写”“一物多用”等方式，培养发散思维能力。不少心理学家认为，发散思维是创造性思维的最主要的特点，是测定创造力的主要标志之一。

二、发散思维的特点

（一）流畅性

流畅性就是观念的自由发挥，指在尽可能短的时间内生成并表达出尽可能多的思维观念以及较快地适应、消化新的思想观念。机智与流畅性密切相关。流畅性反映的是发散思维的速度和数量特征。

（二）变通性

变通性就是克服人们头脑中某种自己设置的僵化的思维框架，按照某一新的方向来思索问题的过程。

变通性需要借助横向类比、跨域转化、触类旁通等方法，使发散思维沿着不同的方面和方向扩散，表现出极其丰富的多样性和多面性。

（三）独特性

独特性指人们在发散思维中做出不同寻常的、异于他人的新奇反应的能力。独特性是发散思维的最高目标。

吉尔福特认为：题目定得越是与众不同并能揭示故事的内涵，表明这个人的思维越具有独特性。

所谓思维的独特性，就是指超越固定的、习惯的认知方式，以前所未有的新视角、新观点去认识事物，提出不为一般人所有的、超乎寻常的新观念。英国著名作家毛姆的小说有一段时间销售不畅，他便在报刊上刊登了一则征婚启事：本人年轻英俊，家有百万资产，希望获得和毛姆小说中主人公一样的爱情。结果毛姆的这一独特举动使他的小说在短时间内被抢购一空。毛姆在推销他的小说时，就运用了思维的独特性，收到了意想不到的效果。

（四）多感官性

发散思维不仅运用了视觉思维和听觉思维，而且也充分利用了其他感官接收信息并进行加工。发散思维还与情感有密切关系。如果思维者能够想办法激发兴趣，把信息感性化，赋予信息感情色彩，会提高发散思维的速度与效果。

三、发散思维训练

（1）请说出红砖的用途。

- 建筑材料：盖房子（包括盖宾馆、教室、仓库……）、铺路面、修烟囱等；
- 从砖头的重量说用途：腌菜、凶器、砝码、哑铃等；
- 从砖头的固定形状说用途：尺子、多米诺骨牌等；
- 从砖头的颜色说用途：水泥地上当笔画画、磨碎掺进水泥做颜料等；
- 从砖的硬度说用途：凳子、锤子、支书架等。

（2）请尽可能多地说出什么东西可以用到“清除”的功能。

- 清除设备：橡皮擦除字体、锄头除草、车拉走泥土等；
- 家用电器：吸尘器吸去灰尘、洗碗机清洗碗碟、洗衣机洗去衣服油污；
- 清洁剂：清洁玻璃的、汽车的、锅炉的、暖壶的清洁剂；
- 服务行业：清洁工清除垃圾、花园主人清除杂草；
- 突发事件：毒药毒死了鱼、核泄漏使人搬迁；
- 自然事件：秋天赶走炎热的夏天；
- 社会生活：爱赶走了恨；原谅赶走了嫉妒。

（3）请尽量说出铅笔的用途。

- 写字；
- 用来替代尺子画线；
- 作为礼品送给朋友表示友爱；
- 能当做商品出售获得利润；
- 铅笔的芯磨成粉后可以做润滑粉；
- 演出的时候可以临时用来画眉毛；
- 削下的木屑可以做成装饰画；
- 一支铅笔按照相等的比例锯成若干段，可以做成一副象棋；
- 可以当做玩具的轮子；
- 在野外缺水的时候，可以把抽掉芯的铅笔当做吸管，喝石缝中的水；

● 削尖的铅笔能作为自卫的武器。

【课堂拓展】

曲别针的用途

1987年，我国在南宁市召开了“创造学会”第一次学术研讨会。这次会议集中了全国许多在科学、技术、艺术等方面的杰出人才。为扩大与会者的创造视野，会议聘请了国外一些著名的专家、学者，其中包括日本的村上幸雄先生。研讨会期间，村上幸雄先生拿出一把曲别针，请大家动动脑筋，打破框框，想想曲别针都有什么用途？比一比谁的发散性思维好。与会者热烈地讨论起来，有的说可以别胸卡、挂日历、别文件，有的说可以挂窗帘、钉书本，大约说出了二十余种用途，大家问村上幸雄，“你能说出多少种？”村上幸雄轻轻地伸出三个指头。有人问：“是三十种吗？”他摇摇头，“是三百种吗？”他仍然摇头，他说：“是三千种。”大家都非常惊讶，心里说：“这位日本人果然聪明。”然而就在此时，坐在台下的一位先生（中国魔球理论的创始人许国泰先生）给村上幸雄写了张纸条：“村上幸雄先生，对于曲别针的用途我可以说出三千种、三万种。”村上幸雄十分震惊，大家也都不相信。许先生说：“村上幸雄先生所说的曲别针的用途我可以简单地用四个字加以概括，即钩、挂、别、联。我认为远远不止这些。我会把曲别针分解为铁质、重量、长度、截面、弹性、韧性、硬度、银白色等要素，用一条直线连起来形成信息的横轴，然后把要动用的曲别针的各种要素用直线连成信息的竖轴。再把两条轴相交垂直延伸，形成一个信息反应场，将两条轴上的信息依次‘相乘’，达到信息交合……”

任务二　跳跃思维能力训练

一、跳跃思维的概念

跳跃思维（jump thinking）是指在谈判中把事物发展过程的某些内容跳过去，而迅速抓住自己想要说明的问题的思维方式。这种思维方式由于能在复杂的事物或大量的信息面前迅速抓住问题的本质而被谈判者普遍采用。

跳跃思维的思维过程，通过科学抽象，最终可以归结为三部分，即出发知识、接通媒介（常常省略）和结论性知识。跳跃性思维省略的常常是接通媒介的部分或全部。它可以是横向跳跃，也可以是纵向跳跃，还可以是不同层面的跳跃。跳跃思维除了具有灵活、新颖、变通等发散思维的特点以外，超越常规思维程序、省略某些中间环节是它的主要特征。

二、跳跃思维的特点

（1）跳跃思维具有灵活、新颖、变通等发散思维的特点，它对事物的认识切入点很多，实现了多方面思考或者换位思考。

（2）跳跃思维考虑得比较全面，思维预见性很强。

（3）跳跃思维想象力丰富，对事物的认识触类旁通，善于找出事物的规律并应用于其他方面。

(4) 跳跃思维会打击有序的思考模式，并让人们形成寻求侥幸的心态，还会导致逻辑思维的缺失。

三、跳跃思维的训练

(1)“哇，你今天好漂亮。”请再接一句话，表达不同的意思。

跳跃思维训练例句：

- 哇，你今天好漂亮，去参加万圣节吗?
- 哇，你今天好漂亮，这是要吓唬谁?
- 哇，你今天好漂亮，在街口的餐厅找到工作啦?
- 哇，你今天好漂亮，一定又是偷穿琼斯的衣服了吧，跟你说了多少次了，琼斯的衣服不适合你，不过今天这件还蛮不错的哦!

(2) 以“电”为第一个词，请由此快速展开联想，联想到的词汇越多越佳。

- 电—电话—电视—电线—电灯—电冰箱—食品—鸡蛋
- 电—闪电—雷鸣—暴雨—彩虹—太阳—宇宙—外星人
- 电—能源—石油—战争—伊拉克—美国—科技—强大
- 电—危险—机遇—成功—能力—艺术—自然—规律
- 电—风筝—节日—情人—红豆—袁隆平—荣誉—军人

请告诉我们，你为什么会联想到这些词汇，是因为一则故事、一首诗、一条新闻……

【课堂拓展】

网站真好

浏览一个网站时，王明的跳跃思维轨迹如下：

想法：这个网站真好。

引申思考：网络普及 10 多年了，时间过得真快。

再引申：小时候我们天天玩“跳房子”。

再引申：现在的房价好贵。

再引申：美国房价比中国低。

再引申：想移民去美国。

思维源头：看到某网站。

思维结论：想移民。

任务三　逆向思维能力训练

一、逆向思维的概念

逆向思维（reverse thinking）也叫求异思维，它是对司空见惯的似乎已成定论的事物或观点反过来思考的一种思维方式。逆向思维敢于“反其道而思之”，让思维向对立面的方向发展，从问题的相反面深入地进行探索，树立新思想，创立新形象。人们习惯于沿着事物发展的正方向去思考问题并寻求解决办法。其实，对于某些问题，尤其是一些特殊问题，从结论往回倒推，倒过来思考，从求解回到已知条件，反过去想或许会使问题简单化。

二、逆向思维的特点

（一）普遍性

逆向性思维在各种领域、各种活动中都有适用性，由于对立统一规律是普遍适用的，而对立统一的形式又是多种多样的，有一种对立统一的形式，相应地就有一种逆向思维的角度，所以，逆向思维也有无限多种形式。如性质上对立两极的转换：软与硬、高与低等；结构、位置上的互换、颠倒：上与下、左与右等；过程上的逆转：气态变液态或液态变气态、电转化为磁或磁转化为电等。不论哪种方式，只要从一个方面想到与之对立的另一方面，都是逆向思维。

（二）批判性

逆向是与正向比较而言的，正向是指常规的、常识的、公认的或习惯的想法与做法。逆向思维则恰恰相反，是对传统、惯例、常识的“反叛”，是对常规的挑战。它能够克服思维定势，破除由经验和习惯造成的僵化的认识模式。

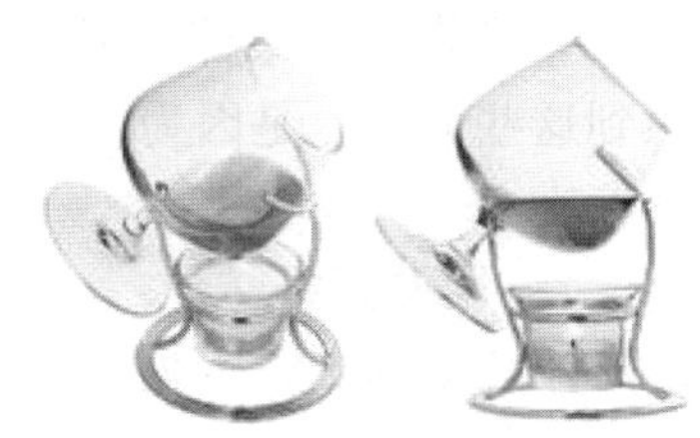

（三）新颖性

循规蹈矩的思维和按传统方式解决问题虽然简单，但容易使思路僵化，摆脱不掉习惯的束缚，得到的往往是一些司空见惯的答案。其实，任何事物都具有多方面的属性。由于受过去经验的影响，人们容易看到事物熟悉的一面，而对另一面却视而不见。逆向思维能克服这一障碍，给人以耳目一新的感觉。

三、逆向思维的方法

（一）反转型逆向思维法

反转型逆向思维法是指从已知事物的相反方向进行思考，产生发明构思的途径。“事物的相反方向”常常从事物的功能、结构、因果关系等三个方面做反向思维。比如，市场上出售的无烟煎鱼锅就是把原来煎鱼锅的热源由锅的下面安装到锅的上面。这是利用逆向思维，对结构进行反转型思考得到的产物。

（二）转换型逆向思维法

转换型逆向思维法是指在研究某一问题时，由于解决该问题的手段受阻，而转换成另一种手段，或转换思考角度思考，以使问题顺利解决的思维方法。如历史上被传为佳话的司马光砸缸救落水儿童的故事，实质上就是一个运用转换型逆向思维法解决问题的例子。因为司马光不能通过爬进缸中救人这种手段解决问题，所以他转换为另一手段——破缸救人，顺利地解决了问题。

【课堂拓展】

孙膑智胜魏惠王

孙膑是战国时的著名兵法家，至魏国求官，魏惠王心胸狭窄，妒其才华，故意刁难，对孙膑说：“听说你挺有才能，如果你能让我从座位上走下来，我就任用你为将军。”魏惠王心想：我就是不起来，你又奈我何？孙膑想：魏惠王赖在座位上，我不能强行把他拉下来，怎样才能让他自己走下来呢？孙膑对魏惠王说：“我确实没有办法使大王从座位上走下来，但是我却有办法使您坐到座位上。”魏惠王心想：这还不是一回事，我就是不坐下，你又奈我何？他便乐呵呵地从座位上走下来。孙膑马上说：“我现在虽然没有办法使您坐回去，但我已经使您从座位上走下来了。”魏惠王方知上当，只好任用他为将军。

（三）缺点逆向思维法

缺点逆向思维法是一种利用事物的缺点，将缺点变为可利用的东西，化被动为主动、化不利为有利的思维发明方法。这种方法并不以克服事物的缺点为目的，相反，它是化弊为利，找到解决方法。例如，金属腐蚀是一件坏事，但人们利用金属腐蚀的原理进行金属粉末的生产，就是缺点逆向思维法在现实中的应用。

知识运用

1. 发散思维有哪些特点？

2. 请完成下面的逆向思维训练：

（1）怎样说服人们在晴天买雨伞？

（2）怎样说服爱斯基摩人买冰箱？

项目三

谈判语言能力训练

【项目目标】

1. 学会使用拒绝的语言。
2. 学会使用赞美的语言。
3. 学会使用幽默的语言。
4. 学会使用论辩的语言。
5. 学会使用提问的语言。

【项目引导】

拒绝有理，说来也动听

广东玻璃厂厂长率团与美国欧文斯公司就引进先进的玻璃生产线一事进行谈判。谈判中，双方在部分引进还是全部引进的问题上陷入了僵局，我方的部分引进方案美方无法接受，谈判一度中止。

这时，我方首席代表虽然心急如焚，但还是冷静分析形势，如果我们一个劲儿说下去，就可能会越说越僵。于是他聪明地改变了说话的战术，由直接讨论变成迂回说服。“全世界都知道，欧文斯公司的技术是一流的、设备是一流的、产品是一流的。”我方代表转换了话题，从微笑中开始谈天说地，先来一个第一流的诚恳而又切实的赞叹，使欧文斯公司由于谈判陷入僵局而产生的抵触情绪得以很大程度地消除。“如果欧文斯公司能够帮助我们广东玻璃厂跃居全中国一流，我们将会非常感谢你们。”刚离开的话题，很快又转了回来，但由于有前面说的那些话做铺垫，消除了对方心理上的抵抗，所以，对方听了这话，似乎也顺耳多了。

“美国方面当然知道，现在，意大利、荷兰等几个国家的代表团，正在我国北方省份的玻璃厂谈判引进生产线事宜。如果我们这次的谈判因为一点儿小事而失败，那么不但是我们广东玻璃厂的损失，更重要的是欧文斯方面也将蒙受重大的损失。”使用“一点儿小事”来轻描淡写，目的是引起对方对分歧的关注。同时，指出谈判万一破裂将给美国方面带来巨大的损失，完全为对方着想，这一点对方不容置疑。

“目前，我们的确有资金方面的困难，不能全部引进，这点务必请你们理解和原谅，而且我们希望在我们困难的时候，你们能伸出友谊之手，为我们将来的合作奠定一个良好的基础。”这段话说到对方心里去了，既通情又达理，不是在做生意，而是朋友间的互相帮助。双方迅速就签订了协议，打破了僵局，问题迎刃而解，为国家节约了大量外汇。

“良言一句三冬暖，恶语伤人六月寒。”这句话告诉我们在谈判时要注意运用语言的艺术。谈判是语言的交锋，也是语言艺术的集合。具备良好的语言艺术运用能力对谈判人员来说是一个基本的要求。本任务是对谈判中语言艺术技能的深度概括，分为拒绝、赞美、幽默、论辩、说服等各种具体的语言艺术，同时也包括行为举止这一肢体语言艺术。

任务一 拒绝的语言训练

在谈判中，免不了拒绝。没有拒绝就没有竞争，也就没有谈判。拒绝是难以开口的。有时，粗暴的拒绝可能会伤害对方的自尊心，导致谈判破裂。拒绝是一项高难度的艺术，只有深刻地理解拒绝的作用，掌握拒绝的礼仪和运用技巧，才可能使用恰当的拒绝，做到“生意不成仁义在”。高明的拒绝应是审时度势、随机应变、有理有节地进行，让双方都有回旋的余地，使双方达到成交的目的。

一、拒绝对方的方法

（一）幽默拒绝法

无法满足对方提出的不合理要求时，用轻松诙谐的话语讲述一个精彩的故事让对方听出弦外之音，既避免了对方的难堪，又转移了对方被拒绝的不快。某公司谈判代表故作轻松地说：“如果贵方坚持这个进价，请为我们准备过冬的衣服和食物，您总不忍心让员工饿着肚子为你们干活吧！”

某洗发水公司的产品，在抽检中被发现有分量不足的产品，对方趁机以此为筹码讨价还价，该公司代表微笑着说：“美国一专门为空降部队伞兵生产降落伞的军工厂，产品不合格率为万分之一，也就意味着一万名士兵中将有一名因降落伞质量缺陷而牺牲，这是军方所不能接受和容忍的。他们在抽检产品时，让军工厂主要负责人亲自跳伞。据说从那以后，合格率为百分之百。如果你们提货后能将那瓶分量不足的洗发水赠送给我，我将与公司负责人一同分享，这可是我公司成立 8 年以来首次遇到使用免费洗发水的好机会。”这样的拒绝不仅转移了对方的注意力，还阐述了拒绝理由。

（二）移花接木法

在谈判中，对方要价太高，自己无法满足对方的条件时，可移花接木或委婉地设计双方无法跨越的障碍，既表达了自己拒绝的理由，又能得到对方的谅解。如“很抱歉，这超出了我们的承受能力……”“除非我们采用劣质原料使生产成本降低 50%才能满足你们的价位。”暗示对方所提的要求是可望而不可即的，促使对方妥协。

也可运用社会局限如法律、制度、惯例等无法变通的客观条件拒绝对方，如“如果法律允许的话，我们同意”“如果物价部门首肯，我们无异议”。

（三）肯定形式法

人人都渴望被了解和认同，可利用这一点从对方的意见中找出彼此同意的非实质性内容，予以肯定，产生共鸣，造成“英雄所见略同”之感，借机顺势表达不同的看法。某玩具公司经理面对经销商对产品知名度的诘难和质疑，坦然地说：“正如您所说，我们的品牌不是很知名，可我们将大部分经费运用在产品研发上，生产出式样新颖时尚、质量上乘的产品，面市以来即产销两旺，市场前景看好，有些地方竟然脱销……”

（四）迂回补偿法

谈判中有时仅靠以理服人、以情动人是不够的，毕竟双方最关心的是切身利益，断然拒绝会激怒对方，甚至导致交易终止。假如我们在拒绝时，在能力所及的范围内，给予对方适当优惠条件或补偿，往往会取得意想不到的效果。自动剃须刀生产商对经销商说：“这个价位不能再降了，这样吧，再给你们配上一对电池，既可赠送促销，又可另作零售，如何？”房地产开发商对电梯供货商报价较其他供货商稍高极为不满，供货商信心十足地说：“我们的产品是国家免检产品，选用优质原材料，进口生产线，相对来说成本稍高，但我们的产品美观耐用、安全节能，而且售后服务完善，一年包换，终身维修，每年还免费两次例行保养维护，解除您的后顾之忧，相信您会做出明智的选择。”

二、拒绝对方时应注意的问题

在拒绝对方时应注意以下四点。

（一）克服拒绝的心理障碍

有的人不好意思拒绝别人，主要是心理上的障碍，但是深入地想一想，该拒绝的时候不拒绝，反而会失去谈判对手的信任。因为在你允诺了你无法兑现的条件时，你的失信就不可避免。所以，与其事后反悔，不如现在就拒绝对方。

（二）针对不同情况灵活处理

拒绝应该根据不同对象、不同要求做出不同的选择。针对对方的过分要求，可以采用提问拒绝法；当面对自尊心强或爱挑别人毛病的对手时，可采用预言拒绝法；对过去施恩于你但现在与你纠缠不休的对手，可以采用借口拒绝法；当你考虑到对方的意见有一定的合理性，但你还是不能接受对方的全部条件时，可以采用赞赏式拒绝法。

【课堂拓展】

钱钟书妙拒粉丝

钱钟书先生是我国的著名作家，他的作品《围城》享誉海内外。有一位外国女士特别喜欢钱钟书。有一天，她打电话给钱钟书先生说：“钱钟书先生，我十分喜欢您的作品，我想去拜访您一下。”这是一个善意的请求，读者是慕名而来的。但钱钟书先生一向淡泊名利，不慕虚荣，在电话里委婉地拒绝了这位外国女士。他说：“一个人吃了一个苹果觉得很甜，但他没有必要去看一看这个苹果树是什么样子的。”

【课堂拓展】

清官杨震

东汉人杨震是个颇受称赞的清官。他做过荆州刺史，后调任为东莱太守。当他去东莱上任的时候，路过冒邑。冒邑县令王密是他在荆州刺史任内荐举的官员，听到杨震到来，王密晚上悄悄去拜访杨震，并带金十斤作为礼物。王密送这样的重礼，一是对杨震过去的荐举表示感谢，二是想通过贿赂请这位老上司以后再多加关照。杨震当场拒绝了这份礼物，他说：“故人知君，君不知故人，何也？”王密以为杨震假装客气，便说：“幕夜无知者。”杨震立刻生气了，说：“天知、地知、你知、我知，怎说无知？”王密十分羞愧，只得带着礼物，狼狈而回。

（三）不开先例

谈判中会出现一种特殊现象：有时候谈判对手会引用对他有利的事实，试图说服你答应他现在的要求，希望你做出让步。应付对方诸如此类的“进攻”，你可以指出环境的变化已经使对方所说的“先例”不再适用，或者现在的情况不宜使用对方所说的“先例”。你可以这样来答复对方：“如果这次答应了你方的请求，对我们来说等于又开了一个先例，这样会迫使我方今后对其他客商也需提供同样的优惠条件，这是我们无法承担的。”实践表明，这种不开先例的策略对于谈判者来说，是一个可以用来搪塞和应付对方所提的不可接受要求的简单的拒绝方法。

（四）拒绝要委婉

委婉指交谈中不直陈本意，而是婉转地表达自己的看法。在谈判中，有些事情直抒其意可能会令对方很尴尬，伤害了对方。委婉表达拒绝之意，效果就好多了。

任务二　赞美的语言训练

一、赞美别人时需要注意的问题

欣赏对方不是谈判的主要内容，但却是影响谈判成败的一个重要因素。谈判需要一个良好的气氛，包括谈判双方愉悦的心情。要达到这个目的，有技巧的赞美就必不可少。人们喜爱听“好听的话”，原因在于“好听的话”迎合了自我满足的心理，但很多谈判者并没有充分地认识到或掌握谈判中的赞美艺术。这主要表现在三个方面：第一，不善于表扬；第二，泛泛表扬；第三，不实表扬。不善于表扬等于置对方的感受于不顾；泛泛表扬不能有效地打动对方；而不实表扬根本就不会获得对方的认同，也就谈不上有好的效果。

因此，在赞美过程中应该注意以下问题。

（一）赞美要实实在在

在赞美他人时，应当注意做到实事求是、措辞适当。当你的赞语没说出口时，先要考虑一下这种赞美有没有事实根据，对方听了是否相信，第三者听了是否不以为然，一旦出现异议，你有无足够的证据来证明自己的赞美是站得住脚的。所以赞美只能在事实的基础上进行，同时赞美的措辞也要适当。

【课堂拓展】

始终端客户的“高帽子”

金星啤酒要进入中山市场，首选中山市几家大餐饮企业作为进入的突破口。如何让这几家餐饮企业推荐金星啤酒或者把金星啤酒作为饭店的主要酒水，还真的需要下功夫做好老板的工作，这个任务落到了金星啤酒销售副经理小赵的身上。

小赵：“哟，这么多空酒瓶！老板，一看中午客人喝空了这么多瓶酒，就知道你的生意做得红红火火。现在啤酒销量不错吧?”小赵说话语音洪亮、真诚，让人听起来很受用。

马老板：“马马虎虎，请问有什么事儿?”

小赵：“噢，我是金星啤酒集团的小赵，早就听说您是中山餐饮业起步最早、做得最好的老板，今天来拜访您，跟您学学生意经，交个朋友。”

马老板：“没有什么经验，只是踏踏实实地做生意罢了。”

小赵：“这才是最宝贵的经验，也是做生意最基本的原则。正是因为您的实在、讲信用，您的顾客才信任您，愿意和您打交道，您的生意才越做越大。”

马老板：“还是你们文化人会总结。”

小赵：“文化的高低不能决定事业的成功，关键是做事和做人的态度，您不就是就凭借着一个‘义’字把生意做大的吗?”

马老板一听很高兴，与小赵签订了每年销售10万元啤酒的订单。

（二）借用第三者的口吻赞美

在谈判中可以借用第三者的口吻对他人进行赞美。有时，我们为了博得他人好感，往往会赞美对方一番。但赞美若由自己说出，不免有恭维、奉承之嫌。如果换个方法，借用第三者的口吻进行赞美，对方多半会认为你不是在奉承他。因为在一般人的观念中，总认为“第三者”所说的话是比较公正、实在的。因此，以“第三者”的口吻来赞美对方，更能获得对方的好感。

【课堂拓展】

第三者的赞美

同在一家公司上班的张小姐和王小姐素来不和。

有一天，张小姐忍无可忍地对另一个同事李先生说：“你去告诉王小姐，我真受不了她，请她改改她的坏脾气，否则没有人会愿意理她!”

李先生回答：“好！我会处理此事。”

此后，张小姐每次遇到王小姐时，王小姐果然是既和气又有礼，与从前相比较，简直判若两人。

张小姐向李先生表示谢意，并且好奇地说：“你是怎么和王小姐说的？竟有如此神效。”

李先生笑着说：“我跟王小姐说，有好多人称赞你，尤其是张小姐，说你温柔、善良、脾气好、人缘佳！如此而已。”

（三）通过第三人间接赞美

如果在谈判时当面赞扬一个人，会使他感到虚假，或者会疑心你是否诚心。间接赞扬无论在大众场合还是在个别场合，如能传达到本人，除了能起到鼓舞作用，还能让对方感到你的真诚。这个时候，称赞对方要尽可能热情些、具体些。

二、赞美的原则

（一）赞美要真诚

真诚是赞美的先决条件，只有发自内心的赞美，才能发挥它的语言功能。真诚的赞美应做到两点：其一，赞美的内容应该是对方拥有的、真实的，而不是无中生有的，更不能将别人的缺陷、不足作为赞美的对象。例如，对一个嘴巴大的人，你夸他：“瞧，你的小嘴多可爱!”或对一个肥胖者说：“呀，你真苗条!”还有比这更糟糕的赞美吗？这种赞美不但不会换来他人的好感，反而会使人反感，甚而造成彼此间的隔阂、误解，甚至反目。其二，赞美要真正发自肺腑、情真意切。言不由衷的赞美无意是一种谄媚，最终会被他人识破，只能招来他人的厌恶和唾弃。

【课堂拓展】

孩子需要赞扬

一位父亲非常爱自己的孩子，恨铁不成钢，但教育方法不当，孩子的进步总是达不到自己的期望。于是，父亲带着孩子去一家知名的心理诊所寻求帮助。孩子已经被他的父亲严重灌输了自己一无是处的观念，对心理医生的询问，孩子总是一言不发，无论如何诱导，他就是不开口。

心理医生无从下手，他的父亲在旁边不停地说："唉，这孩子一点长处也没有，我看他是没有指望了！"

心理医生不相信世界上会有没有优点的孩子，在和孩子父亲的交谈中，心理医生了解到孩子常常用刀划家里的东西，孩子因此常常受到惩罚。

心理医生明白了：孩子喜欢雕刻。

第二天，心理医生买了一套雕刻工具送给孩子，还送给他一块上等的木料，然后教给他正确的雕刻方法，并不断地鼓励他："你是我所认识的孩子当中最会雕刻的一个。你具有聪明的天赋，而且还热情勤劳，将来一定会成为一位了不起的艺术家。"

当时，孩子的眼睛湿润了。

从此以后，他们接触频繁起来，心理医生又慢慢地找到孩子的其他一些优点，当然无一例外地给予了中肯的赞美。

有一天，这个孩子竟然不用别人吩咐，主动打扫了房间。这件事情，让他家人吓了一大跳。

心理医生问："孩子，你今天表现得很好，你为什么要这样做呢？"

孩子回答说："我想让家人高兴。"

最终，孩子变得健康向上、活泼开朗起来。他的父亲也改变了错误的教育方式，改掉了骂"孩子无用"的毛病。

10 年后，那个孩子成了一位著名的艺术家。

（二）赞美要适时

交际中应认真把握时机，恰到好处的赞美是十分重要的。当你发现对方有值得赞美的地方，就要善于及时、大胆地赞美，千万不要错过机会。在别人成功之时，送上一句赞语，就犹如锦上添花，其价值可"抵万金"，考了好成绩、评上先进、受到奖励，这时，人的心情会格外舒畅，如果再能听到一句真诚的夸赞，其欣喜之情可想而知。

（三）赞美要适度

对他人的赞美一定要适度，因为适度的赞美会使人心情舒畅，否则就会使人感到难堪、反感，或觉得你在拍马屁。合理地把握赞美的"度"是一个必须要重视的问题，否则非常容易弄巧成拙。

赞美的尺度掌握得如何往往直接影响赞美的效果。恰如其分、点到为止的赞美才是真正的赞美。使用过多的华丽辞藻，过度的恭维、空洞的吹捧，只会使对方感到不舒服、不自在，甚至厌恶，其结果适得其反。假如你的一位同学歌唱得不错，你对他说："你的歌声是全世界最动听的。"这样的赞美只能使双方都难堪，但若换个说法："你的歌唱得真不错，挺有韵味的。"你的同学一定很高兴。所以，赞美之言不能滥用，赞美一旦过头变成吹捧，赞美者不但不会收获交际成功的微笑，反而要吞下被置于尴尬地位的苦果。

赞美要坦诚得体，必须说中对方的长处。人总是喜欢奉承的，即使明知对方讲的是奉承话，心中还是免不了会沾沾自喜，这是人性的弱点。换句话说，一个人受到别人的夸赞，绝不会觉得厌恶，除非对方说得太离谱。言辞会反映一个人的心理，轻率的说话态度很容易让人产生不快的感觉。所以，对谈判人员来说，赞美别人的首要条件是要有诚挚的心意及认真的态度。

赞美是一种成本最低、回报最高的人际交往法宝。如果不懂得赞美别人的技巧，反而会让人觉得你是一个虚伪的人。下面的小故事教你如何赞美别人。

【课堂拓展】

唱得真好!

一个小女孩又矮又瘦，经常穿一件又灰又旧的衣服。因此，老师不让她参加合唱团。

小女孩躲在公园里伤心地哭了。她想：我为什么不能去唱歌？难道我真的唱得很难听吗？想着想着，她就低声唱了起来，一支又一支，直到唱累为止。

“唱得真好!”这时，一个声音响起来，“谢谢小姑娘，你让我度过了一个愉快的下午。”小姑娘惊呆了！说话的是一个满头白发的老人。他说完站起来走了。

小女孩第二天再去公园时，那老人还坐在原来的位置上，满脸慈祥地看着她微笑。

于是，小女孩又唱起来，老人聚精会神地听着，一副陶醉其中的表情。最后，他大声喝彩，说：“谢谢你，小姑娘，你唱得太棒了!”说完，他就走了。

许多年后，女孩成为小城有名的歌星，但她忘不了公园里那个慈祥的老人。她特意去公园找老人，令她失望的是，那儿只有一张小小的孤独的靠椅。后来她才知道，老人早就去世了。“他是个聋人，都聋了20年哩!”一个知情人告诉她。

姑娘惊呆了。那个天天专注地听一个小女孩唱歌并热情赞美她的老人竟是聋人!

任务三　幽默的语言训练

一、幽默的力量

在国际争端中，幽默可以使谈判顺利进行，化干戈为玉帛，避免战祸；在商务谈判桌上，幽默风趣的话语可以增加利润，甚至可以开辟新的贸易渠道，拓宽财源。在生活中，谈判无处不在，幽默能使你在谈判中如鱼得水，在“山重水复疑无路”时看到“柳暗花明又一村”。幽默的作用实在是太广泛了，难怪有人说：“除了死别，幽默到处都可显神通。”其实，这话也只说对了一半，在幽默家眼里，悲剧是不存在的，请看他们设计的墓碑：

一位著名的拳击家的碑文上写道：你就是数到一百下，我也不再起来。

某位著名演员去世前自题碑文：从此谢幕，退居幕后。

一位拥有亿万资产的房地产商的墓碑上刻着：实用面积，十五平方英尺。

【课堂拓展】

幽默的开场白

1990年中央电视台邀请台湾影视艺术家凌峰先生参加春节联欢晚会。当时，许多观众对他还很陌生，可是他说完那段精彩的开场白后，一下子被观众认同并受到了热烈欢迎。他说："在下凌峰，我和文章不一样。虽然我们都获得过'金钟奖'和最佳男歌星称号，但我以长得难看而出名……一般来说，女观众对我的印象不太好……她们认为我是人比黄花瘦，皮比煤球黑……"这一番话风趣幽默，令观众捧腹大笑。凭借这段开场白，凌峰给人们留下了坦诚、风趣、幽默的良好印象。不久，在"金话筒"之夜文艺晚会上，只见他满脸含笑地对观众说："很高兴见到你们，很不幸你们又见到了我。"观众报以热烈的掌声。

一位演说家说："据我了解，幽默的目的在于让听众喜欢上讲演的人。如果他们喜欢讲演的人，那么也必定喜欢他所讲的内容。"这就是说，运用幽默的力量去驾驭开场白，可以使你与听众建立成功的关系。

（一）幽默是交际的润滑剂

幽默的谈吐，能使严肃、紧张的气氛变得轻松、活泼，能让人感受到说话人的温厚和善意，使其观点更容易让人接受。人与人相处，有时难免会因故让双方心头蒙上一层"霜"，不但弄得气氛尴尬，而且这层"霜"如果不及时处理，一旦结成了冰就难以融化了。这时候幽默的言词往往是最佳的润滑剂。

【课堂拓展】

国王与鸡蛋

英国国王乔治三世有一次到乡下狩猎，中午时感觉肚子有些饿了，就到附近的一家小饭店，点了两个鸡蛋暂时充饥。

吃完鸡蛋，店主拿来账单。

乔治三世瞄了一眼仆役拿过来的账单，很愤怒地说："两个鸡蛋要两英镑！鸡蛋在你们这里一定非常稀有吧？"

店主毕恭毕敬地回答："不，陛下，鸡蛋在这里并不稀有，国王才稀有。鸡蛋的价格必然要和您的身份相称才行。"

乔治三世听完以后哈哈大笑，让仆役付了账离去。

因为惹得龙颜大怒，店主本来有可能一命呜呼，但他幽默的言辞不仅保住了自身性命，还得到了高额的收入。

（二）幽默可以缓和谈判的气氛

谈判中采用幽默的语言，可以营造友好、和谐的会谈气氛。双方轻松一笑的同时，也就缩短了心理距离，钝化了对立感。

【课堂拓展】

尼克松访华

中美断交多年后，美国总统尼克松首次来华访问。周恩来总理前去迎接。在机场上两人紧紧握手。周总理说："你的手伸过了最辽阔的海洋来和我握手，25年没有交往了啊。"这句出色的外交辞令机智得体，含义丰富而友好热情。尼克松说："我们都是同一星球上的乘客啊。"巧妙地表示中美双方具有共同的利益基础。双方领导人友好的初次会面为后面的谈判建立了良好的开端。

（三）以幽默的语言回敬对方的无礼和攻击

谈判的双方要相互尊重。不管双方代表在个人身份、地位上有多大差异，他们所代表的组织在力量、级别等方面如何强弱悬殊、大小不均，在谈判席上都是平等的。

有的谈判代表自恃地位高贵，或背后实力强大，在会谈中傲慢无礼，对另一方挖苦攻击，试图在气势上压住对方，迫其屈服；有的代表自身涵养不好，谈判不顺利时恼羞成怒，对另一方侮辱谩骂。在此类情况下，被攻击的一方可以使用幽默的语言回敬无礼的一方，这样做不至于激化矛盾，又能打压其气焰。

【课堂拓展】

晏子出使楚国

战国时代齐国大夫晏子出使楚国，楚王想在接见他之前先侮辱他一番，以此来挫一挫齐国的威风。楚王派人把城门紧紧关闭，然后在城门的边上凿了一个仅能容一人通过的小洞，让晏子从这个小洞钻进城内。换了别人，也许会大发脾气或怒而返回，那样就难以完成使命了。

晏子只是轻蔑地一笑，说："只有出使狗国的人才从狗门进去，现在我出使的是大国楚国，怎能从这样的狗门进去呢?"楚王听说后无言以对，只好命人打开城门，把晏子迎了进去。

楚王接见晏子时，看他身材矮小，就挖苦他说："难道齐国没有人了吗?"

晏子随口应答："齐国首都临淄大街上的行人太多了，一举袖子就能把太阳遮住，流的汗像下雨一样，人们比肩接踵，怎么会没有人呢?"

"既然有那么多人，怎么会派你这样的矮子为使臣呢?"

"我们齐王派出使者是有标准的，最有本领的人，派他到最贤明的国君那里去。我是齐国最没出息的人，因此被派到楚国来了。"

晏子面对楚王对自己的人身侮辱，从容反击，他顺着楚王的话贬低自己，抬高自己的国家，同时有力地奚落了楚王。

晏子以自己的机智和雄辩，打压了对方的嚣张气焰，维护了自己的尊严，为后来的谈判能在平等互利的基础上进行铺平了道路。

（四）幽默可以做到轻松而坚定地表达己方的意见

在外交场合，老练而有素养的谈判代表常用一些委婉含蓄的辞令来暗示自己的意见。这些暗示语的真正含义往往指向关键性问题，而用这种表面温和的方式表达出来，可以使会谈气氛显得轻松，从而使实质内容的尖锐所造成的紧张情势得到缓解，不致出现僵硬的局面。谈判代表得体运用幽默语言，既交流了意见，又不伤和气。

【课堂拓展】

外交家周南

1984年秋天，我国外交部副部长周南与英国代表伊文思就香港问题再次举行会谈。谈判开始时，周南笑着对英方代表说："现在已经是秋天了，我记得上次大使先生是春天前来的，那么就经历了三个季节了：春天、夏天、秋天——秋天是收获的季节。"

周南表面上是就英方代表来华的时间，做关于自然现象的闲谈，但对话双方都明白，此话暗含的意思是：谈判已进行了很长一段时间，现在是得出明确结论的时候了。周南这番话讲得自然得体，既融洽了气氛，又表明了我方的意向和决心。

（五）以幽默语言说服谈判对手

在谈判中，如果谈判对手固执己见，坚持明显不正确、不合理的要求，我们可以打破思维常规，从一个意想不到的角度提出一个荒唐的意见，使对方在轻松一笑的同时，明白自己所提要求的不妥，这时我们再趁热打铁，就能取得谈判的胜利。

【课堂拓展】

座次

1946 年 5 月，远东国际军事法庭审判以东条英机为首的 28 名日本甲级战犯，因为排定座次问题，10 个参与国的法官们展开了一场激烈的争论。中国法官理应被安排在庭长左手的第二把椅子处，可是由于当时中国国力不强，而被各强权国所否定。

在这种情况下，中国出庭的法官梅汝璈面对各国据理力争。他首先从正面阐明，排座次应按日本投降时各受降国的签字顺序排列，这是唯一正确的原则立场。正面讲完道理，还不能说服他国，他便运用了幽默战术。

只见他微微一笑说："当然，如果各位同仁不赞成这一办法，我们不妨找个体重测量器来，然后以体重大小排座次，体重者居中，体轻者居旁。"

各国法官都忍不住笑起来。庭长说："你的建议很好，但它只适用于拳击比赛。"

梅法官接着说："若不以受降国签字顺序排座，那还是按体重排好。这样纵使我被置末位也心安理得，并可以对我的国家有所交代，一旦他们认为我坐在边上不合适，可以派一个比我肥胖的人来换我呀。"

这话令全场大笑起来。

梅法官的幽默有很强的讽刺性。在这个举世瞩目的国际法庭上竟要按体重来排座次，真是荒唐之极。这个荒唐的提议虽然引人发笑，但是能够有力地说明有的国家在以强凌弱，蛮不讲理。这种幽默的方法比正面讲理更有说服效果。

二、幽默的技巧与方法

（一）迂回入题的幽默技巧

一般人在谈判刚开始时都懂得运用"迂回入题"的幽默谈判策略，不会一碰面就急急忙忙地进入实质性谈话。因此，双方有足够的时间协调一致。

在谈判过程中，随着谈判的深入，双方内心都会越来越忐忑不安，尤其是当谈判陷入僵局时，可以运用"迂回入题"的幽默谈判技巧消除双方的尴尬状况，稳定自己的情绪，使谈判气氛变得轻松、活泼，从而打破僵局，掌握主动权，为谈判成功奠定一个良好的基础。

【课堂拓展】

女大使柯伦泰

世界上第一位女大使柯伦泰曾被任命为苏联驻挪威全权贸易代表。一次，她和挪威商人谈判购买挪威鲱鱼，挪威商人出价高得惊人，她的出价也低得让人意外。双方开始讨价还价，在激烈的争辩中，双方都试图削弱对方的信心，互不让步，谈判陷入僵局。最后柯伦泰笑着说："好吧，我同意你们的价格。如果我们政府不批准的话，我愿意用自己的工资来支付这个差额。但是，这自然要分期付款，可能要支付一辈子了。"

（二）知己知彼，后发制人

幽默而智慧的谈判者，一般不主动先开价，而总是笑着请对方先开价。因为"后发制人”才有回旋的余地。如果对方开价合乎自己的意愿，也不要喜形于色，而要略微沉吟思考一番，再落落大方地表示可以考虑。

如果对方坚持非要你先开价或对方先开出的价不合你意时，切记不要随便出价，而要尽可能幽默地进行铺垫和引申，一旦对方的思路进了你的“范围”，你再提出自己的想法，对方就会觉得你开的价有一定可比性，至少做到了“知己知彼”。下面是一个生活中的幽默谈判故事。

【课堂拓展】

后发制人谈判

小王是农村来的学生，室友小郑则是城里来的学生。小郑常讥笑小王不如自己聪明，并和同学们说自己无论哪一方面都比小王强，同学们故意说不信。

“不信？我敢和他打赌！我们相互提问，若有一方答不出来，就付 50 元钱给对方。”小郑有些急了，沉不住气，大叫道。

小王则说：“既然你们城里人比我们乡下人聪明，这样打赌我会吃亏。要是我提问，你答不出来就给我 50 元钱；你提问，我答不出来，我就给你 25 元钱。你看怎么样？”

“就这样吧！”小郑自恃见识广，爽快地答应了。

小王问道：“什么东西三条腿能在天上飞？”

小郑答不上来，输了 50 元钱。随后，他也向小王提出了这个问题。

“我也不知道。”小王老实承认，“这 25 元钱给你。”

小王让对方先开价，然后巧妙地把对方引入圈套，再按照小郑的所谓“城里人比乡下人聪明”进行推论，反过来证明了小郑的愚蠢。这之中还隐藏着一种以退为进的战术。同样一个问题，同样都答不上来，而结果却不一样。小郑聪明反被聪明误，被小王的“也不知道”砸了自己的脚，输了钱而又推辞不得，虽叫苦不迭，却又无可奈何。

在谈判中，当你对对手的情况不太了解，或者当你不能预测对手会采取什么谈判策略时，就最好“请对方先开价”，先让对方阐述利益要求。然后，你就可以大体了解对手的策略和意图，在此基础上审慎、幽默地表达己方的意见，提出己方的要求。这种后发制人的方式，在谈判中常常能收到奇效。

（三）在忍耐中产生幽默

在谈判中，幽默可以被运用到先发制人的策略中，但是，即使加入了幽默的手法，这种先发制人的策略还是很容易招致对方的抵触情绪，影响双方良好人际关系的建立和维护，使谈判陷入僵局。因此，有经验的谈判者还往往采用以退为进的幽默策略。

在谈判中如果发生意见分歧，一时难以得到统一时，不要急于要求达成协议，要善于忍耐。忍耐，也是一种以退为进的策略。谈判者可以在忍耐中获取轻松，在轻松中产生幽默。

【课堂拓展】

总统卡特

美国前总统卡特是一位具有忍耐力和幽默感的人物。

一次，他为了促成以色列和埃及的和谈，把双方领导人贝京和萨达特请到了戴维营。戴维营的生活十分单调，令以色列总理贝京和埃及总统萨达特都感到十分厌烦，但又不得不应付每天长达 10 小时的谈判。每天早晨，萨达特和贝京都会先后听到敲门声。

卡特总是这样幽默地说：“嗨！我是吉米·卡特，请你们准备开始烦闷的、长达 10 个小时的会晤吧！”

到了第13天，双方终于签署了和平协定。

卡特能促成以色列和埃及的和谈，这中间的原因有很多，但卡特总统的忍耐力和幽默感是一个重要的因素。

我们知道，以退为进不是消极地退让，其目的仍然是最终实现自己的目标。运用以退为进的谈判策略，再辅以幽默智慧的行动和语言，往往比一味采取进攻策略更有效。

（四）“装傻”的幽默技巧

在谈判过程中，可以装作没有听到或没有听清楚对方的话，或者装作没弄懂对方的意思，以便巧避锋芒，避免尴尬。它的特点是：谈判的锋芒主要不在于传递何种信息，而是通过装傻来打击、转移对方的谈判兴致使之无法继续设置窘迫局面，从而化干戈为玉帛。在谈判中，这种方法常常被一些谈判高手使用。

【课堂拓展】

装傻战略

1959年，美国总统尼克松访问苏联。在此之前，美国国会通过了一项关于被奴役国家的决议。赫鲁晓夫在与尼克松的会谈中激烈地抨击了这个决议，并且怒容满面地嚷道：“这项决议很臭，臭得像马刚拉的屎，没有什么东西比这玩意儿更臭的了！”

尼克松曾认真地看过赫鲁晓夫的背景材料，得知他年轻时曾当过猪倌，于是他盯着赫鲁晓夫说：“恐怕主席说错了。还有一样东西比马屎更臭，那就是猪粪。”

在比较正式的谈判场合，作为国家元首，赫鲁晓夫肆无忌惮，出言不逊，有失体面，他明显是想为尼克松设置窘迫局面。好在尼克松幽默诙谐，装作没弄懂对方的意思，实际上却进行了巧妙的还击，打击了对方的气焰，化被动为主动。同时，也避免了谈判成为市井中的吵架撒泼。

尽管装傻策略有很多的妙用，但有时也很难在复杂的场合取胜，这就要求我们在这些场合对自己的“糊涂”做一个聪明的注脚。

看下面的这则小幽默：保罗正在路上走着，忽然窜出一个强盗，他用手枪对着保罗说：“要钱还是要命？”

“你最好还是要命吧！”保罗说道，“因为我比你更需要钱！”

保罗的上半句回答显得很糊涂，遇上歹徒，恐怕谁都会保命的，其后一句才点出真意。

装傻实际上是大智若愚。谈判中，装傻可以化解尴尬局面；可以故作不知达到幽默效果，反唇相讥；可以假痴装癫迷惑对手。你必须有好演技，才能“装”得逼真，“疯”得恰到好处，充分发挥幽默的力量取得谈判的成功。

任务四 论辩的语言训练

【课堂拓展】

狭路相逢智者胜

戴莉女士正在和高斯先生就租一间零售商店的事进行谈判。她要求高斯先生能把那间商店装修一下，但高斯先生不同意。

高斯："按你出的租金，再进行任何修改，我都会亏本。"

戴莉："我还会把我的毛利润分给你一个百分数，因此，你所做的任何有助于改善商店销售状况的事，都会使你的收入得到增加！"

高斯："这是以后的事，谁能保证？"

戴莉："这还用保证？商店外观设计的好坏，对销售额可是有影响的啊！"

高斯："如果你经营不善，那这装修费就有由我一个人掏的危险。而且，再外租这个商店时，我还得再重新装修呢。"

戴莉："我的老主顾们会跟我到新店里来的，你也会因为这条商业街上顾客的增多而增加收入！"

高斯："那为什么不把它作为一个改进的租赁条件写进合同里呢？这样，你完全可以支付这笔装修费了。"

戴莉："我付的租金已经足以替你承担这笔费用了。再说，如果，我还待在原地方不动，原地产的拥有者也答应了要为我负担点装修费了。"

高斯："你现在待的那个地方才有多少行人，再说，这个商业区的繁华有助于你的生意兴隆！"

戴莉："若说兴隆，你这地方原来可不行，谁不知道我原来的服装店是引领新潮流的头一号！"

高斯："可是装修一番要花不少钱啊！不用加装修，我也完全可以把它租给别人！"

戴莉："你找不到任何人比我更能使这条街更加兴旺的了。"

高斯："但不按我提的条件根本就行不通！"

戴莉："算了，我一定要求装修，如果你不同意，我宁肯在原来的地方再待上一年，那时候那条街也会热闹起来的。顺便告诉你，你这附近就有许多人告诉我，我完全可以得到我想要的。"

高斯："好了，好了！我可真是拿你没办法，那就按你说的把协议签了吧！"

论辩，也称辩论，是交际双方就某一问题所作的正误之争，是一种语言直接对抗的形式，它是在长期社会实践中形成的人际口语交际方式之一。由于利害关系，谈判对手可能故意歪曲事实，以错误的观点混淆视听，这时需要用论辩来加以揭穿，使正确的问题不被掩盖。在谈判中，掌握了论辩的艺术可以让你将对手的观点轻易地驳倒，从而迫使对方改变条件，赢得谈判的胜利。

论辩不只是要维护自己，还要驳倒对方。所以论辩有它独有的特点：有论有辩，论辩结合。论辩紧张激烈时，"交战"到了高潮时，往往是"短兵相接"，这时候容不得长篇大论，也来不及编长句子。因此，语言简单有力是论辩的又一特点。

一、论辩的要求

（一）观点明确，立场坚定

商务谈判中"辩"的目的，就是论证己方的观点，反驳对方的观点。辩论的过程就是通过摆事实、讲道理，说明己方的观点和立场。为更清晰地论证己方的观点和立场的正确性及公正性，要运用客观材料及所有能够支持己方论点的证据，增强己方的辩论效果，反驳对方的观点。

（二）思路清晰、严密，逻辑性强

商务谈判中的辩论，往往是在双方进行磋商的过程中遇到难解的问题时才发生的。一个优秀的辩手，应头脑冷静、思维敏捷、论辩严密且富有逻辑性，只有具备这种素质的人才能应付各种各样的困难，摆脱困境；任何成功的辩论，都具有思路清晰、逻辑性强的特点。为此，商务谈判人员应加强这方面基本功的训练，培养自己的逻辑思维能力，以便在谈判中以不变应万变。特别是在谈判条件旗鼓相当的情况下，谈判人员在相互辩驳的过程中唯有思路敏捷、严密，逻辑性强，才能在谈判中立于不败之地。

（三）掌握大的原则，不纠缠细枝末节

在辩论过程中，要有战略眼光，掌握大的方向、前提及原则。辩论过程中不要在枝节问题上与对方纠缠不休，在主要问题上一定要集中精力，把握主动权。在反驳对方错误观点时要切中要害，有的放矢。

（四）掌握好进攻的尺度

辩论的目的是要证明己方的立场、观点的正确性，反驳对方在立场、观点上的不足，以便争取有利于己方的谈判结果。切不可认为辩论是一场对抗赛，必须置对方于死地。因此，辩论时应掌握好进攻的尺度，一旦达到目的，就应适可而止，切不可得理不饶人。如果对方被己方逼得走投无路，陷于绝境，往往会产生更强的敌对心理，甚至反击的念头更强烈，这样即使对方暂时可能认可某些事情，事后也不会善罢甘休，最终会对双方的合作不利。

（五）态度客观公正，措辞准确严密

文明的谈判准则要求：不论辩论双方如何针锋相对，争论得多么激烈，谈判双方都必须以客观公正的态度准确措辞，切忌用侮辱诽谤、尖酸刻薄的语言进行人身攻击。如果某一方违背了这一准则，结果只能是损害自己的形象，降低其谈判质量和实力，甚至置谈判于破裂的边缘。

（六）善于处理辩论中的优势与劣势

在商务谈判的辩论中，双方可能在某一阶段你占优势我居劣势，可过了一个阶段后又出现你处劣势、我占优势的局面，当我们处于两种不同状态时，就必须恰如其分地面对辩论中的优劣势，这是衡量商务谈判是否合格的一个条件。

当处于优势状态时，谈判人员要注意利用优势，并注意借助语调和手势的配合，渲染己方的观点，以维护己方的立场，切忌当己方处于优势时，表现出轻狂、放纵和得意忘形的心态。要时刻牢记：谈判中的优势与劣势是相对而言的，是可以转化的。相反，当处于劣势时，要记住这是暂时的，应从容不迫，既不可怄气，又不可沮丧。只有沉着冷静，思考对策，保持己方阵脚不乱，才会对对方的优势构成潜在的威胁，使对方不敢贸然进犯。

（七）注意辩论中个人的举止和风度

辩论中一定要注意个人的举止和气度。有些行为，如语调高亢、指手画脚等，都是没有风度的表现。辩论中良好的举止和风度，不仅会在谈判桌上给人留下良好印象，且在一定程度上使谈判辩论的气氛健康发展。

二、论辩的技巧和方法

（一）投其所好，捕捉战机

论辩是参辩双方的一种逆向抗衡，而这种抗衡往往针锋相对，僵持不下。要想突破僵局，取得论辩的胜利，不妨另辟蹊径，变逆为顺，采用一种“投其所好”的战术，从顺向的角度，向对方发起一场心理攻势，在“顺”的过程中化解对方的攻势，发现对方的破绽，捕捉突破的战机，从而出其不意地战胜对方。

【课堂拓展】

辩护与战机

律师乔特斯为有杀妻嫌疑的拉里辩护，这时律师麦纳斯提出了对拉里十分不利的证据：拉里曾向麦纳斯提出过，要麦纳斯帮助他与妻子离婚，并由此推论拉里在无法达到离婚目的时，会采取极端措施。乔特斯知道要直接反驳“要求离婚就有杀人动机”是困难的。于是他采取了“投其所好”的策略，与对方周旋，试图找到最佳战机。

乔特斯向麦纳斯承认，自己对离婚是外行，并恭敬地问对方是不是很忙。

麦纳斯踌躇满志地回答：“要我处理的案子要多少有多少。”后来又补充说，每年至少有 200 件。

乔特斯赞叹说：“呀！一年 200 件，您真是离婚案的专家，光是写文件就够您忙的了。”

麦纳斯的声音犹豫起来，感到说得太多人们难以相信，就只好承认说：“可是……其中有些人……嗯……因为这样那样的原因改变了主意。”

破绽出现了，乔特斯抓住这一点，进一步诱导道：“啊！您是说有重新和好的可能，那大概有 10％的人不想把离婚付诸行动?”

麦纳斯说：“百分比还要高一些。”

“高多少，11％？20％?”

“接近 40％。”

乔特斯用惊奇的眼光盯着他说：“麦纳斯先生，您是说去找您的人中有近一半最后决定不离婚?”

“是的。”麦纳斯此时感觉到了“陷阱”，但已经没有了退路。

“嗯，我想这不会是因为他们对您的能力缺乏信任吧?”

“当然不是!”麦纳斯急忙自我辩解，“他们常常一时冲动，就跑来找我。可是一旦真的要离婚，便改变了主意……”他突然止住，意识到自己上当了。

“谢谢，”乔特斯说，“您真帮了我的大忙。”

在这场法庭辩论中，乔特斯见正面反驳难度较大，就采用了“投其所好”的战术，从侧面迂回。他先坦率地承认自己对离婚案是外行，恭维对方很忙，当对方得意忘形，胡吹自己处理离婚案件的数目时，他又进一步恭维对方是离婚案专家。当对方感到吹过了头，说有些人因这样那样的原因改变了主意时，战机出现了。乔特斯抓住这一点，步步诱导，使对方说出了自己否定自己的话。由这个实例可见，在论辩中如果正面说理难以奏效，可以采用“投其所好”的战术，与对方巧妙周旋，当对方对抗心理弱化、疏于防范时，就有可能自我暴露出一些破绽，这就为己方提供了战机，己方乘隙而入，一举制敌。可见“投其所好”是论辩中的“迂回”之计。

（二）以现象代本质

所谓以现象代本质的论辩术，实际上就是故意掩盖事实真相而强调问题的表现形式并虚张无关紧要的利害关系的一种论证方法。狡诈的商人往往借用此种方法达到了掠取暴利的目的。在商务谈判中，我们只要坚持辩证思维的客观性、具体性的原则，就能识破对方摆出的迷魂阵，从而把握事务的本质，使谈判循着客观公正的方向进行。

【课堂拓展】

谈判的现象与本质

20 世纪 80 年代初期，我国某科研机构准备购进 4 000 万次/秒大型计算机 10 台，在与日本某公司正式接触洽谈的第一轮谈判中，日方报价每台 115 万美元。我方根据掌握的同类产品的国际行情（112 万美元），要求对方就此报价做出解释并压低价格。第二轮谈判开始，日方同意将计算机单价压至 110 万美元，并且论证：“我方从为中国建设四个现代化和与贵方建立持久的友好贸易关系考虑。决定每台让利 5 万美元。我们很尊重贵方的意见，并且不惜工本将价格降到了不能再降的地步，诸君可以接受这个价格了。”此后，日方闭口不谈上述报价的基础，而将谈判纠缠在一个议题之中，即日方已考虑顺应了我方的要求，对产品进行了大幅度的降价，如我方再不接受，那么谈判就无法取得圆满结果。围绕着已经降价这一现象，日方代表大肆鼓舌，千方百计迫使我方动摇进一步谈判的决心。

此时，我方代表如果贸然接受日方的价格方案，那么对方将获得丰厚的利润，导致我方在某种意义上的失败；如果被对方的思路牵着鼻子走，我方代表只是觉得降价的幅度尚不足以让人接受但又提不出令人信服的理由，那么固执己见则有可能导致谈判破裂，我方更不能达到自己的目的。如何应对这种貌似正确的诡辩术呢？我们必须在全面掌握客观情况的基础上应用辩证思维的基本方法，以具体性的原则透过现象抓住事物的本质。我方代表须明确指明：第一，就同类产品来看，欧美市场的零售价格约是每台 112 万美元，因此，日方提出的 110 万美元的单价，并非是让利 5 万美元。第二，我方一次要购买 10 台计算机，这种大宗生意即使在欧美市场对方也是会以优惠价供货的。第三，日本计算机研制技术在世界上属领先地位，技术进步的直接后果便是生产成本的下降。并且，由于日本工人工资大大低于欧美国家人均工资，劳动力价格的低廉必将导致产品价格进一步降低。第四，据我方对日本一般市场行情的调查表明，4 000 万次/秒的计算机单价 110 万美元并不属于优惠价。做出如上具体的分析和论证后，日方谈判人员不再坚持最低限价为每台 110 万美元的谈判立场了。

（三）以偶然为必然

以偶然为必然的论辩术是一种故意将某事物发展中发生的偶然事件（或偶然性）作为不可避免的趋势，从而推及其他事物与过程，并将其作为敲诈对方的条件或作为己方加码条件的推理方法。由于商务谈判涉及的对象、环境、条件的可变异性，诡辩论者往往从大量偶然性中拾取其一并任意发挥，以求为己方谋取最大的利益。

【课堂拓展】

看清以偶然为必然的谈判策略

某纺织厂 1989 年年初与某原料供应基地初步商定于当年夏季购进 100 吨初级麻，在签订合同时，由于生产厂家商品暂处滞销状态，故要求卖方延期半年交货。供货单位同意这一提议，但认为须相应改动合同中的价格条款。理由是：1988 年我国物价上升指数为 20 个百分点，货物顺延半年交货，则原料价格也应上涨 20%。对卖方的这种涨价要求，买方如何答复呢？

坚持分析事物的客观性与具体性，是驳斥上述建立在以偶然为必然的诡辩术基础上的涨价论的根本方法。买方应向对方阐明如下观点：其一，1988 年的通货膨胀率并不等于 1989 年的通货膨胀率，因此，对方以此为基础的涨价要求是没有客观依据的。其二，由于国内消费市场处于疲软状态，麻制产品也出现滞销现象，以发展的眼光来看，生产厂家不景气的直接后果必然使原料供应处于饱和状态，而原料一旦供过于求，则其降价是必然的。其三，如对方坚持上浮价格，那么条款中应作如此规定：至交货之日，如果国内生产麻原料价格上涨，则买方相应补足其差价部分，反之价格相应下降。价格上浮与下降的幅度，以半年后国内市场此类商品浮动的实际程度为准。买方在做出这种具体分析以后，卖方就无法再行坚持涨价 20%的要求了。

（四）双行道战术

双行道战术是一种“偷梁换柱”或“避实就虚”的辩论方法，它往往以转移论题的方式来消除己方的不利因素或掩盖自身谈判条件的弱点，以达到压制对方牟取私利的目的。在谈判过程中，当一方论证他方的某个弱点时，他方则虚晃一枪另辟战场，抓住你的另一个缺陷开战（有时，他方也可能故意提出新的论题大做文章）。这种论战形式，即为“双行道战术”。双行道战术的结果是混淆了事物的因果关系，扰乱对方谈判人员的思维，从而使谈判失去确定的方向。因此，谈判人员对此不能掉以轻心。

【课堂拓展】

联营生产谈判

甲自行车厂准备与乙自行车厂联营生产某种型号的自行车。甲方负责厂房、设备、资金与工人的安排等事宜，乙方则向甲方提供生产指导、技术培训并转让商标的使用权。洽谈时，甲方就技术指导培训的具体问题（如乙方将派出多少人员，将派哪一等级的技工人员，通过何种途径传授技术并使本厂人员技术提高到何种程度，等等），要求对方做出较为明确的答复，但乙方却回避上述问题，而大谈联营后产品利润的分成问题，要求对方拿出具体的分成方案进行讨论。

任务五　提问的语言训练

在业务谈判中有一个著名的提问法则，叫“油灯法则”。在谈判时，谈判对手会传递出大量的信息，但并不是所有的信息都有助于谈判的目的或者是提问方式、内容的选择，因此谈判人员要善于筛选对自己有用的信息。

“油灯法则”是尽最大可能采用有效的发问方法和技巧，通过一层层地排查顾客的信息流，最终得到顾客明确需求的方式。这个法则的核心是对顾客的言谈举止进行认真的分析，筛选出对自己有用的信息，然后再有针对性地提问。

第一步：确定现状。谈判开始时，谈判人员应先使用封闭式的问题来有效地确认谈判的现状，从中找到共识。因为这种只需要对方简单回答的方式，会使双方的心理都比较放松。比如，“我们有一个好的合作关系，但现在出现了新情况，我先说说这个情况的影响……”

第二步：了解期望。谈判人员使用开放式的问题，能全面地了解顾客期望达到的目标。将第一步得到的信息——对谈判的共识，与第二步得到的信息——对方期望达到的目标相比较，就会从中找到谈判对手可议价的范围，也就是双方可讨价还价的区域。比如，“你希望这次谈判能够解决什么问题?”“请问，你是否能谈谈你的具体要求呢?”

第三步：重点探讨。继续使用开放式的问题，针对谈判双方可议价的范围内的重点问题进行探讨。比如，“我看我们的问题主要集中在……，你是这样认为的吗?”

第四步：确认理解。利用封闭式的问题确认对谈判对象的观点的理解，最终找到解决的方案。比如，“你看，你的问题是……，我们是否可以考虑采用……的方式来解决呢?”

“油灯法则”概括性地说明了提问的四个步骤，这四个步骤应当是我们在谈判过程中提出流程的指导性原则。好的问题既能够快速击中谈判对手的心理，还不会让对方有被强迫的感觉。所以，我们应该学会使用提问技巧，并经常使用它。

【课堂拓展】

宁愿买贵的……

下面是一位卡车推销员和买主的对话。

推销员：“你们需要的卡车，我们有。”

买主：“多少吨位的?”

推销员：“四吨的。”

买主：“我们需要的是两吨的。”

推销员：“你们运的货平均每次多重?”

买主：“一般来说，大概是两吨左右。”

推销员：“有时多些，有时少些，对吗?”

买主：“是的。”

推销员：“到底需要哪种型号的车，一方面要看你运的货是什么，另一方面要看你的车在什么样的路上行驶，对吗?”

买主：“是的，不过……”

推销员：“如果你的车在丘陵地区行驶，而且你们那里的冬季较长，这时汽车所承受的压力是不是比正常的情况下大一些?”

买主：“是的。”

推销员：“你们冬天出车的次数比夏天多，是吧?”

买主：“是的，多得多。”

推销员：“有时货物太多，又是在冬天的丘陵地区行驶，汽车是不是经常处于超负荷状态?”

买主：“是的。”

推销员：“你决定购车型号时，是不是应该留有余地?”

买主：“你的意思是……”

推销员："从长远的眼光来看，是什么因素决定一辆车是否值得购买？"

买主："当然是它的使用寿命啦！"

推销员："一辆货车总是超负荷，另一辆车却从不超载，你认为哪辆车的寿命长？"

买主："当然是马力大、载货多的那一辆。"

经过这样的讨论，买主最后决定，多花35 000元买了一辆四吨的卡车。

这是一个运用提问语言技巧的成功谈判案例，整个谈判过程都是运用提问和回答的方式进行的，使用了多种提问技巧，通过利用这些技巧提问，最终目的是使买主产生认同心理，愿意与其合作。这个案例说明运用提问进行谈判要注意抓住对方的需要，表达要简明，更重要的是结论要由对方得出。

一、提问的重要性

提问是商务谈判中经常运用的语言技巧，通过巧妙而适当的提问可以摸清对方的需要，把握对方的心理状态，并能准确表达己方的思想，其目的是了解情况、启开话题、以利沟通。不同的目的，提出不同的问题；对同一问题，也可以用不同的方法、从不同的角度进行发问。法国启蒙思想家、作家、哲学家伏尔泰说："判断一个人要根据他的问话，而不是他的回答。"

换一种问法，换一个角度，便走进了一片新天地。商务谈判者应掌握发问的一些基本知识，熟悉"问"的各种技巧。有人在会议上经常愿意这样说："不知各位对此有何高见？"虽从表面上看这种问话很好听，但效果很不好，与会者都不发言。谁敢肯定自己的见解就高人一等呢？倒不如说："不知各位对此有何想法？"这样的效果会更好一些。由此看来，问话的技巧是很重要的。

【课堂拓展】

三个小贩的销售效果为何不同

有一天，一位老人离开家门，拎着篮子去楼下的菜市场买水果。她来到一个小贩的水果摊前问道："这李子怎么样？"

"我的李子又大又甜，特别好吃。"小贩回答。

老人摇了摇头没有买，她向另一个小贩走去，问道："你的李子好吃吗？"

"我这里是李子专卖店，各种各样的李子都有，您要什么样的李子？"

"我要买酸一点儿的。"

"这篮子里的李子酸得咬一口就流口水，你要多少？"

"来一斤吧！"

老人买完李子后继续在菜市场里逛，又看到一个小贩的摊上也有李子，又大又圆非常抢眼，便问小贩，"你的李子多少钱一斤？"

"您好，您想要哪种李子？"

"我想要酸一点儿的。"

"别人买李子都要又大又甜的，您为什么要酸的李子呢？"

"我儿媳妇怀孕了，想吃酸的。"

"您对儿媳真体贴，她想吃酸的，说明她一定能给您生个大胖孙子。你要多少？"

"我再来一斤吧。"老人被小贩说得高兴，便又买了一斤。

小贩一边称李子一边继续问，“您知道孕妇最需要什么营养吗?”

“不是很清楚。”

“孕妇特别需要补充维生素。您知道哪种水果含维生素最多吗?”

“不清楚。”

“猕猴桃含有多种维生素，特别适合孕妇。您要是给儿媳妇天天买猕猴桃吃，说不定能给您生一对双胞胎。”

“是吗？好啊，那我就再来一斤猕猴桃。”

二、提问的类型

在商务谈判中，运用较多的提问方式有以下几种。

（一）封闭式提问

封闭式提问，指在一定范围内引出肯定或否定问题的答复。

封闭式提问可以用来建立顾客关系，因为封闭式提问的话题范围窄，回答起来非常简单，所以陌生客户很容易参与。但不是所有问题客户都会参与，因此电话销售人员提的问题一定要对客户有利，并且能激起客户的好奇心。一旦能激起客户的好奇心，电话销售人员就有机会引起客户的注意，并赢得他的时间，进而有机会将对话进行下去。如果此次对话很愉快，那么与客户建立关系也就是自然而然的事了。例如，“马先生，我能提一个问题吗？咱们公司目前在与哪家公司合作呢？费率是多少?”当我们问这个问题时，几乎没有人会拒绝，因为他们会很好奇我们到底要问什么，这样我们就有机会继续跟客户谈下去了。

（二）开放式提问

开放式提问，指在广泛的领域内引起的广泛答复。

开放型的问题是指条件不完善、结论不确定的问题。例如，“对目前的危机你有什么想法?”“你觉得实行灵活的工作时间怎么样?”“如果你赢得了 100 万美元，你会做什么?”

在业务谈判中，我们要想了解客户更多的信息，使用开放式提问尤为重要。举例来说，“马先生，您公司的业务规模这么大，一定经常跟我们保险公司打交道吧？你对之前的合作伙伴评价如何?”他的答复至少要对现在的合作公司简单评价一番，哪怕就是说“还不错!”我们也能找到继续了解下去的话题了。又如，“您对我们有什么要求?”客户接下来的答复就不会是简单的是与不是了，只要客户在说，就总能透漏不少信息。

（三）证实式提问

证实式提问，是针对对方的答复重新措辞，使对方证实或补充性的答复。例如，“根据您刚才的陈述，我理解……是这样的吗?”

（四）引导式提问

引导式提问通过询问回答者一些预先设计的问题，引发回答者进行某种反思。引导式问题有两种形式：第一种直接包含答案，主要用于给对方指明方向；第二种包含某种提示，以便对方自己寻找所谓正确的答案。举例来说，主考官：“你担任车间主任期间，车间有多少工人？主要生产什么产品?”这就是典型的引导式提问，应试者只要回答一个数字，说出产品名称即可，而不必作其他任何解释。

（五）探索式提问

探索式提问，指在针对双方所讨论的问题要求进一步引申或说明。它不仅起到探测、发掘更多信息的作用，而且还显示出发问者对问题的重视。例如，“我们负责运输，贵方在价格上是否再考虑考虑?”

（六）婉转式提问

婉转式提问，指在没有摸清对方虚实的情况下，采用婉转的方式，在适当的场所或时机向对方提出问题。它既可避免被对方拒绝而出现的难堪，又可以自然地探出对方虚实，从而达到自己的目的。例如，“这种产品的功能还不错吧！您能评价一下吗?”

（七）协商式提问

协商式提问，指为使对方同意自己的观点，采用商量的口气向对方发出的提问。这种方式语气平和，对方容易接受，而且即使对方没有接受自己的条件，谈判的气氛仍能保持融洽，双方仍有继续合作的可能。

三、提问的要领

在谈判过程中，除了对提问类型和提问技巧进行选择外，还要注意提问要领。

（1）提问时机。注意对方的心境，在对方最适宜答复问题的时机再提问。一般的提问时机有：在对方发言结束后提问；在对方发言的间隙提问；在自己的发言前后提问；在规定的辩论时间里提问。

（2）提问速度。应按平常说话的速度提问，太急速的发问易令对方认为你不耐烦或抱有审问的态度；太缓慢的提问易令对方感到沉闷。

（3）提问准备。注意事先对主题、范围、可能的答复进行构思，漫无边际地提问，引起对手的误解。

（4）提问次序。发问的先后次序要有逻辑性，不要跳跃。有时变换一下问题的顺序，会有意想不到的效果。

（5）提问主题。所有的问句都必须围绕一个中心主题。如果事先考虑直接涉及中心主题会遭到抵制，可以由广至专，对有些问题不妨先打“外围战”，逐步缩小包围圈，这有助于缩短沟通的距离。

任务六　肢体语言艺术

【课堂拓展】

表情泄露了一切

一个销售员曾这样描述自己的一次销售经历：

我来到早就选中的一幢郊外住宅前。这是一座文化人居住的现代化住宅，不仅有蔷薇树篱笆围成的小巧的庭院，恐怕里面还有全套最新式的家用电器。这种知识分子阶层，是最容易“上钩”的。

我按了门铃，把我的名片递给前来开门的主妇。可她只扫了一眼，就看出我是个推销员，脸色骤然阴沉。

“我们家什么也不买！”

这句话早在意料之中。如果是位新手，他这时就会对人家满脸堆笑。但是，那样一来，只能助长对方的气焰，引来一声断喝。我呢，这时露出了一副比对方更加不屑一顾的神色，不满地嘟嘟囔囔。

“啊，看起来是把我当成推销员了。那可是大错而特错。唉，这也难怪，安静的时光，全被推销员那帮家伙给搞得一塌糊涂，真没有比这更叫人讨厌的了。我也曾有过亲身体会，颇有感触。”

“嗯，可不是吗。”

趁着她正在寻找谢绝来客的借口，我紧接着说下去。

“最近的推销竞争，真是了不得。只要能卖出去，可以不顾一切，无所不用其极。特别是那些宣传，千方百计地排除异己，拼命地把本公司的商标和商品名塞进人们的脑袋，大有疯狂之势。近来大肆泛滥的直接邮送的广告宣传品，恐怕也塞满了您府上的邮箱吧。”

“是呀，清理那些邮件，真是烦死人了。”

她的目光转向了邮箱，果然，那里确实塞满了广告。

“像您这样有教养的家庭，正是那帮狡猾的家伙们最好的推销对象。我也曾为之大伤脑筋。‘前所未有的大拍卖呀！’‘不买这个要吃亏呀！’‘不买这个不光彩呀！’‘天气宜人，请去旅行啊！’‘天气不好，请去旅行啊！’‘您的大脑疲劳啦，请用此药啊。’等。这种攻势，令人晕头转向。如果是电视广告的话，把电视关掉也就算了，可这种直接邮送的广告，让你毫无防备就拿起来，不知不觉地把它打开，无意之中就看了它的内容。”

“真是那样。”她毫无异议。

“您的表情，流露出深深的烦恼。日复一日的纷杂忙乱，已使您的人生目标消磨殆尽，而您正在拼命地设法追回它。这一点，我一见到夫人就发现了。我正是为了带给您一丝安慰而来的。”

对这一大篇言辞，她仍没有表示反对。于是，我进一步说下去。

“这些扰乱心神的广告，还得一一过目、清理，有这个工夫，读读诗或者静静地思索思索，那才可谓真正的人的生活。难道能顺从广告过一辈子吗？我们这些知识分子非抵制不可。”

“思索”呀，“知识分子”呀，这些字眼儿收到了绝妙的效果。她的体态风度，也颇有几分像诗人了。

“啊，静静地思索！我失去它，不知有多少年啦。空虚和无聊在我的心中弥漫。可是，不看那些怎么行！朋友的来信也夹在那些邮件里，还是得看。思索，已经一去不复返了！”

对此，我尽力表现出极大的同情。

“您的苦恼，我是完全理解的，因为我也曾经经历过。”

“怎么，您说‘曾经’，难道现在不是那样了吗？”

谢天谢地，总算引起了她的关注。然而，此刻还不能马上转入正题。

“啊，当然。不过，那些事找机会再说吧。”我做出一副欲言又止的样子。

“说一说有什么不好呀？”

她已顺利进入圈套。但是，这时要更加谨慎从事。

“其实也没什么，不过是用了我们公司的一件产品就解决了。但是，今天我不是作为推销员来拜访您的，还是不说了吧。”

“你不说……”

这时，我麻利地从提包里取出装置。“就是这个，先安上给你看看吧。”

即使她还没有答应，你就把它安装到信箱上，她也肯定会兴致勃勃地看个究竟。

“装好了，请您看看吧。我到外面去往里投邮件。”

我从邮箱里取出堆积如山的广告，抱着走到外边。

“好使吗？喂……”

说着，我接二连三地把广告塞进信箱。齿轮转动着发出声响，这种装置开始在她面前显示出优良的性能。也就是说，让她眼看着广告和私人通信被区分开来。同时，夹在报纸里的零散广告当然也都被一一抽出。当她正在目光灼灼地注视着这个装置时，我回到她的身边，开口说道：

“就是这么个东西，凡是装上它的家庭，无不兴高采烈。因为赢得了思索的时间。正如有人所说：‘由于有了它，人会变得聪明，增加教养，丰富个性。’而且，它还会有益于您的丈夫。他的职位一定会高升，他的事业也将获得成功。因为在现在这个时代，仅仅具备平常人标准的人，只能被视为一个符合标准的普通人罢了，而由思索和教养造就的、具有优秀个人品德的人，才是备受青睐的天之骄子。”

“高升”与“成功”，这两个词似乎又起了作用。

“要卖多少钱呢?”

我说出了价钱。

“价钱是高了些，但可以保用十年。如果把因此而使您丈夫得到高升也算进去的话，要比盲目的投资强得多啦，有不少人都这样想呢。好了，要告辞啦。无意之中打扰您了……”

我边说边做出要拆下装置的样子，就此结束谈话。

“我要买它。”

“可是，这么一来，我不就成了登门兜售的推销员了吗？这和我开头说过的话可不太一样呀。”我故意皱起眉头，以便进一步吊吊她的胃口。

“这有什么，你不是在卖装置，而是出售能让人们进行思索的时间，所以，你大可不必介意。”

“那么，就正式给您安上好啦。垃圾箱在哪儿？瞧，这么一弄，广告就可以通过管子，直接进入垃圾箱了，您不觉得痛快吗。节省下来的宝贵时光，您一定会利用得更有意义。噢，请您在方便的时候付款好了。”

就这样，第一个回合的推销大告成功。我在感谢声中悠然自得地满意而归。

有句话说，“运用之妙，存乎之心”，这句话可以高度概括谈判中肢体语言的运用法则，即用心。案例中的推销员的高明之处在于能够把握人的心理特征，能够抓住顾客面部的每一个表情，根据这些表情说出最适宜的话来，迂回前进，终于把生意做成功，而且还会让顾客心满意足，非用心是不足以达到这个目的的。

一、肢体语言的概念及特点

（一）肢体语言的概念

肢体语言又称身体语言，是指非语言性的身体符号，包括眼神与面部表情、身体运动与触摸、姿势、身体间的空间距离等，是除语言表达外另一种重要的沟通方式。广义的肢体语言包括面部表情在内；狭义的肢体语言只包括身体与四肢所表达的意思。

在面对面的交流中，语言所传递的信息量在总信息量中所占的份额还不到35%，剩下的超过65%的信息都是通过非语言交流方式完成的。人们说话时总会运用一系列的动作来配合自己的谈话，相比语言的有意识，这些动作是无意识的，更能体现说话人的真实想法，因此，我们不仅要听其言，更要观其行，通过观察对方的言谈举止，捕捉其内心活动的蛛丝马迹；也可以从对方的姿态神情中探究其心理因素。运用看的技巧，不仅可以判断对方的思想变化，决定本方对策，同时还可以有目的地运用语言传达信息，使谈判向有利于自己的方向发展。

（二）肢体语言的特点

1. 无意识性

由肢体所展现的“语言”往往能将本人一些未说出口的东西显露出来。当然，有时是有意识的，如演员的表演，有时则是无意识的，甚至是自己无法控制的。在沟通过程中，一方面可用非语言的方式向对方发出信息。例如，不看对方，注视别处，显然就等于告诉对方你宁可身在他处，根本不值得在这个话题上浪费时间。又如，把身体前倾，表示“很感兴趣”，接受会谈的人因此受到鼓励，可能会做更进一步说明。

我们与人谈话时，时而蹙额，时而摇头，时而两腿交叉，这些肢体语言多半并不自知。心理学家提出如下假设：当你与人说真话时，你的身体将与对方接近；当你与人说假话时，你的身体将离对方较远。对此假设验证的结果发现：如果要求不同受试者分别与别人陈述明知是编造的假设为正确的事实时，说假话的受试者会不自觉地与对方保持较远的距离，肢体的语言活动较少，唯有面部笑容反而增多。

2. 文化差异性

在不同文化中，肢体语言的意义不完全相同，各民族有不同的非话语交际方式。如当一个阿拉伯人同英国人谈话时，阿拉伯人按照自己的民族习惯认为站得近些表示友好，而英国人按照英国的习惯则认为保持适当的距离才合适。因此，当阿拉伯人往前挪的同时英国人则往后退。谈话结束时，两个人离原来站的地方可能相当远。

在这个例子里，双方的距离是关键。不同民族的人在谈话时，对双方保持多大的距离才合适有不同的看法。根据研究，在美国进行社交或公务谈话时，有四种距离表示四种不同情况：关系亲密，私人交往，一般社交，公共场合。交谈双方关系亲密，那么身体的距离从直接接触到相距约45厘米之间，这种距离适于双方关系最为亲密的场合，比如夫妻。朋友、熟人或亲戚之间的个人交谈，一般相距45～80厘米为宜。在进行一般社交活动时，交谈双方相距1.3～3米；在工作或办公事时，在大型社交聚会上，交谈者一般保持1.3～2米的距离。在公共场合，交谈者之间相距更远，如在公共场所演说，教师在课堂上讲课，他们同听众距离很远。多数讲英语的人，不喜欢人们离得太近，当然，离得太远也有些别扭，离得太近会使人感到不舒服，除非另有原因，如表示喜爱或鼓励对方与自己的亲近等。

在英国，一般的朋友和熟人之间在交谈时，会避免身体任何部位与对方接触，即使仅仅触摸一下也可能引起不良的反应。如果一方无意触摸对方一下，他（她）一般会说“Sorry”“Oh，I'm sorry”“Excuse me”等表示“对不起”的道歉语。

美国人坐着架起腿的时候习惯于呈平面的“4”字形，而中国人却往往喜欢一条腿压着另一条大腿。在第二次世界大战期间，德国逮捕的美国情报员，大多都是因为他们用右手拿叉子吃东西，没有严格训练成欧洲人用左手拿叉子吃东西的方式，因而露出马脚。如果他们不知道美国人的“4”字形架腿习惯，那么德国将会有一大批美国卧底。

3. 真切性与直观性

当人们看到了诱人心动的事物时，他的瞳孔就会放大。当一个集邮迷得到一枚梦寐以求的珍贵的邮票时，当一个古董收藏家搜集到唐宋的精品时，他们的瞳孔都会比往常放大许多。在牌桌上，当发现对手拿起牌来眼睛发亮的时候，就能断定他得到了一副好牌。

英国心理学家阿盖依尔等人的研究表明，当语言与非语言信号所代表的意义不一样时，人们更相信非语言信号所代表的意义。语言信息受理性意识的控制，容易作假；肢体语言则不同，肢体语言大都发自内心深处，是极难压制和掩盖的。有声语言直接诉诸人的听觉器官，不具有视觉的形象的感性；而肢体语言则不同，它通过灵活多变的表情、动作、体姿构成一定的人体图像来表情达意、交流信息，直接诉诸人的视觉器官，具有形象直观的特点。例如，形容物体的大小，用手势来比划，对事物表示赞成或反对，采用点头或摇头的方式等，就具有鲜明的形象直观性。

二、肢体语言在商务谈判中的作用

言语在人际交往中的重要性是不言而喻的，所以交谈是一门艺术，但是在人际交往中仅仅重视口头交际是不够的，人们往往还习惯用身体各部分的动作来传达意思，这就是肢体语言。比如借助手势来加强语气，用眼神和动作来表达自己的意思，这些身体语言的运用极大地丰富了人类交际，使交际变得深刻而含蓄、丰富而多彩。在某种情况下，肢体语言也可能成为交往的唯一形式，甚至可以起到“无声胜有声”的效果。肢体语言作为商务谈判中的重要策略之一，也越来越被谈判者重视，肢体语言的真实和不易伪装在谈判过程中占主导地位，因此有效地利用商务谈判中的肢体语言是非常重要的。

（一）增强有声语言的表达力

人们运用语言进行思想沟通和情感的表达时，往往有词不达意的感觉，因此需要借助非语言行为弥补语言的局限，对言辞的内容加以强调，使自己的意图得到更充分、更完善和更准确的表达。

例如，当一个陌生人向你问路时，你会一边说一边用手指向自己所说的方向，帮助对方更好地确认道路方向，这样能做到有效地沟通信息。又如，客户向推销员陈述拒绝的理由时，他们会将自己的手掌暴露于对方的视线之内，除了陈述理由，还通常会做出一些手部动作。在国际商务谈判中，非语言帮助有声语言增强表达力非常重要。

【课堂拓展】

非语言行为助力谈判胜利

一个美国公司和一个中国公司在谈判时，美方报价和中方实际所期待的价格相差较大。这时，中方主谈者委婉地提出先暂停谈判，美方不是很理解。中方谈判者摘下他的眼镜，开始擦拭，美方看到这个动作就明白了对手的意愿。休息片刻后，谈判继续进行，最后谈判成功。从这个例子，我们可以看出，当对手擦拭眼镜时，不要再向其施加压力，应让你的对手有足够时间考虑，等眼镜再架上鼻梁时，再继续谈判。所以，在国际商务谈判中，当我们在用语言表达的时候，稍加一点非语言表达非常重要。

（二）具有暗示性

人类的动作、表情是本能的，每个人在说话时都会不知不觉地做出某些表情和动作。人们说话时变化的目光，或喜或怒的神态，举手投足的动作，经常同所表达的内容密切相关。

肢体语言也具有暗示性的作用。如每天早上照镜子时，对着镜子里的自己微笑着说："今天又是美好的一天。"那么这一天你的心情都会是愉快的；当你和一个人见面时，他如果皱着眉头，嘴角向下撇，那暗示着话不投机；卖望远镜的商人，把商品放在旁边，而眼睛一直望向天空，这样可以吸引好奇者的注意，他们想知道这个商人看到了什么，这时，商人便达到了销售的目的。同时，在国际商务谈判中，暗示性也体现了它的重要性。

【课堂拓展】

重要的肢体语言

在一次英国人与中国人的谈判中，双方谈判进行得还算顺利，但是当谈到双方的条件时，出现了分歧。中方觉得英方提出的价格太高，为此双方进行了激烈的争辩，为了谈判更好地进行下去，中方要求中止一会儿。休息过后，中方给出了自己的最后价格，并一口咬定不再退让。对此价格英方保持沉默，就在大家都以为谈判破裂时，中方主谈注意到英方主谈僵硬的左肩有稍微的抖动，便知道这次的谈判会成功，随后英方果然同意签署合同。

通过这个案例，我们可以知道，肢体语言具有暗示性。所以，在谈判的时候我们除了要注意对方的有声语言，观察对方的肢体语言也是非常重要的。

（三）能迅速传递、反馈信息，增加互动性

20世纪50年代，研究肢体语言的先锋人物阿尔伯拉·麦拉宾发现：一条信息所产生的全部影响力中7%来自语言（仅指文字），38%来自声音（其中包括语音、声调以及其他声音），剩下的55%则全部来自无声的肢体语言。人类学家雷·博威斯特发现，在一次面对面的交流中，语言所传递的信息量在总信息量中所占的份额还不到35%，剩下的超过65%的信息都是通过非语言来完成的。

在沟通交流时，非语言行为可以维持和调节沟通的进行，如点头表示对对方的肯定；眯眼睛表示不同意、厌恶、发怒或不欣赏；走动表示发脾气或受挫；扭绞双手则是紧张不安或者害怕；眉毛上扬表示不相信或惊讶；当眼睛不注视对方时，意味着谈话结束了等。简而言之，调节肢体语言动作可帮助交谈者控制沟通的进行，非语言能迅速传递、反馈信息，增加互动性。

三、肢体语言在商务谈判中的运用

（一）上肢动作语言信息

在进行商务谈判的时候，肢体语言是不可缺少的一部分，不同的肢体语言有着不同的意义。

在商务谈判中，你第一次见到对方时，你们习惯性地彼此握手。你要注意回握时，用力握手的时间为1～3秒，如果双方握手的姿势与标准姿势不符时，便有除了问候、礼貌以外的附加意义。主要包括以下几种情况：如果感觉对方手掌出了汗，表示对方处于兴奋、紧张或情绪不稳定的心理状态。如果感觉对方握手不用力，一方面可能是他个性懦弱，缺乏气魄；另一方面，可能是他傲慢、爱摆架子的表现。握手前先凝视对方片刻，再伸手相握，在某种程度上，这是在心理上的劣势地位；先注视对方片刻，意味着对对方的审视，观察对方是否值得自己去握手。掌心向上伸出与对方握手，往往表现其性格软弱，处于被动、劣势或受别人支配的状态，在某种程度上，掌心向下伸出与对方握手是表示想取得主动、优势或支配地位。另外，掌心向下也有居高临下的意思。用双手握紧对方一只手并上下摆动，往往表示热烈欢迎对方的到来，也表示真诚感谢，或有求于人，或肯定契约关系等。

【课堂拓展】

握手的奥秘

我国某冶金公司要向美国购买一套先进的组合炉，派一位高级工程师与美商谈判。谈判前，美商手掌向下握住工程师的手。谈判时，美商一开口要价就远远高于工程师所了解的各国成交价格，并且语气强硬。经过工程师和美商的磋商，工程师给出了自己的底价。美商把合同扔到工程师面前，表示不愿继续谈下去，做出要离开的动作。工程师轻轻一笑，把手一伸，做了一个优雅的“请”的动作。美商顿时面露尴尬，眉头紧皱。第二天，美商最终以工程师所给的价格结束了此次谈判。事后这位工程师对其他人解释道，在他了解这个公司的情况下，美商的肢体语言更让他对这次谈判有了信心。

（二）下肢动作语言信息

腿和脚部虽然位于身体的下端，但其往往是最先表露潜意识情感的部位，其主要的动作和所传达的含义如下：摇动脚部，或用脚轻踏地板，或抖动脚部，都表达了焦躁不安、无可奈何、不耐烦或欲摆脱某种紧张感。谈判桌上这种动作也是常见的，双脚交叉，对男性来讲往往表示从心理上压制自己的表面情绪，如对某人某事持保留态度，表示警惕、防范或表示压制自己的紧张或恐惧。对女性来讲，如果将两膝并拢起来，表示此人比较含蓄而委婉；张开腿而坐，表明此人很自信，并愿意接受对方的挑战；如果一条腿架到另一条腿上就座，一般在无意识中表示藐视对方并保护自己的势力范围，使之不受他人侵犯；如果频繁出现变换架腿的姿势，则表明情绪不稳定、焦躁不安或不耐烦。

（三）腹部动作语言信息

腹部是意志和胆量的象征，凸出腹部，表现出自己的心理优势、自信与满足感。这一动作也反映了扩大势力范围的意图，是威慑对方，使自己处于优势或支配地位的表现；解开上衣纽扣露出腹部，表现出不安、消沉、沮丧等情绪支配下的防卫心理；腹部不断起伏，反映出兴奋或愤怒，极度起伏意味着即将爆发的兴奋与激动状态；轻拍自己的腹部，表示自己有风度、雅量，同时也包含着经过一番较量之后的得意心情。

知识运用

1. 依据你的生活经验，为几种常见的拒绝方法（直接的拒绝，委婉的拒绝，说明式拒绝）设定一个情境，并列明解决方案及你对该方案所产生效果的认识。

2. 你与谈判对手在谈判的时候，听到对方的赞美。这个时候，你是否认为这是个“糖衣炮弹”？你能否不受对手赞美的影响，客观公正地对待谈判？

3. 一位学者曾提出过一个提问的三段式策划方法。具体如下：

第一阶段：进行一些事实性的、无可批驳的阐述。

第二阶段：进行一些个人评价，以此反映出你的丰富经验，建立可信度。

第三阶段：问一个开放式的问题，把前两个阶段的内容融合进来。

举个例子：你在推销培训项目，三个阶段的问题可以这样设计：

第一阶段：“您知道，琼斯先生，销售人员总是很难完成销售老板制定的任务额度。”

第二阶段：“我的经验告诉我，在缺乏培训时，员工的态度通常不够积极，也缺少制定和完成任务的足够技巧。有趣的是负责人经常责怪销售人员能力不行，而不想想责任在自己身上。”

第三阶段：“您是怎样保证您手下的销售人员完成任务并保持积极的工作态度的？”

想想看，如果你面临着一次谈判，你会怎样策划你的提问？

项目四

商务谈判礼仪认知

【项目目标】

1. 理解和掌握商务活动中礼仪的基本原则和规范。

2. 熟悉谈判人员个人基本礼仪；能正确运用所学的礼仪知识，分析实际商务活动中的社交问题，并能提出解决的办法。

3. 培养学生理解、宽容、谦逊、诚恳的待人态度。

4. 培养学生庄重大方、热情友好、谈吐文雅的行为举止。

5. 了解各个国家的商务谈判风格，能够在国际商务谈判过程中灵活应对。

【项目引导】

谈判着装

中国某企业与德国某公司洽谈某种产品的出口业务。按照礼节，中方提前 10 分钟到达会议室。德国客人到达后，中方人员全体起立，鼓掌欢迎。德方谈判人员男士个个西装革履，女士都身穿职业装；反观中方人员，只有经理和翻译身穿西装，其他人员有穿夹克衫的，有穿牛仔服的，更有甚者穿着工作服。现场没有见到德方人员脸上出现期待的笑容，反而显示出一丝的不快。更令人不解的是，预定一上午的谈判日程，在半个小时内就草草结束，德方人员匆匆而去。

从中方人员提前 10 分钟来到会议室，可以看出中方还是比较重视这次谈判的，并且在德方人员到达时全体起立，鼓掌欢迎，这些并没有问题。德方人员的不愉快，源于中方代表的着装。因中方代表着装混乱，在德方看来，中方不重视这次谈判，因此心中产生不快，便匆匆结束谈判。

商务谈判礼仪一方面可以规范自己的行为，表现出良好的素质修养；另一方面可以更好地向对方表达尊敬、友好和友善，增进双方的信任和友谊。因此要求商务谈判人员应从自身形象做起，在商务活动中给人留下良好的第一印象。

“礼仪”是谈判者的广告，是叩开对方心灵的使者，是拉近双方距离的桥梁，也是谈判的技术手段之一。谈判双方人员具备良好的礼仪是商务活动中不可缺少的素质，也是商务活动取得成功的基本保证。谈判者掌握良好的个人礼仪和主、客座礼仪会给谈判对手留下良好的印象，形成和谐的谈判氛围，使谈判在互相尊重、理解的气氛中进行。

任务一　商务谈判礼仪初识

商务谈判礼仪是指商务人员在从事商务活动的过程中（即履行以买卖方式使商品流通或提供某种服务获取报酬职能的过程中）应使用的礼仪规范。在商业社会里，由于竞争的加剧，行业内部以及相近行业间在产品和服务方面的趋同性不断增强，使公司与公司之间所提供的产品和服务并无太大差别，这样就使服务态度和商务谈判礼仪成为影响客户选择产品和服务的至关重要的因素。

一、商务谈判礼仪的含义及特征

（一）商务谈判礼仪的含义

在西方，“礼仪”一词最早见于法语的 Etiquette，原意为“法庭上的通行证”。英文“礼仪”的含义，为“人际交往的通行证”。礼仪是指人们在人际交往中为了互相尊重而约定俗成、共同认可的行为规范、准则和程序，它是礼貌、礼节、仪表和仪式的总称。

所谓商务谈判礼仪，是指人们在从事商品流通的各种经济行为中应当遵循的一系列行为规范。商务谈判礼仪与一般的人际交往礼仪不同，它体现在商务活动的各个环节之中。

（二）商务谈判礼仪的基本特征

随着知识经济和信息技术的快速发展，经济全球化增强，现代商务环境的变化越来越大，商务交流的手段越来越多，商务谈判礼仪也出现了一些不同于以往的新特点。

（1）规范性。规范性是指待人接物的标准做法。商务谈判礼仪的规范性是一个舆论约束，它与法律约束不同，法律约束具有强制性。不遵守商务谈判礼仪，后果可能不会致命，但却有可能会让你在商务场合被人笑话。比如，我们在吃自助餐时，要遵守相应的基本规范，如多次少取，这是自助餐的标准化要求，若不遵守，你就会弄巧成拙、贻笑大方。所以，在商务交往场合，我们一定要遵守商务谈判礼仪的规范性，例如，如何称呼客人、如何打电话、如何做介绍、如何交换名片、如何就餐都是有一定规范的。

（2）普遍性。当今社会是商业的社会，各种商务活动已渗透到社会的每一个角落，可以说，只要有人类生活的地方，就存在着各种各样的商务活动，就存在着各种各样的商务谈判礼仪规范。

（3）差异性。不同的文化背景下，礼仪文化也不尽相同。商务谈判礼仪的主要内容源于传统礼仪，因此具有差异性的基本特征。

在商务交际场合，我们要根据对象的不同，采用不同的礼仪规则。如在宴请客人时，我们需要优先考虑的问题是菜肴的安排。要问清对方不吃什么，有什么禁忌。如西方人就有六不吃：不吃动物内脏；不吃动物的头和脚；不吃宠物，尤其是猫和狗；不吃珍稀动物；不吃淡水鱼（淡水鱼有土腥味）；不吃无鳞无鳍的鱼、蛇、鳝等。不同民族有不同的习惯，我们必须尊重民族习惯。除了民族禁忌之外，还要注意宗教禁忌。

（4）技巧性。商务谈判礼仪强调操作性，这种操作是讲究技巧的，这种技巧体现在商务活动的一言一行、一举一动中。比如招待客人喝饮料，就有两种问法：一是“请问您想喝点什么?”；二是“您喝……还是……?”。第一种问法是开放式的，给客人选择的空间是无限的，这种方式可能会产生一种后果，客人的选择超出你的能力范围时会带来尴尬和不便；第二种是封闭式的，就是一种技巧性比较强的方式，可以有效地避免上述情况的出现。

（5）发展性。时代在发展，商务谈判礼仪文化也在随着社会的进步不断发展。20 世纪七八十年代，人们一般通过电报、信件等传递各种商务信息，而在今天，人们常用的则是电子邮件、电视、电话等这些随着时代进步而产生的新生事物。

二、商务谈判礼仪的作用和原则

【课堂拓展】

周总理的谈判风采

在 1972 年以前的 15 年里，中美大使级会谈共进行了 136 次，全都毫无结果。中美之间围绕台湾问题、归还债务问题、收回资金问题、在押人员获释问题、记者互访问题、贸易前景问题等进行了长期的、反复的讨论与争执。对此，基辛格说：“中美会谈的重大意义似乎就在于，它是不能取得一项重大成就的时间最长的会谈。”然而，周恩来总理以政治家特有的敏锐思维和高超娴熟的谈判艺术，把握住了历史赋予的转机。在他那风度洒脱的举止和富有魅力的笑声中，有条不紊地安排并成功地导演了举世瞩目的中美建交谈判，在 1972 年的第 137 次会谈中，终于打破了长达 15 年的僵局。美国前总统尼克松在其回忆录中对周恩来总理的仪容仪态、礼貌礼节、谈判艺术、风格作风给予了高度的赞赏。

尼克松说，周恩来待人很谦虚，但沉着坚定，他优雅的举止、直率而从容的姿态，都显示出巨大的魅力和泰然自若的风度。他给人的印象是：亲切、直率、镇定自若而又十分热情。双方正式会谈时，他显得机智而谨慎。谈判中，他善于运用迂回的策略，避开争议点，通过似乎不重要的事情来传递重要的信息。他从来不提高讲话的调门，不敲桌子，也不以中止谈判相威胁来迫使对方让步。他总是那样坚定不移而又彬彬有礼，他在手里有“牌”的时候，说话的声音反而更加柔和了。他在全世界面前树立了中国政府领导人的光辉形象，他不愧是一位将国家尊严、个人人格与谈判艺术融洽地结合在一起的伟大人物。谈判的成功固然应归结于谈判原则、谈判时机、谈判策略、谈判艺术等多种因素，但周恩来无与伦比的品格给人们留下了深刻而鲜明的印象。他的最佳礼节礼仪无疑也是促成谈判成功的重要因素之一。

（一）商务谈判礼仪的作用

自古以来，我国就有“礼仪之邦”的美称，崇尚礼仪是我国人民的传统美德。随着我国现代经济的高速发展，礼仪已渗透到社会生活中的方方面面。尤其在商务活动中，礼仪发挥着越来越重要的作用。

1. 规范行为

礼仪最基本的功能就是规范各种行为。在商务交往中，人们相互影响、相互作用、相互合作，如果不遵循一定的规范，双方就缺乏协作的基础。在众多的商务规范中，礼仪规范可以使人明白应该怎样做，不应该怎样做，哪些可以做，哪些不可以做，有利于确定自我形象、尊重他人、赢得友谊。

2. 传递信息

礼仪是一种信息，通过这种信息可以表达出尊敬、友善、真诚等感情，使别人感到温暖。在商务活动中，恰当的礼仪可以获得对方的好感、信任，进而有助于事业的发展。

3. 增进感情

在商务活动中，随着交往的深入，双方可能都会产生一定的情绪体验。它表现为两种情感状态：一是感情共鸣，二是情感排斥。礼仪容易使双方互相吸引，增进感情，有助于良好的人际关系的建立和发展。反之，如果不讲礼仪，粗俗不堪，那么就容易产生感情排斥，造成人际关系紧张，给对方造成不好的印象。

【课堂拓展】

谈判的商务礼仪

一次，辽宁省政府组织驻该省的外资金融机构的20余名代表考察该省的投资环境，整个考察活动是成功的。然而，给这些外资金融机构代表们留下深刻印象的除了各市对引进资金的迫切心情及良好的投资环境外，还有一些令他们不满的小片断。在某开发区，在向考察者介绍开发区的投资环境时，不知是疏忽，还是有意安排，由开发区的一个副主任担任英语翻译。活动组织者和随行记者都认为一个精通英语的当地领导一定会增强考察者们的投资信心。哪知，这位副主任翻译起来结结巴巴、漏洞百出，几分钟后，不得不换另外一个翻译，但水平同样糟糕。而且，外资金融机构的代表们一个个西装革履、正襟危坐，而这位翻译却穿着一件长袖衬衫，开着领口，袖子卷得老高。考察团中几乎所有的中方人员都为这蹩脚的翻译及其近乎随便的打扮感到难为情。外方人员虽然没有说什么，但下午在某市市内考察，市里另安排了一个翻译时，几个外方考察人员都对记者说："这个翻译的水平还行。"其言外之意不言而喻。

考察团在考察一家钢琴厂时，工人介绍钢琴的质量如何好、在市场上如何抢手，其中一个原因就是他们选用的木材都是从兴安岭林场中专门挑选的一个树种，而且这个树种的树木生长缓慢。一位外资金融机构的代表顺口问道："木材这么珍贵，却拿来做钢琴，环保问题怎么解决?"没想到旁边一位当地陪同人员竟说："中国人现在正忙着吃饭，还没顾上搞环保。"一时间，令所有听到这个回答的考察团中方人员瞠目结舌。事后，那个提问的外方金融机构的代表对记者说："做钢琴用不了多少木头，我只是顺口问问，也许他没想好就回答了。"虽然提问者通情达理，然而作为那位"率直"的回答者口中的"正忙着吃饭"的中国人，却不能不感到羞愧。在某市，当地安排考察团到一个风景区游览，山清水秀的环境令人心旷神怡。外资金融机构的代表刚下车，一位中方陪同人员却把一个带着的或许是变质了的西瓜当着这些代表的面扔到了路旁。这大煞风景的举动令其他中方人员感到无地自容。

4. 树立形象

一个人讲究礼仪，就会在众人面前树立良好的个人形象；一个组织的成员讲究礼仪，就会为自己的组织树立良好的形象，赢得公众的赞扬。现代市场竞争除了产品竞争外，更体现在形象竞争。一个具有良好信誉和形象的公司或企业，就容易获得社会各方的信任和支持，就可以在激烈的竞争中处于不败之地。所以，商务人员时刻注重礼仪，既是个人和组织良好素质的体现，也是树立和巩固良好形象的需要。

（二）商务谈判礼仪的原则

任何事物都有自己的规则，商务谈判礼仪也不例外，凝结在商务谈判礼仪规范背后的共同理念和宗旨就是商务谈判礼仪的原则，是我们在操作每一项商务谈判礼仪规则的时候应该遵守的共同法则，同时也是衡量我们在不同场合、不同文化背景下的礼仪正确、得体的标准。同样的礼仪在不同的场合会带来不同的结果；同样的场合却因人的不同而有不同的含义，所以，如何在纷繁复杂、瞬息万变的商场环境中立于不败之地，就需要掌握商务谈判礼仪的基本原则。

1. “尊敬”原则

尊敬是礼仪的情感基础。在现实社会中，人与人是平等的，尊重长辈、关心客户不但不是自我卑下的行为，反而是一种至高无上的礼仪，说明一个人具有良好的个人素质。“爱人者，恒爱之；敬人者，恒敬之”“人敬我一尺，我敬人一丈”。“礼”的良性循环就是借助这样的机制而得以生生不已的。当然，礼待他人也是一种自重，不应以伪善取悦于人，更不可以富贵骄人。尊敬人还要做到入乡随俗，尊重他人的喜好与禁忌。总之，对人尊敬和友善，这是处理人际关系的一项重要原则。

2. “真诚”原则

商务人员的礼仪主要是为了树立良好的个人和组织形象，所以礼仪对于商务活动的目的来说，不仅仅在于其形式和手段层面上的意义，同时更应注重从事商务、讲求礼仪的长远效益。只有恪守真诚原则，着眼于将来，通过长期潜移默化的影响，才能获得最终的利益。也就是说商务人员与企业要爱惜其形象与声誉，不应仅追求礼仪外在形式的完美，应将其视为商务人员情感的真诚流露与表现。

3. “谦和”原则

“谦”就是谦虚，“和”就是和善、随和。谦和不仅是一种美德，更是社交成功的重要条件。《荀子・劝学》中曾说：“礼恭，而后可与言道之方；辞顺，而后可与言道之理；色从，而后可与言道之致”，这是说只有举止、言谈、态度都是谦恭有礼时，才能从别人那里得到教诲。

谦和，在社交场上表现为平易近人、热情大方、善于与人相处、乐于听取他人的意见，显示出虚怀若谷的胸襟，因而对周围的人具有很强的吸引力，有着较强的调整人际关系的能力。

当然，我们此处强调的谦和并不是指过分的谦虚、无原则的妥协和退让，更不是妄自菲薄。应当认识到过分的谦虚其实是社交的障碍，尤其是在和西方人的商务交往中，不自信的表现会让对方怀疑你的能力。

4. “宽容”原则

“宽”即宽待，“容”即相容。宽容就是心胸坦荡、豁达大度，能设身处地地为他人着想，谅解他人的过失，不计较个人得失，有很强的容纳意识和自控能力。中国传统文化历来重视并提倡宽容的道德原则，并把宽以待人视为一种为人处世的基本美德。从事商务活动，也要求宽以待人，在人际纷争问题上保持豁达大度的品格或态度。在商务活动中，出于各自的立场和利益，难免出现误解和冲突。遵循宽容原则，凡事想开一点，眼光放远一点，善解人意、体谅别人，才能正确对待和处理好各种关系与纷争，争取到更长远的利益。

5. “适度”原则

人际交往中要注意各种不同情况下的社交距离，也就是要善于把握住沟通时的感情尺度。“君子之交淡如水，小人之交甘如醴。”此话不无道理。在人际交往中，沟通和理解是建立良好人际关系的重要条件，但如果不善于把握沟通时的感情尺度，即人际交往缺乏适度的距离，结果会适得其反。例如，在一般交往中，既要彬彬有礼，又不能低三下四；既要热情大方，又不能轻浮谄谀。所谓适度，就是要注意感情适度、谈吐适度、举止适度。只有这样才能真正赢得对方的尊重，达到沟通的目的。

总之，掌握并遵行礼仪原则，在人际交往、商务活动中就有可能成为待人诚恳、彬彬有礼之辈，并受到他人的尊敬和尊重。

任务二　谈判人员个人基本礼仪

【课堂拓展】

重要的个人基本礼仪

某工厂的副总裁吉拉德突然中风，英国总公司立即派了一位高级主管凯瑟琳直飞利雅得接替他的职务。凯瑟琳到沙特阿拉伯还身兼另一个重要的任务就是要介绍公司的一项新产品并在当地制造销售。凯瑟琳赶到利雅得正赶上当地的斋月，接待他的贝格先生是沙特籍的高级主管，年约 50 岁的传统生意人。虽然正值斋月，他还是尽地主之谊请凯瑟琳到他家为她洗尘。因为时间紧迫，凯瑟琳一下飞机就直接赴约，当时饥肠辘辘的她心想，等一会到贝格家好好吃一顿。

虽然是在斋月，贝格先生仍为来客准备了吃的东西。凯瑟琳觉得饭菜非常合口，于是大吃起来，她发觉主人一口不吃，就催促主人和她一起享用。狼吞虎咽间她问贝格是否可在饭后到她办公室谈公事，她说："我对你们的设施很好奇，而且还迫不及待地想介绍公司的新产品。"虽然凯瑟琳是个沉得住气的人，然而因为习惯，她偶尔会双脚交叠上下晃动脚尖。贝格一一看在眼里，在她上下晃动脚尖时他还看到了凯瑟琳那双黑皮鞋的鞋底，顷刻间刚见面的那股热忱消失得无影无踪。

一、谈判人员的仪表

仪表是谈判者形象的重要方面，主要是指人的形貌外表，包括人的身材、发型、容貌和服饰等方面，不仅反映其个人的精神面貌和礼仪素养，同时还使人联想到一个人的处事风格。美好、整洁的仪表给人一种做事认真、有条理的感觉，因此良好的仪表对谈判者的交际和工作起着重要的作用。

谈判者仪表的作用：谈判者的仪表反映了谈判者的精神面貌和礼仪素养，显示了谈判者在谈判中所充任的角色，对商务谈判的成功有着不容忽视的作用。

在商务谈判中，谈判者的仪表可以反映出谈判者的素养。仪表的修饰不仅体现了谈判者自身的自尊、自爱，还体现出对谈判对方的尊重，而得体的修饰不仅反映出谈判者个人的风采和魅力，也反映出谈判者个人的形象。

仪表是谈判者洽谈成功的通行证。在商务谈判中，谈判者的仪表对谈判是否成功有一定的影响。谈判者的仪表，不但能够影响双方的印象，影响谈判的节奏和谈判的效率，还能够影响周围人的态度和商务谈判的成败。商务谈判中，特别是初次谈判，最初印象主要是通过谈判对象的外部因素和信息形成的。

（一）仪表的修饰

修饰是指对人的仪表、仪容进行修整妆饰，以使其外部形象达到整洁、大方、美观的基本方法。修饰是形成谈判者个人良好形象的手段。适当的修饰，可以使谈判者保持健康的精神面貌和活力。修饰可以体现一个人的修养、气质，从而对谈判者的心理与情绪产生较大的影响。通过适当的修饰，可以发现自身的美，从而增加信心。谈判者的仪表修饰主要有以下几个方面：

1. 头发

谈判者应保持头发的清洁，头发上不能有头屑。发型要整齐，散乱的头发会给人精神萎靡不振的感觉。男士的头发不宜留得过长，以两边的头发不超过两耳为准，并且不宜留大鬓角。女士的头发没有长短的要求，只是刘海不要太低遮住眉毛，因为眉毛既可以传情达意，还可以体现一个人的个性。

2. 面部

谈判者的面部要注意保持清洁。男士要剃净胡须；女士应该化妆，以示对他人的尊重，同时也可以增强自信心。

3. 口腔

口腔主要有两方面的内容：一是除去口腔中的食物残渣，最好的办法是饭后漱口、刷牙；二是除去口腔异味，最好的办法是喝茶或嚼口香糖。

4. 手

谈判者应保持双手的清洁，注意不要留长指甲，并清除指甲内的污垢。如果戴有手套，手套也应保持清洁。

5. 脚

脚的修饰主要是指鞋的修饰，鞋要擦去灰尘，并保持皮鞋的光亮。

（二）女士化妆

女士要适当化妆，漂亮的化妆不仅让人赏心悦目，同时还能给自己一个好的心情。在化妆时选择浓淡适宜的妆容是比较重要的。场合不同，对化妆的浓淡要求也不一样，总的来讲，白天适宜化淡妆，晚上适宜化浓一点的妆。不同的人也不一样，中年女性的妆应该浓一点，年轻女性的妆应该淡一点。与关系比较熟的客户进行谈判时，可以化淡妆，与初次打交道的人谈判可以适当化浓一点的妆。

（三）理妆

不论男女，为了使修饰好的整洁仪表得以保持，要注意及时理妆。

1. 女士的理妆

女士的理妆一般只限于加一点口红以及补一点粉而已。女士的补妆不能不分时间和场合随意进行。一般来讲，在工作场合当着众人的面补妆是不适宜的，如果确有必要补妆，应到洗手间或是休息室去补妆。

2. 男士的理妆

男士的理妆范围也局限在两个方面：一是把歪掉的领带理正；二是把凌乱的头发抚平。男士可以在洗手间及公共场所的镜子前理妆，切忌当众拿出小镜子或是小梳子理妆。

二、谈判者的服饰

在商务活动中，能够理解并充分利用服饰的功能，对于商务活动的有效及顺利进行是非常重要的，得体的着装不仅反映一个人的修养与气质，同时也表现了对他人的尊重。因此每个商务谈判人员都应该注重着装礼仪。

（一）谈判者着装原则

（1）合身。要求谈判者着装一要符合自己的身材，二要符合自己的年龄，三要符合自己的职业身份。

（2）合意。要求谈判者的着装一要使自己满意，二要考虑到谈判对象的习惯和所在地的风俗，恰当地表现自己的个性。

（3）合时。要求谈判者的服饰要符合时代的特色、环境、场所和季节的要求。

（二）谈判者服饰的选择

【课堂拓展】

商务洽谈着装

瑞士某财团副总裁率代表团来华考察合资办药厂的环境和商洽有关事宜，国内某国营药厂出面接待安排。第一天洽谈会，瑞方人员全部西装革履，穿着规范出席，而中方人员有穿夹克衫、布鞋的，有穿牛仔裤、运动鞋的，还有的穿着毛衣外套。结果，当天的会谈草草结束后，瑞方连考察现场都没去，第二天找了个理由，匆匆地就打道回府了。

商界着装重视与场合气氛相吻合，商务洽谈是关系大局的事情，应选择正式、规范的服装出席。如果穿着随意，既不尊重自己，也不尊重他人，同时也会被认为是不重视这次活动的表现。

1. 男士服装的选择

一般来讲男士的着装只要穿着得体就行，因此，男士在选择服装时应既注重款式和色彩，又要注重服装的质地和面料。

西装是男性谈判者在正式场合着装的优先选择，也是男性谈判者必备的礼服。在选择西装时应注意以下几个方面：

（1）西装的选择。

面料：质地要好，首选毛料。

色彩：选择庄重、正统的西装，以深色为佳。

图案：选择无图案的。

款式：选择三件套（一衣、一裤、一马甲）。

造型：选择适合自己的款式。

尺寸：大小合身，宽松适度。

场合：正装适合正式场合，休闲装适合非正式场合。

正确穿着：拆除衣袖上的商标；熨烫平整；扣好纽扣；少装东西。

（2）衬衫的选择。

正规西装配的衬衫应是白色或浅色的，没有花纹或带有不太明显的条纹、细格子花纹的衬衫。

衬衫要合体，主要是指领子要合体。大小合适的衬衫应是衬衫领子纽扣扣上以后还能插进自己的食指。

（3）领带的选择。

领带是男性谈判者穿西装时最重要的饰物。领带的色彩必须和西装颜色一致，才能给人视觉均衡的感觉。素色衬衫易和各种领带搭配，但花衬衫和条纹衬衫属于休闲衬衫，所以不适合打领带。有花纹的衬衫不能配有图案的领带，否则会给人一种凌乱的感觉，领带的花纹不能与所穿西服的花纹一样。

（4）鞋子和袜子的选择。

穿西装一定要配穿皮鞋，黑色皮鞋最适宜与西服套装搭配，袜子的颜色应与皮鞋的颜色相近，或者是皮鞋颜色和西装颜色的过渡色。

2. 西装穿着的禁忌

（1）忌袖口商标不除。一般在名牌西装上衣的左袖上都有一个商标，有些西装还有一个纯羊毛标志，在穿着之前必须去除。

（2）忌内穿多件羊毛衫，只能穿一件薄型V领的素色羊毛衫，并穿衬衫、打领带。

（3）忌颜色过于杂乱。穿着西装要讲求“三色原则”，即全身的颜色不能多于三种，其中同一色系中深浅不同的颜色算一种颜色。

（4）忌三个部位不同色，即穿西装时必须使皮鞋、腰带、公文包这三种饰品同色。

（5）忌腰部挂东西，如手机、钥匙等。

此外，西装的选择还应区分场合。正式的商务场合应选择穿着单色、深色西装，蓝色为首选，其次为灰色，面料最好是纯毛的；普通的社交场合可以选择休闲西装，对于面料和颜色的要求相对较低。

3. 女士服装的选择

（1）套裙。

女士在商务谈判中以裙装为佳，西式套裙为首选。套裙应该成套穿着，要注意颜色少、款式新，不适宜穿着亮度过高的裙装。套裙应选择那些质地滑润、平整、匀称、光洁、挺括的上乘面料，并且弹性好、不易褶皱，图案以简洁为最佳，可以选择格子、条纹和圆点等图案。

（2）旗袍。

在商务活动中穿着旗袍，可以更好地体现东方女性特有的气质。旗袍的开衩不能过高，以膝上一至两寸为佳。

（3）鞋子与袜子。

女士的正装鞋是高跟或半高跟的浅口皮鞋，袜子的颜色以肉色为佳，不能穿带图案和网眼的袜子，应注意袜口不能露出裙摆。

4. 配饰

女士有时为了衬托自己的服装，体现出自己的个性，需要佩戴各类装饰品。通常，佩戴装饰品也是个性化的体现，但在商务谈判中，佩戴饰品应注意以下问题：如果是白天参加谈判，选择的饰品不要过于夸张，避免给人张扬的感觉。选择的饰品应与自己的肤色、服装、气质和环境相适宜。选择的饰品与季节性的服装相配合。

（1）戒指。戒指主要有黄金、白金、钻石、宝石等类型。戒指一般只佩戴一枚。戒指应戴在左手上，戴在不同的手指上其含义不同，暗示佩戴者的婚姻和择偶状况。一般来讲，戴在食指上表示想结婚或已经求婚，戴在中指上表示已有恋人，戴在无名指上表示已订婚或结婚，戴在小指上则表示是独身者。

（2）项链。项链种类繁多，主要有黄金、白银、珍珠和宝石项链。在正式的商务场合中，以佩戴金银项链为最佳，忌佩戴有宗教含义的项链。

（3）耳环。耳环的佩戴应与服装相协调。一般来讲，服装的颜色与佩戴耳环的效果有关，服装的颜色鲜艳，耳环装饰效果就差，因此佩戴耳环时应选择颜色淡雅的服装。同时注意：配戴耳环应与服装类型、色调相适应。

（4）手袋。女士出席各种社交与商务场合时，无论是出于美观还是方便，都应携带一个手袋，可以烘托出职业女性的干练与柔美。手袋的颜色应与服装色调协调，二者颜色相同是最理想的搭配。手袋的颜色最好选择中性色，比如黑色、白色等，这样的手袋可以搭配任何颜色的服装。商务谈判人员在出席各种商务场合时，男女都可在公文包或手袋中放置一些必备品，以备急用。

在公务套装中不可以出现多余的纽扣、上衣背后的腰带、颜色怪异的缝线、前胸口袋里的方巾等物件。

三、谈判者的举止

举止是指人的动作和表情。举止是一种无声的“语言”，人们的举手投足都传递着信息。因此，在商务谈判中，保持规范、得体的姿态是比较重要的。这就要求谈判者具有良好的坐姿、站姿和走姿。

（一）正确的站姿

站姿是人体的静态造型动作，是其他人体动态造型的基础和起点。在出席各种商务场合时，谈判者的站姿会首先引起别人的注意，优美挺拔的站姿能显示出个人的自信、气质和风度，给他人留下美好的印象。正确站姿的要点是挺拔、直立。具体要求：头正、双目平视、嘴唇微闭、下颌微收、双肩放松、稍向下沉，身体有向上的感觉，呼吸自然、躯干挺直，收腹、挺胸、立腰，双臂自然下垂于两侧，手指并拢并自然弯曲，双腿并拢立直，膝、两脚跟靠紧，脚尖分开呈 45 度，身体重心放在两脚中间。男性的双腿可以分开，但两脚之间的距离最多与肩齐。正确的站姿会给人挺拔、大方、精力充沛的感觉。站立要避免身体东倒西歪，重心不稳；双腿交叉站立，随意抖动或晃动；双脚叉开过大或随意乱动；倚墙靠壁，耸肩；双手叉在腰间或环抱在胸前，盛气凌人。

（二）正确的坐姿

端庄典雅的坐姿可以展现商务谈判人员的气质和良好的教养。入座时要轻而稳，走到座位前，转身后轻轻地坐下，双肩平正放松，两臂自然弯曲放在腿上，亦可放在椅子或是沙发扶手上，以自然得体为宜。女士双膝并拢，男士两膝间可分开一定的距离，但不要超过肩宽。入座后，应至少坐满椅子的 2/3，谈话时应根据交谈者方位，上身略倾向对方，但仍保持挺直。女子入座时，若是裙装，应用手将裙子稍稍拢一下，再慢慢坐下，避免坐下后再拽拉衣裙。正式场合一般从椅子的左边入座，离座时也要从椅子左边离开。各种坐姿的要求：

（1）正坐：两腿并拢，上身坐正，小腿应与地面垂直。女士应双手叠放，置于腿上；

男士应将双手放在膝上，双腿微分，两膝之间的距离保持在一拳到一拳半之间。

（2）侧坐：首先坐正。男士小腿与地面垂直，上身倾斜，向左或向右，左肘或右肘支撑在扶手上；女士应双膝靠紧，上身挺直，两脚脚尖同时向左或向右，双手叠放在左腿或者右腿上。

（3）交叉式坐姿：两腿向前伸，一腿置于另一腿上，在踝关节处交叉成前交叉坐式，也可以小腿后屈，前脚掌着地，在踝关节处交叉成后交叉式。

（三）正确的走姿

正确的走姿，能体现一个人的风度和韵味。从一个人的走姿可以了解到其精神状态、基本素质和生活节奏。走路时的要点是：

走路时应当身体直立、收腹直腰、两眼平视前方，双臂自然下垂，在身体两侧自然摆动，脚尖微向外或向正前方伸出，跨步均匀，两脚之间相距约一只脚到一只半脚长，步伐稳健，步履自然，要有节奏感。起步时，身体微向前倾，身体重心落于前脚掌，行走中身体的重心要随着移动的脚步不断向前过渡，而不要让重心停留在后脚，并注意在前脚着地和后脚离地时伸直膝部。男士步幅稍大，步伐应矫健、有力、潇洒、豪迈，展示阳刚之美；女士步幅略小，步伐应轻捷、娴雅、飘逸，体现阴柔之美。

四、谈判者的表情

表情是指谈判者的面部情态，主要是通过面部的眼、嘴、眉、鼻动作和脸色的变化来表达谈判者的内在意识。表情在商务活动中起着十分重要的作用。

（一）目光

当商务谈判人员初次与别人相见或者不是很熟悉时，特别是面对异性，应使自己的目光完全在许可的范围之内，否则会很失礼。目光的最大许可范围是以额头为上限，以对方上衣的第二颗纽扣为下限，左右以两肩为限，表示对对方的关注。

眼睛是心灵的窗户，是人的心理情感的一种自然表现。目光的表现形式是多种多样的：炯炯有神的目光，体现出对事情的坚定和执着；呆滞的目光，体现出对生活的厌倦；明澈坦荡的目光，体现的是为人正直、心胸开阔。在商务活动中，恰到好处的目光应该是友善坦荡、真诚热情、炯炯有神。

双方在交谈中，应注视对方的眼睛或脸部，以示尊重别人，但是，当双方缄默无语时，不要长时间注视对方的脸，以免造成对方的尴尬。

在与多人进行交谈时，要经常用目光与听众进行沟通，不要只与一个人交谈，冷落其他人。在公共场合，注视的位置是以两眼为上限，以唇部为底线，构成的一个倒三角，这种目光带有一定的情感色彩，亲切友好。不要总是回避对方的目光，这样会使对方误认为你心里有鬼或者在说谎。

（二）微笑

微笑是最富有吸引力的面部表情。微笑可以消除冷漠，温暖人心，使人际关系变得友善、和谐、融洽。微笑能使人对自己以及自己的生活充满信心，特别是在遇到挫折和不幸时，微笑能给人战胜自己的力量，重新找回生活的乐趣。微笑不仅是脸上的表情，真正的微笑、受人欢迎的微笑是发自内心的，笑得自然真切。爱心使人友好，理解使人宽容，微笑只有充满爱心和理解，才能感染他人。充满自信的人，才能在各种不同的场合对不同关系的人保持微笑。亲切、温馨的微笑能使不同文化、不同国度的人快速缩短彼此的心理距离，创造一个良好的沟通氛围。

在商务活动中，要避免憨笑、傻笑等不成熟的笑容；要避免冷笑、皮笑肉不笑等不诚恳的笑容；要避免大笑、狂笑等不稳重的笑容。

五、谈判者的风度

风度，是人们在一定程度上的思想修养和文化涵养的外在表现，它的美是通过人的外在行为显现出来的。风度美是一种综合的美、完善的美，这种美应是身体各部分相互协调的整体表现，同时也包括了一个人内在素质与仪态的和谐。

风度是模仿不来的，风度往往是一个人的独有的个性化标志。风度来自良好的道德修养和丰富的文化内涵。一个人要拥有翩翩的风度，在谈判活动中，要做到“五要”。

一要有饱满的精神状态。一个人精力充沛，自信而富有活力，就能在商务活动中激发对方的交往欲望，活跃现场气氛。如果一个人精神萎靡不振，给人敷衍的感觉，即使对方有交往的欲望或诚意，也会因一方的原因而终止。

二要有诚恳的待人态度。谈判者与谈判对手坐在一起的时候，要让对方感觉到你是一位亲切、温和、诚恳的人。在与对方交往的过程中，要端庄而不冷漠，谦逊而不矫揉造作，诚恳待人。

三要有健康的性格特征。性格是表现人对现实的态度和行为方面比较稳定的心理特征，往往会通过行为表现出来。要加强性格的修养，做到大方而不失理，自重而不自傲，豪放而不粗俗，自强而不偏执，谦虚而不虚伪，直爽活泼而不幼稚轻佻。

四要有幽默文雅的谈吐。幽默不仅能显示人的智慧，而且在紧张的谈判环境中能够创造轻松、风趣、和谐的氛围，但幽默并不代表庸俗，庸俗是没有修养的表现，在商务谈判中要避免庸俗。

五要有得体的仪态和表情。谈判者的仪态表情，是沟通当事人情感的交流手段，是风度的具体表现。需要谈判者刻意追求，但要自然地显示出来，没有生硬的矫揉造作，没有刻意的模仿，仿佛是漫不经心，但都是精心追求的结果。

对谈判者来讲，在商务活动中应有良好的风度，要求做到：

（1）心平气和。在谈判桌上，每一位成功的谈判者均应做到心平气和、处变不惊、不急不躁、冷静处事。如果对方向我方提出不合理的要求，不要觉得对方缺乏合作的诚意而产生怒气。在谈判中始终保持心平气和，是一位高明的谈判者所应保持的风度。

（2）取得双赢。谈判往往是利益之争，商务谈判中，参加谈判的各方都希望在谈判中最大限度地维护或者争取自身的利益。如果对方对我方所提出的合理要求不予接受，不要因此失去耐心而变得烦躁。在事关我方利益的问题上，应据理力争，不能轻言放弃。真正成功的谈判，应当以各方的妥协即双赢或多赢来结束。

商务谈判不是以“你死我活”为目标，而是应当兼顾各方利益，各有所得，实现双赢。在商务谈判中，如果只顾己方目标的实现、而忽略对方利益的存在，是没有风度的，最终也不会真正赢得谈判的胜利。

（3）礼遇对手。在谈判期间，一定要礼遇自己的谈判对手。在事关我方利益的原则性问题上，既要据理力争，不轻言放弃，又要做到不出言伤害对方、埋怨责怪对方或用不礼貌的语言讽刺挖苦对方。在商务谈判中要将人和事分开，明确双方之间的利益关系，正确地处理己方谈判人员与谈判对手之间的关系。在谈判之外，对手可以成为朋友；在谈判之中，朋友也会成为对手，二者要区别对待，不要混为一谈。在谈判过程中，不论身处何种环境，都不可意气用事，言谈举止粗鲁放肆、不懂得尊重谈判对手，都是没有风度的表现。谈判者要时刻表现出自信、沉着和冷静。

谈判既是双方组织实力的较量，也是双方谈判人员心理的较量。谁在谈判中更沉着、冷静，谁就可能在谈判中获得更多的胜利。

六、商务谈判中的交际礼仪

（一）见面礼仪

见面礼仪是指谈判者见面之际应该遵守的主要礼仪，具体表现为问候、称呼、握手、介绍。在商务活动中，当人们听到恰当的称呼时，便能从心里产生亲近感，使人与人之间的交际变得顺利、愉快。

（二）问候

问候也称作问好或者打招呼，主要表现为向他人问好，表示敬意。最普遍、最常用的招呼词是说一声“您好!”在迎送客人时较为多见的问候是招手致意。

1. 问候的内容

人们在问候他人时所使用的问候语具体内容多有不同。一般来讲，问候语的内容有明显的地域性特征。在一般情况下，问候语大致可以分以下几类：

（1）问好型。在见面时直接问候谈判对方，主要用语为“您好”“早上好”“下午好”“晚上好”或者“大家好”。这些问候语言简意赅，既不失礼貌，又可避免走题，比较适合在一天中首次见面或一次活动中初次遇到的时候使用，也是最为正式、适用范围最广的问候。

（2）寒暄型。寒暄型问候语是人们在日常生活中问候他人时的一些用语，例如，“吃饭没有?”“最近忙些什么?”等。对于这些问候语，一般可以不做实质性的答复，较适合在熟人之间应用，这些问候语在不同文化背景下的交际时要慎用。

（3）交谈型。交谈型问候语指谈判者在问候他人时直接从一个话题开始，问候对方的同时希望就此交谈下去，较适用于公务场合。

2. 问候的顺序

问候有一个约定俗成的顺序：年轻的先向年长的打招呼，下级先向上级打招呼，男性先向女性打招呼等。

两人见面：双方均应主动问候对方，没有必要等待对方首先问候不可。在正常情况下，标准的做法是“位低者先行”，也就是职级或地位较低的一方，应首先问候职级或地位较高的一方。

一人与多人见面：当一个人与多人见面时，问候的顺序一定要遵照“先长后幼，先女后男，先疏后亲”的原则。

3. 问候的态度

在问候他人时，自己的态度一定要热情而友好，做到话到、眼到、心到。只有这样，才能表现出自己的问候是真心实意的。

4. 问候的注意事项

他人向自己致意时，必须还礼答谢；在公共场所切忌大声地呼名唤姓；招手时一般把手伸向空中并且左右摆动；与人打招呼时，不要把手插在衣袋里或叼着烟；女性应主动微笑点头致意。

（三）握手

握手是人们在日常的社会交往中常见的礼节。握手既可以作为见面、告辞、和解时的礼节，也可以作为一种祝贺、感谢或相互鼓励的表示。

见面行握手礼时，主人、身份高者、年长者和女士一般应先伸手，以免对方尴尬；朋友平辈间以先伸手为有礼；祝贺、谅解、宽慰对方时以主动伸手为有礼。行握手礼时，上身稍前倾，立正，目视对方，微笑，说问候语或者敬语，要摘帽、脱手套，握手时不要左手插在裤袋里，无特殊原因不用左手握手。正常情况下，双方伸手握一下即可，时间不宜超过 3 秒，长时间握手表示亲热，双手握住对方的手以示尊敬。

握手的注意事项：

不要戴手套握手，只有女士在社交活动中才可以戴着薄纱手套与别人握手；不要戴墨镜握手；不要左手插兜握手；掌心不要向下，如果伸手时掌心向下，通常会给人以居高临下之感；不要滥用双手，只有亲朋好友见面时才可以使用双手；与女士握手时男士不要先伸手，应等待女士先伸出手。

（四）鞠躬礼

鞠躬礼源自中国，现在作为日常见面礼节已不多见，但仍盛行于日本、韩国和朝鲜。行鞠躬礼时应立正，脱帽，微笑，目光正视，上身前倾 15～30 度（赔礼、请罪时除外）。平辈应还礼，长辈和上级欠身点头即算还礼。

（五）介绍

介绍是商务活动中相互了解的基本方式，常见的有以下几种方式。

1. 自我介绍

自我介绍是在没有他人介绍的情况下，自己将自己介绍给他人，以便使对方认识自己。在正式自我介绍时，介绍的内容包括：自己的单位、部门、职务和姓名。

注意事项：在向别人介绍自己时，一定要掌握好时机，否则会劳而无功。并且还要掌握好时间，一般来说，在干扰少时、对方有兴趣时、初次见面时，比较适合进行自我介绍。介绍自己时应简明扼要，避免夸夸其谈。

2. 居中介绍

居中介绍是指由介绍人作为第三者，为彼此不相识的双方相互进行介绍。居中介绍在陌生人之间架起了相互了解的桥梁。居中介绍首先要了解双方是否有结识的愿望，经双方同意后再进行介绍。介绍顺序是：把年轻的介绍给年长的；把职位低的介绍给职位高的；把宾客介绍给主人；把男士介绍给女士。

3. 集体介绍

集体介绍是为他人介绍的一种特殊情况。它指的是由介绍者为两个集体之间或者个人与集体之间所作的介绍。

集体介绍的顺序：介绍集体时，在顺序上也有先后之别。在一般情况下，集体介绍同样应当遵守“尊者优先了解情况”规则。比如说，替两个团体进行介绍时，通常应当首先介绍东道主一方，随后介绍来访者一方。至于具体介绍的内容则有两种：一是只作整体介绍。即只介绍双方集体的情况，而不具体涉及个人情况。二是介绍个人情况。在介绍集体时涉及个人情况，一般讲究“双方对等”，即在遵守“尊者优先了解情况”规则的同时，对双方的个人情况均应予以介绍，在具体介绍各方的个人情况时，则应当由尊而卑，依次进行。

注意事项：在宴会、舞会上，由于来宾较多，这时不必逐一进行介绍，主人只需介绍坐在自己旁边的客人相互认识即可，其余客人可自动和邻座聊天，不必等主人来介绍。

（六）名片的使用

名片是商务人员重要的交际工具，是个人身份的代表。对方将自己重要的信息毫无保留地交给你，是对你的充分信任和尊重，对待名片应像对其主人一样尊重和爱惜。

1. 递送名片

将本人的名片递交给他人时，通常要注意以下礼仪要点：

（1）有备而至。

参加商务活动，应当有意识地准备好自己的名片，并且将其置于易于取拿之处，以备不时之需。最好的方法是将名片装入专用的名片盒、名片夹或名片包之内，然后放入自己的上衣口袋或随身携带的包、袋中。

（2）讲究时机。

递送名片要善于把握时机。一般来说，递送名片多在初次见面进行自我介绍以后进行，但是并不是说做过自我介绍之后就一定要递送自己的名片。将自己的名片递送给对方，不但具有希望对方进一步了解自己的意思，还包含对对方表示尊重、希望与对方结交、保持与对方的联络的意思。递送名片给自己的熟人，通常发生于本人的单位、地址或联络方式发生变更之后。

（3）递送顺序。

两人交换名片时，应当遵守“尊者优先了解情况”规则，双方之中地位或职级较低者应当首先把自己的名片递交给地位或职级较高者。一人将本人的名片递送给多人时，应当由近而远依次而行，不讲任何顺序是错误的。应双手呈递名片，态度恭敬，使对方感到你对他很尊敬。

递送名片时应主动走近对方，将名片正面面对对方，以双手或右手递上名片。

2. 接受名片

接受他人递送过来的名片时，亦应认真遵守相关的礼仪规范。

在接受他人名片时的态度是否认真，往往会同是否尊重对方直接联系在一起。接受他人名片时，要表现出自己的认真和友好之意。接受名片时应注意以下四点：

（1）起身站立。

（2）迎向对方。

（3）用双手或右手捧接，要在胸部以上的位置收下，由名片的下方恭敬接过并且收到胸前，并认真拜读。

（4）口头道谢。当他人将名片递送给自己，尤其是当对方首先递上名片时，应立即口头向对方表示谢意。同时，为了表示对对方的尊重，接过对方递过来的名片后，一定要先看，再通读一遍，及时了解对方的具体情况，如果有不明白的地方，可以及时请教。接过名片之后，先通读他人的名片，然后将名片收好。待对方走后，应该在名片上记下初次见面的时间等，便于记忆。

收到对方名片后，也应当将自己的名片递上去。如果没有随身携带名片，可以直说，或者告诉对方以后再补上名片。一般情况下，如果想得到对方的名片，但对方却并未给你，这种情况下不要直接向对方索要名片，而是以比较委婉的方式向对方索要名片。索取他人的名片，比较常见的方式有：主动递上自己的名片；建议对方互换名片；采用暗示的方法索要名片。例如，“今后怎样称呼您?”

（七）洽谈礼仪

谈判是商务活动的重要组成部分。商务谈判中参加的各方都希望在谈判过程中获得谈判对手的礼遇。端庄的仪表仪容，礼貌的言谈举止，周到、合适的礼节，是使谈判过程得以顺利进行的重要因素之一。因此，每一位谈判者都应当掌握和讲究洽谈礼仪，以便使商务谈判顺利进行并取得成功。

（八）迎见礼仪

商务谈判中，作为东道主应在约定的时间前到达约定的地点，迎接对方。在迎接时，迎接的地点可以选在大楼的门口，也可以选在谈判室的门口。进入谈判室，主人应该和对方的谈判代表一一握手，应该请客人先落座，或者双方同时落座，切忌主人首先落座。双方落座后，非谈判人员应该退出谈判室，任何人不得随意进出，以免影响谈判的进行。

（九）落座礼仪

落座是指谈判双方进入谈判会场后就座的姿态和形态。如何落座，可以在一定程度上反映出谈判者的地位和信心，反映出一个谈判集体的团结力和控制力。

1. 落座的方式

谈判是在双方当事人之间进行的，因此落座的方式主要有以下几种：

(1) 横向式坐席。如图 4－1 所示。

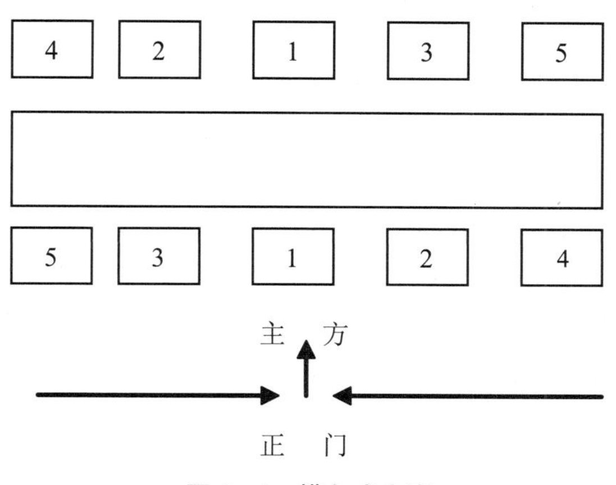

图 4－1 横向式坐席

(2) 纵向式坐席。如图 4－2 所示。

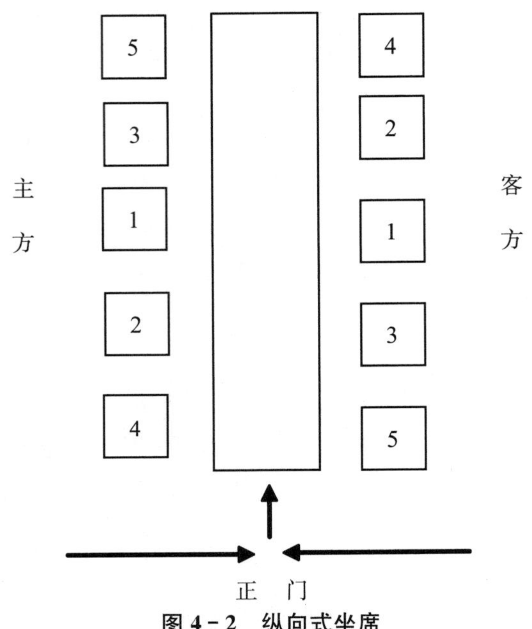

图 4-2　纵向式坐席

(3) 并行式坐席。如图 4-3 所示。

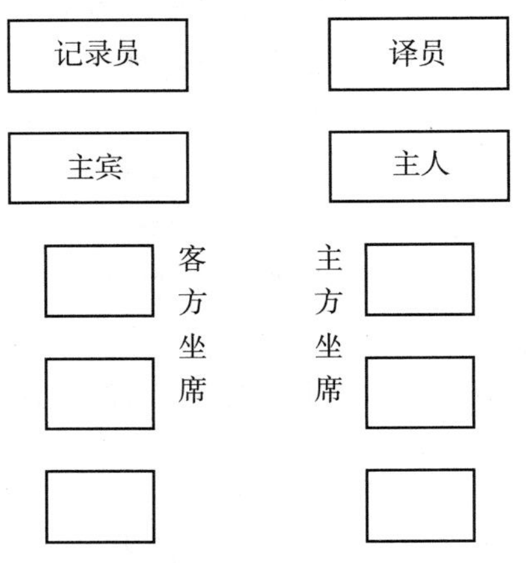

图 4-3　并行式坐席

正式谈判，落座的形式比较正规。落座的基本要求是强调参加谈判双方或各方的平衡，双方出席谈判的代表身份或者是职位要对等，代表的数量也要基本对等。落座的一般要求是，前后排关系中，前排落座的为尊、为高、为强，第二排次之，第三排更次；在同一排中，中间者为尊、为大，两侧次之；两侧同位者，右者为大、为长、为尊，而左者为小、为次、为偏。双方在谈判时，主方应位于背门一侧，或门的左侧，客方应位于面门的一侧，或门的右侧；如果需要翻译和记录人员，应将他们安排在主人或主宾的侧后边。落座后应浅坐并且面部应正对对方，以表示对谈判对方的尊重、均等、认真、严谨，同时也表示谈判可以较快地展开。若为小范围的谈判，则可以像会见一样，只设沙发，不设长条桌，可以相对或曲角的形式落座，以轻松的气氛进入谈判。

(4) 侧翼式坐席。如图 4-4 所示。

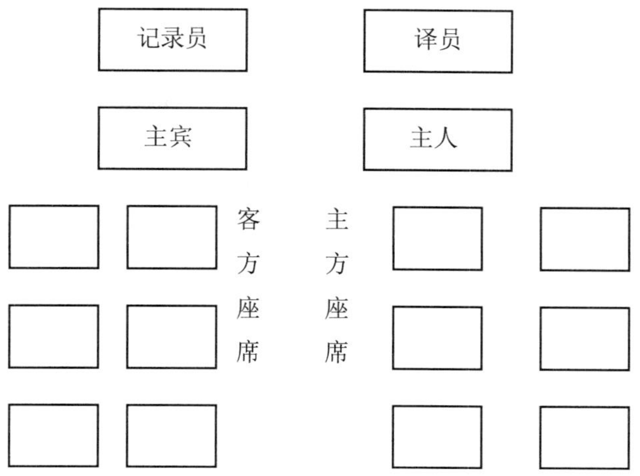

图 4-4 侧翼式坐席

2. 落座的禁忌

落座在一定程度上反映了谈判者的地位和信心，如果把握不好，有可能影响谈判的进程，因此要求商务谈判人员注意落座的忌讳，主要有：谈判双方的落座位置不对等，对方处于优势地位，己方处于劣势地位；己方的代表，尤其是主谈人的安排不均衡，处于从属的坐席位置，己方主谈人员与其他成员的位置安排不合理，不能显示出主谈人的权威地位，并影响谈判中的沟通；双方落座过远，容易表现出冷淡、疏远、拒绝的心态；落座后面部侧对对方或过分浅坐。

（十）举止礼仪

商务谈判中，双方的洽谈是严肃的商务活动，言谈举止要更加注意，在进行介绍时不得傲慢无礼，应以轻松自然的方式进行介绍，在需要了解对方的情况时，应使用礼貌用语。

（十一）谈吐礼仪

在商务谈判中，谈判者要注意谈吐的礼仪，使洽谈的内容更易被对方理解和接受，在寒暄时可以选择一些能够引起对方共鸣或者中性的话题进行，如天气、体育运动等，切忌打探对方的隐私，这样可以起到创造良好谈判气氛的作用。在进行交谈时，双方要保持一定的距离，距离不要太远或者太近，一般应保持在半米左右，如果是坐着的应该以双方之间的桌宽为准。双方在陈述自己的观点和表明自己的态度时，应该保持位置的基本不变。商务谈判中如果发生了争执，要避免逼近对方和有意拉大与对方之间的距离。

在商务谈判中，要善于准确把握谈判的语气和语速，这既是商务谈判成功的需要，也是谈判中应该遵循的礼仪，不能用威胁性语气与语言讲话，最好是用询问性的语气讲话。谈判中说话的速度要平稳，语速以中速为宜，在控制语速时，应该是快而不失去节奏，慢而流畅，并且注意观察对方的反应，以便及时做出调整。

商务谈判中言谈要文明、准确，商务谈判必须讲究语言文明，言谈要体现出自身良好的个人修养、和蔼的态度，使对方解除戒备心理，产生愿意接近的意愿。

选择话题时要注意：

（1）选择有品位的话题。这类话题的内容涉及文学、艺术、历史或者其他专业方向的知识。

(2) 选择轻松愉快的话题。选择那些让人觉得身心放松、很有意思、易于应付、易于参与、可以发挥、不感觉疲劳、感到轻松愉快的话题。例如，最近流行的电视剧、旅游、体育比赛、音乐歌曲等。

(3) 选择喜闻乐道的话题，这类话题在一般的场合中都适用。在选择轻松愉快的话题时，应该顺其自然，把握分寸，不要东拉西扯、趣味低级、庸俗无聊，这样有失体面。

商务谈判中在选择寒暄用语、交谈用语、开场白和结束语时，要文明礼貌，不骄傲自大。

七、签字礼仪

商务谈判中，双方达成一致意见后，接下来就是签字确认双方达成的协议，应认真组织，给予充分准备。

(一) 准备待签文本

为了做到万无一失，在商务谈判的进行过程中或商务谈判结束后，双方应指定专门的人员按照达成的协议做好待签文本的定稿、翻译、校对、印刷、装订等工作。双方一旦在文本上签字就具有法律效力，双方就要执行具有法律约束力的合同，因此，对待文本的准备工作应当非常严谨。在准备文本的过程中要保证翻译准确，构成合同的文件都要逐一进行核对，应按照合同当事人的数量打印协议文本，要保证每个当事人一份。如果有必要，还要按照当事人的多少为每个当事人准备副本。国际商务活动中，在与外商签订相应协议或合同时，应按照国际惯例，待签文本应同时使用宾主双方的母语。

通常，等待签署的文本应装订成册，并以仿真皮或其他高档质地的材料作封面，以示郑重。代签文本的规格一般为大八开，务必使用高档纸张，务必印刷精美。主方应为协议文本的准备工作提供准确、周到、快速、精美的服务。

(二) 签字场地的布置

签字场地有以下几种情况：常设专用的，临时以会议厅、会客室来代替的等。在布置签字场地时总的原则是：庄重、典雅、整洁、大方。陈设上除了必要的签字用桌椅外，其他一切陈设皆不需要，比较正规的签字桌应为长桌，铺设的台布最好为深绿色。

按照仪式礼仪的规范要求，签字桌应当横放。在签字桌后，可摆放适量的座椅。签署双边性协议时，可放置两张座椅，供签字人同时就座。签署多边性协议时，可以只放一张座椅，供各方签字人轮流就座签字，也可为每位签字人准备一张座椅，供他们同时就座签字。

签字桌上，应事先放置好待签协议文本、签字笔、吸墨器等签字时所用的文具。商务活动中，如果是与外商签订合同，必须在签字桌上插放各方国家的国旗。国旗的插放顺序和位置，必须依照礼宾顺序进行。例如，签署双边性协议时，有关各方的国旗必须插放在该方签字人座椅的正前方。如签署多边性协议时，各方的国旗应按照一定的礼宾顺序插在各方签字人的身后。

(三) 签字人员

在举行正式签字仪式之前，各方应将确定好的参加签字仪式的人员，向其有关方面通报。尤其是客方一定要将自己一方出席签字仪式的人数提前通报主方，以方便主方安排。签字人可以是最高负责人，但要注意，不论是谁出席，双方签字人的身份应该对等。参加签字的有关各方，事先还要安排一名熟悉签字仪式程序的人，并商定好签字的有关细节程序。出席签字仪式的陪同人员，基本上是各方参加谈判的全体人员。礼貌的做法强调各方人数最好基本相等。为了突出对各方的重视，各方也可对等邀请更高一层的领导人出席签字仪式。

签字仪式的礼仪性极强，出席签字仪式人员的穿着也有具体要求。按照规定，签字人、助签人以及随员，在出席签字仪式时，应当穿着具有礼服性质的深色西装套装、西装套裙，要求配白色衬衫与深色皮鞋。

签字仪式上的礼仪、接待人员，可以穿自己的工作制服，或者是旗袍一类的礼仪性服装。

签字人员应注重仪表仪态，举止要落落大方，自然得体。

签字仪式结束后，可以举行庆祝仪式。

任务三　国际商务谈判礼仪

【课堂拓展】

谈判中手势动作要慎做

有位美国商人只身一人到巴西去谈生意，在当地请了个助手兼翻译。谈判进行得相当艰苦，几经努力，双方最终达成了协议，这时美国商人兴奋得跳起来，习惯地用拇指和食指合成一个圈，并伸出其余三指，也就是“OK”的意思，对谈判的结果表示满意。然而，在场的巴西人全都目瞪口呆地望着他，男士们甚至流露出愤怒的神色，场面显得异常尴尬。

分析：无论在什么场合，手势动作的使用都要非常谨慎。因为手势动作虽然表意十分丰富，在语言表达不顺畅的时候，能辅助我们表情达意。但是，由于国家、民族、风俗习惯的不同，同一手势却会有不同的含义。正如，美国人在表示满意、赞赏时喜欢用“OK”的手势，可是在南美，尤其是巴西，如果做此手势，女性会认为你在勾引她，而男性则认为你在侮辱他，马上会做出戒备的姿态。

一、国际商务谈判中的文化差异

文化背景不同，对谈判的理解也不同，反映在谈判的方式、方法、技巧及风格上也大相径庭，甚至进入谈判正题的切入点也不同。了解和掌握这方面的知识有助于顺利进行商务谈判，把可能变成现实。

国际商务谈判中除了运用语言进行交流外，还广泛使用非语言表达方式进行相应的交流。一个民族所使用的语言与该民族所拥有的文化之间存在着密切联系，在跨文化交流中，不同文化之间的差异对于谈判语言有明显的制约关系。美国人的大部分信息是通过明确而具体的语言或文字传递的，美方谈判者力求说话清楚，会直接阐述自己的观点。中国人非语言交流和间接的表达方式是传递和理解信息的重要因素，如用体态、眼神、音调、环境等非言语因素来进行沟通。

谈判人员以非语言的更含蓄的方式发出或接受大量的信息，这些信息较语言信息更为重要，并且这些信息多是无意识地发出的。因此，当谈判者发出不同的非语言信息时，不同文化背景的人容易误解这些信息。中国人经常用沉默表示认可，或者表示对某个问题有看法，或者不同意某项条款，以此表示礼貌和尊重对方，这对沉默持有消极看法的美国人来说，自然很难接受，他们把沉默看作拒绝。一般情况下，“笑”被看做高兴，而中国人有时会用“笑”表示无奈、不认可。中国人的习惯动作往往是摇头或摆手，有时中方谈判者喜欢做这一动作，却因不解其含义而步入了不伦不类的误区。中国人说“对不起”的同时会微微一笑表示歉意，美国人则可能误认为“笑”表示的歉意是虚假的。因此，若没有敏锐的跨文化交流意识，便会感到困惑，甚至产生误解。

二、各国商人谈判的风格与特点

谈判风格是谈判者在谈判中表现出的态度、行为及其内在的性格等。因国家、民族、地域、价值观、宗教信仰和文化背景的不同，形成了差异极大的谈判风格。谈判者只有了解不同对手的谈判风格，才能在谈判中有的放矢，采取恰当的谈判策略，取得商务谈判的成功。

（一）俄罗斯人的谈判风格与特点

俄罗斯在地理位置上与我国比较接近，中俄贸易比较频繁。而且，两国有较长的边境线，双方贸易的历史悠久，特别是最近几年贸易活动增加，双方合资合作的领域不断扩大。因此，研究俄罗斯人的谈判风格与特点具有较大的现实意义。

苏联解体后，俄罗斯实行了市场经济，贸易政策发生了巨大的变化，企业有了进出口商品的自主权，对外贸易大幅增长。政府采取各种优惠政策，吸引国外投资者。尽管在体制上有了较大的变革，但还没有完全形成正常的经营秩序和健全的管理体制。俄罗斯人的谈判特点如下。

1. 墨守成规，办事效率低

最近几年，俄罗斯的经济有了较大的变化。但在商务谈判中，部分俄罗斯人还没有摆脱计划经济体制的影响，在进行谈判时，他们还是喜欢按计划办事，如果对方的让步符合他们预定的具体目标，则容易达成协议；如果与预定目标不一致，他们则很难让步，即使他们明知自己的要求不切合实际，也不妥协让步。

无论如何，俄罗斯人是一个强有力的谈判对手。尽管他们有时处于劣势，但是他们还是有办法迫使对方让步，而不是他们让步。另外，由于谈判人员要对所经办的商品质量和技术等决策负全部责任，因此导致他们在谈判中异常谨慎。俄罗斯人喜欢在谈判时带上各种专家，这就不可避免地减慢了谈判的节奏。

2. 注重技术性谈判

由于技术引进项目通常都比较复杂，对方报价通常水分较大，为了尽可能以较低的价格购买最有用的技术，俄罗斯人特别重视技术内容和索赔条款等细节的谈判。在谈判中索取的资料也比较全面，确保引进的技术具有先进性和实用性。因此，在与俄罗斯人进行谈判时，要做好充分的准备。为了能及时准确地对技术进行阐述，在谈判人员中还要配备技术方面的专家。与俄罗斯人谈判，要十分注意合同的用语，语言要精练，对合同中的索赔条款也要十分慎重。

3. 注重礼仪

俄罗斯人历来以热情、豪放、耿直、勇敢著称于世。在交际场合，俄罗斯人和初次会面的人习惯行握手礼。但对于熟悉的人，尤其是久别重逢的，他们则大多要与对方热情拥抱。在社交生活中，俄罗斯人特别注重个人的仪表风度，站立时保持身体挺直。在等候人的时候，不论时间长短，他们都不会蹲在地上或席地而坐。俄罗斯人在社交场合忌讳剔牙等不良动作，因此与俄罗斯人谈判时要注重自己的言谈举止，尊重对方，创造良好的谈判气氛。

4. 较强的讨价还价能力

俄罗斯人十分善于与他人做生意，善于寻找生意伙伴，善于讨价还价。他们通常能够使用较少的资金，引进更好的技术。俄罗斯人常常采用招标的方式进行国际贸易，采取离间手段，让投标者之间竞相压价，最后从中渔利。

（二）美国人的谈判风格与特点

【课堂拓展】

国旗的摆放

张先生是位市场营销专业的本科毕业生，就职于某大公司销售部，工作积极努力，成绩显著，三年后升职任销售部经理。一次，公司要与美国某跨国公司就开发新产品问题进行谈判，公司将接待安排的重任交给张先生负责，张先生为此做了大量的、细致的准备工作，经过几轮艰苦的谈判，双方终于达成协议。可就在正式签约的时候，客方代表团一进入签字厅就转身拂袖而去，是什么原因呢？原来在布置签字厅时，张先生错将美国国旗放在签字桌的左侧。项目告吹，张先生也因此被调离岗位。

分析：中国传统的礼宾位次是以左为上，右为下，而国际惯例的座次位序则是以右为上，左为下；在涉外谈判时，应按国际通行的惯例来做，否则，哪怕是一个细节的疏忽，也可能会导致功亏一篑、前功尽弃。

美国人生性开朗、自信果断、重视实际，往往以事情的成败论英雄。美国人的谈判特点，主要表现在以下几个方面。

1. 干脆利落

美国人在商务谈判中精力充沛，比较直接坦率。他们的喜怒哀乐多数通过言谈举止表现出来，不论是表明自己的观点，还是表达对对方的态度都是比较直接的。如果他们不接受对方提出的建议，会毫不隐讳地坦言相告，唯恐引起对方误会。因此，美国人对中国人和日本人在谈判中的表达方式存在明显的不适应。

2. 注重实际利益，讲究工作效率

由于美国经济发达，生活、工作各方面的节奏快，美国人十分珍惜时间。在商务谈判过程中，美国人时间观念特别强，并经常抱怨其他国家的人缺乏时间观念、缺乏工作效率。

美国人在谈判中，十分注重效率，提出的具体条件和报价往往比较客观，做生意时主要考虑生意所能带来的实际利益，而不是生意人之间的私人交情。美国人将友谊与生意区分得十分清楚。美国人注重实际利益，还表现在合同的履约率比较高，因为他们一旦签订了合同，就十分重视合同的法律约束力。

美国是一个法制比较健全的国家。执业律师比较多，据有关资料披露：平均 450 名美国人中就有一名是职业律师，美国人习惯于用法律的方法来解决矛盾纠纷，他们这种法律观念在商务活动中也表现得十分突出。美国人认为，商务活动中最重要的是经济利益。为了保证自己的利益，最上乘的方法就是依靠法律解决商务活动中的纠纷。因此在商务活动中就表现出美国人对合同的条款特别认真，并且特别重视合同违约赔偿条款的订立。一旦双方发生合同纠纷，就按合同中的约定来处理。因此，美国人在商务谈判中对合同及其条款的讨论比较细致，能够合理地解决各种问题。

（三）日本人的谈判风格与特点

日本是资源匮乏、人口密集的岛国。日本人普遍具有民族危机感，讲究团队精神和协作意识。日本人的文化受中西方文化的影响，其谈判特点主要表现在以下几个方面。

1. 讲究礼仪

日本是一个注重礼仪的社会，日本人所做的一切，都要受礼仪的严格约束。

2. 讲究身份、地位

日本人的等级观念较强，即讲究自己的身份、地位等，甚至同等职位的人，都具有不同的地位和身份。因此，商务谈判中，一定要注意自己的地位、身份，以及对方的地位和身份。对于不同身份、地位的人给予的礼遇不同，要适当处理。

3. 日本人的团队意识较强

一般的谈判人员往往进行辩论、讨价还价，最后由主谈方出面稍做让步，以达到谈判的目的。但要注意，在日本，一些重要的场合往往禁止妇女参加。因此，正式谈判最好不要请女性参加，以免引起日方的怀疑或不满，谈判人员的职位、职级应比日方高些，这样可以赢得谈判的主动权。

4. 日本人非常讲究面子

无论在什么情况下，日本人都非常注意留有面子，或者不让对方丢面子。在商务谈判中表现比较突出的是：日本人即使对对方的一些提议或者方案有不同想法，在一般情况下也很少直接地进行拒绝或反驳，而是通过婉转的方式来陈述自己的观点。

5. 日本人在许多场合的谈判非常有耐心

日本人一般不率先表达自己的观点和意见，而是耐心等待，静观事态的发展。时间对于他们来说不是最重要的。但是对于欧美人来讲就不一样了，时间就是效率，就是金钱，因此欧美人认为用一个星期能解决的问题，而实际用了两个星期，就是拖延。有时为了一笔理想的交易，日本人可以毫无怨言地等待几个月，只要能达到他们预期的目标，或取得更好的结果就行。

（四）法国人的谈判风格与特点

法国人性格开朗、热情，工作态度认真，十分勤劳，善于享受，同时法国还是一个讲究等级制度和社会地位的国家。法国人的谈判特点如下。

1. 奉行个人主义、珍惜人际关系

法国人在重视关系的同时又奉行个人主义。尽管他们不喜欢直接表达自己的观点，却很容易发生争执，如果有不同意见，在谈判过程中他们会坦率地提出。法国还是社会等级制度最为明显的国家。一些谈判专家认为，如果与法国公司的负责人或谈判人员建立了良好的关系，也就意味着建立了牢固的生意关系。在商务活动中，在适当的情况下，可以与法国人聊聊其他话题，如新闻、经济和娱乐等方面的话题，更能融洽双方的关系，创造良好的会谈气氛。

2. 偏爱横向谈判

在谈判中，法国人喜欢先勾画出一个大致的轮廓，再达成原则协议，最后再确定协议中的具体内容。法国人具体的做法是：签署一个具有交易大概内容的协议，在执行的过程中如果对他们有利就执行，如果对他们不利就毁约，或者要求重新修改或签订。

3. 注重个人力量，有特别的时间观念

法国的公司管理者在管理工作中具有独裁的风格。这需要管理者有很强的能力，甚至需要知道每一个问题的解决办法。重视个人的力量，集体决策的情况较小，这与法国组织机构明确、简单有关。实行个人负责制，个人权力较大。在商务谈判中，许多情况由个人决策负责，谈判的效率也较高。在法国访问时需要严格遵守约定的商务会面时间，特别是准备出售产品的时候更是这样。法国人严格区分工作时间与休息时间，八月是法国人度假的季节，全国的职员基本都在休假，这时候想做生意是徒劳的。

（五）德国人的谈判风格与特点

在德国互相了解是交流的首要目标，德国人为自己表达思想的能力感到自豪。他们通常用直接的、坦白的，甚至是直言不讳的语言来进行交流。

1. 自信、办事效率高

德国是世界上经济实力最强的国家之一，其工业发达，生产效率高，产品质量好。企业的技术标准十分精确具体，德国人一直引以为豪。因此，在购买其他国家的产品时，德国人往往把本国产品作为参照标准，不盲目轻信对方的承诺。德国人在办事效率上享有较高的声誉，他们信奉“马上解决”，所以，在德国人的办公桌上，看不到搁置很久、悬而未决的文件。

德国人严守合同信誉，一旦达成协议，很少出现毁约行为，因此合同履约率很高，多数德国人更喜欢符合实际的初始报价，不喜欢“先高后低”策略。

2. 谈判态度严谨

德国人相对来说是比较保守的，他们一般不会当众表露他们的感情，并很少使用手势。不鼓励使用面部表情，尽量避免打断别人说话。

总之，德国人的谈判风格是审慎、稳重。他们追求严密的组织、充分的准备、清晰的论述、鲜明的主题，因此德国人谈判前会花费大量的时间和精力，详细研究与谈判有关的情况。

（六）阿拉伯人的谈判风格与特点

1. 宗教信仰

在阿拉伯国家，商业活动一般由扩大了的家族来指挥。在这些国家中，人们看重对家庭和朋友所承担的义务，相互之间提供帮助、扶持和救济，家族关系在社会经济生活中占有重要地位。

阿拉伯人大多信仰伊斯兰教，宗教禁忌较多，虽然谈判人员对这些不一定要精通，但当与阿拉伯人谈判时，做基本了解是十分必要的。例如，遇到斋月，信仰伊斯兰教的阿拉伯人在太阳落山之前，不吃也不喝。商务谈判人员要做到入乡随俗，尽量避免接触食物和茶；男士不要对女士热情微笑，相互之间不能站得太近，谈话内容更应注意，仅限于一些表面性的问题。

2. 热情好客

阿拉伯人十分好客，不论是谁来访，都会十分热情地接待。因此，商务谈判经常被一些突然来访的客人打断，主人会抛下谈判对手，与来访的人谈天说地。所以，与他们谈判，必须要有耐心，适应这种习惯，学会见机行事，才能获得阿拉伯人的信赖。这是良好的开端，也是达成交易的关键。在阿拉伯国家，如果被邀请到一个商务人士家里做客，登门的时候不需要带礼物，要多吃东西，以表示对主人的感激之情。

3. 时间观念不强

阿拉伯人认为，人际关系远比时间重要。所以，他们会让谈判对手等待，而去接见没有事先预约的来访者或者处理家事。阿拉伯人不太讲究时间观念，经常会随意中断或拖延谈判，阿拉伯人的决策过程也较长。在阿拉伯国家，不要试图做一个在特定时间内必须完成某件事的规定，并且在制订工作计划进度表时，一定要具有灵活性。这样延误几天或者几星期都不会给己方造成严重的后果。

4. 重视个人关系

阿拉伯人不喜欢同人面对面地争吵，也不喜欢一见面就急忙谈生意。在他们看来，一见面就谈生意是不礼貌的。他们希望花点儿时间谈谈其他问题，一般要占 15 分钟或更多的时间，因此最好把开始谈生意的主动权交给阿拉伯人。

在语言交流方面，应尽量选择具有逃避性和间接性的语言。通常来讲，阿拉伯人不喜欢直接说“不”，在他们看来，用间接的方式来说不愉快的事情，更加有礼貌一些。另外，在阿拉伯国家说“是的”并不总表示肯定，除非他说得很有力量或者重复了好几遍。

（七）拉美人的谈判风格与特点

拉美各国政变频繁，因此经济落后，贫富分化明显，生产的商品缺乏国际竞争力。

1. 文化差异大

拉丁美洲虽然与北美洲同处一个大陆，但人们的观念和行为方式却差别极大。拉美人一般不会轻易让步，具有执着、不妥协的性格特点，反映在谈判中就是不轻易让步。拉美人不喜欢妥协，妥协意味着失败、放弃，意味着牺牲个人的尊严和荣誉。在谈判中，他们坚信自己的观点就是正确的，反而要求对方全盘接受，主动让步很少。不过，他们一般不愿意直接阐述自己的观点，往往采用迂回曲折的方式进行说明。

2. 坚持平等互利原则

与拉美人做生意，要表现出对他们的风俗习惯、信仰的尊重与理解，努力争取他们的信任。一定要坚持平等互利的原则。拉美人不愿意和女性谈判，认为与女性谈判有损男子汉的体面。如果确实需要与女性谈判，会开出很高的条件，甚至会给对方出一些难题。

3. 外贸管制

在中南美国家，由于经济发展所致，各国政府存在差别较大的进出口和外汇管制，而且一些国家对进口证审查很严格，一些国家对外汇进出入国境有繁杂的规定和手续。所以，与中南美国家做生意，在签订合同时，一定要进行认真的调查研究，相关合同条款一定要写清楚，以免发生事后纠纷。

4. 往往不能按期履行合同

拉美人不太重视合同，经常是签约之后又要求修改合同，合同履约率不高，特别是不能如期付款。另外，拉美国家经济发展速度不平衡，国内经常出现高通货膨胀率。所以，在对其出口交易中，力争用美元支付。

拉美地区国家较多，不同国家谈判人员特点也不相同。如阿根廷人喜欢握手；巴西人好娱乐、重感情；智利、巴拉圭和哥伦比亚人做生意比较保守等。

总的来讲，不干预这些国家的社会问题，耐心适应这些国家的商人做生意的节奏，并同拉美人建立良好的个人关系，是谈判成功的基础。

知识运用

1. 请你结合生活实践谈谈什么是商务谈判礼仪。

2. 一个举止优雅、风度翩翩的谈判者，能给谈判对方留下良好的印象，有助于谈判的成功。谈判者的举止风度包括哪些方面?

3. 谈判礼仪中对男女服饰的穿着有很多要求，你知道有哪些基本要求吗?

4. 中国古代礼仪中非常讲究坐姿、走姿和站姿礼仪，商务礼仪也尤为重要，你知道一般的谈判坐姿、走姿和站姿的礼仪要求吗?

5. 在国际商务谈判中，由于谈判人员所处的地区、国家、民族以及文化背景不同，形成了不同的谈判文化和谈判礼仪，请谈谈日本和美国的谈判风格和特点。

6. 小张是刘经理的秘书，一天，她收到一封邀请刘经理去参加一个宴会的邀请函，邀请函中明确要求出席宴会时着装为礼服。小张把邀请函交给了经理，并且为经理安排了车辆，却没有注意着装要求，刘经理也没有细看邀请函。当刘经理着便装出现在宴会厅时，感到十分尴尬，因为所有参加宴会的人都穿着正装，只有他一人身着便装。

问题：小张和刘经理应该从中吸取什么教训?

7. 小王参加工作不久，在一家公司做销售工作，多日来，通过发传真、电子邮件等，终于找到一家对他们公司产品感兴趣的大公司，该公司同意与小王见面洽谈合作的事情。小王也十分重视这次机会，特意穿上笔挺的西装、锃亮的皮鞋和一双刚买的白色球袜来到对方公司。在与对方面谈时，小王不免有些紧张，坐在椅子上双腿不停地晃动，手指也不时地在腿上敲击。面谈结束后，对方只是淡淡地说："以后再联系吧。"面对失败，小王百思不得其解，后来请经理向对方询问原因，对方说："你们员工的素质还有待提高。"

问题：在本次面谈中，小王的表现在哪些方面还有待提高?

商务谈判
实战篇

项目五

商务谈判的准备

【项目目标】

1. 能够准确收集、分析谈判资料。
2. 了解市场调研的主要内容和方法。
3. 能够制订商务谈判计划。
4. 能够合理组建谈判队伍，对谈判人员进行分工。
5. 能够进行谈判前的接待、会场安排、商务礼仪等各项活动的准备工作。

【项目引导】

丘吉尔的智慧

1942年5月，英美两国同意在年内开辟欧洲第二战场，以缓解苏联战场上的压力。但是不久，英国首相丘吉尔看到苏联战场节节胜利，又开始后悔自己做出的决定，于是就和美国总统罗斯福商量，暂时不要在欧洲登陆，而是开辟非洲战场，即“火炬计划”。但是令丘吉尔头疼的是，该如何对苏联领导人斯大林说这一决定。为了表示诚意，丘吉尔亲自到莫斯科与斯大林会谈。

会谈在晚上举行，丘吉尔做好了充分的心理准备，准备着看斯大林的脸色。尽管丘吉尔列举了一大堆理由，向斯大林说明不能按期开辟第二战场的原因，斯大林还是始终拉长着脸，并严厉地质问说：“据我所知，你们是不能用大量的兵力来开辟第二战场，甚至也不愿意用6个师登陆了。”“的确如此，斯大林阁下。”丘吉尔诚恳地说：“事实上，我们有足够的兵力登陆，但是我觉得现在在欧洲开辟第二战场还不是时候，因为这有可能破坏我们明年的整个作战计划，战争是残酷的，不是儿戏，我们不能轻易做出某一决策。”

斯大林的脸色更加难看了，厉声说：“对不起，阁下，您的战争观与我的不同，在我看来战争就是冒险，没有这种冒险的精神，何谈胜利？我真是不明白，你们为什么那么害怕德军呢？”丘吉尔反驳说：“我们并不是害怕德军。您也知道，希特勒在1940年正值他的全盛时期，而当时我们英国只有2万经过训练的军人、200门大炮、50辆坦克。面对这样弱小的我们，希特勒并没有来攻打我们，原因很简单，跨越英吉利海峡并非易事啊。”“丘吉尔先生，我要提醒您一个关键的因素，希特勒在英国登陆，势必遭到英国人民的抵抗。但是，如果英军在法国登陆，必将受到法国人民的欢迎，人心相背也是决定战争胜败的关键。”

至此，谈判陷入了僵局，两国元首谁也说服不了谁。会议室内的气氛紧张起来。斯大林最后说："虽然我不能说服您改变您的决定，但是我还是坚持认为您的观念我不能认同。"丘吉尔看到斯大林的态度如此坚决，为了打破令人窒息的气氛，只好转变话题，谈谈对德国轰炸的看法。经过这番谈话后，紧张的气氛有所缓和。斯大林脸上也出现了一丝笑意。

丘吉尔认为现在是说出英美两国商定的"火炬计划"的时候，于是说："现在我们回过头来谈谈 1942 年在法国登陆的事情吧，我是专门为了这一问题而来的。事实上，我认为法国并非唯一的选择，我们和美国人制订了另外一个计划。美国总统罗斯福先生授权我把这个计划秘密地告诉您。"斯大林看丘吉尔一副神秘的表情，不禁对这个"火炬计划"产生了兴趣。丘吉尔简单地介绍了"火炬计划"的内容，斯大林还谈了他对这个计划的理解和意见，丘吉尔表示赞同。此时，虽然斯大林对英美推迟在法国登陆的事情不悦，但是气氛已经明显缓和。丘吉尔又继续说："我们还打算把英美联合空军调到苏联南翼，以支援苏军。"斯大林表示感谢，至此会谈已是云开雾散。但是对于丘吉尔来说，此时，还不是见彩虹的时候。

第二天晚上，第二轮会谈开始了。斯大林先是拿出此前美英苏三国签订的备忘录，据此谴责美英没有如期履约在 1942 年开辟第二战场，接着又责备美英没有按承诺送给苏军必需的军用物资等。斯大林虽然表情严肃但是毫无怒容。他反复强调自己的观点，认为美英军队不必害怕德军。

斯大林讲到这里，丘吉尔再也不能忍受了，他激动地说："我们千里迢迢来到这里，是为了建立良好的合作关系。我们已经竭尽全力帮助你们，曾孤立无援地坚持了一年的战斗，遭受了巨大的损失，但是，我们三国已经建立联盟，我相信只要齐心协力，就一定能够取得胜利。"斯大林看到丘吉尔因为激动，以至于满脸通红，为缓解气氛，他开玩笑地说："我很喜欢听丘吉尔首相发言的声调，真是太妙了。"因而博得会场一笑，也缓解了气氛。

次日晚上，丘吉尔出席了在克里姆林宫举办的正式宴会，宴会气氛友好而热烈。丘吉尔见斯大林心情不错，说："尊敬的阁下，您已经原谅我了吗?"斯大林哈哈一笑说："这一切都已经过去了，过去的事情应归于上帝。"

丘吉尔借其高超的谈判技巧，抓住适当的时机，作出一些让步，终于取得了斯大林的谅解。丘吉尔的高明之处就是当谈判陷入了僵局时，马上转变话题以缓解气氛，当气氛轻松时再继续谈判，这样就不至于使双方陷入尴尬的境地。

俗话说得好，不打无准备之仗。商务谈判是一项综合性很强的活动，其准备工作也是内容庞杂、范围广泛。谈判前的准备工作做得如何，将决定着谈判能否顺利进行以及能否达成有利于己方的协议。因此，谈判前的准备工作是整个谈判活动的重要组成部分。

任务一　收集、分析谈判资料

【课堂拓展】

大庆油田的资料收集

20 世纪 60 年代我国开始大庆油田的建设时期，有关大庆的一切信息几乎都是保密的。除了少数有关方面人员以外，外界连大庆油田的具体地址都不知道，但是日本人不仅知道，而且还掌握得非常准确。他们对我国大庆油田有关信息的收集，既没有派间谍、特务，也没有收买有关人员，而是完全依靠对我国有关大庆油田公开资料的收集与综合分析得到的。

1966年7月，《中国画报》封面上登出了一张大庆石油工人艰苦创业的照片，画面上，工人们身穿大棉袄，正冒着鹅毛大雪奋力拼搏。日本人根据这张照片分析出，大庆油田可能在东三省北部的某个地点。接着，在《人民日报》上日本人又看到这样一篇报道，说王进喜到了马家窑，说了一声：好大的油海啊！我们要把中国石油落后的帽子扔到太平洋里去。于是，日本人找来地图，发现马家窑是位于黑龙江省海伦县东南的一个村子，在兆安铁路上一个小车站以东的10余千米处。接着，日文版的《中国人民》杂志里又有报道说，中国工人阶级发扬了"一不怕苦，二不怕死"的精神，大庆石油设备不用马拉车推，完全靠肩扛人抬运到工地。日本人据此分析出，大庆的石油钻井离马家窑远不了，远了人工是扛不动的。当1964年王进喜光荣出席第三届全国人民代表大会的消息见报时，日本人肯定地得出结论：大庆油田出油了，不出油王进喜当不了人民代表。他们进一步根据《人民日报》上一幅大庆油田钻塔的照片，根据钻台上手柄的架式等方面推算出油井的直径，再根据油井直径和国务院的政府工作报告，用当时公布的全国石油产量减去原来的石油产量，估算出平时大庆油田的石油产量，在这个基础上，他们很快设计出适合大庆油田操作的石油设备。这样，当我国大庆油田突然向世界各国征求石油设备的设计方案时，其他各国都没有准备，而唯独日本人胸有成竹，早已准备好了与大庆油田现有情况完全吻合的方案与设备，在与大庆油田代表的谈判中一举中标。

"知己知彼，百战不殆"，谈判前进行深入的调查研究是非常必要的，要尽可能了解和掌握对方的情况，同时要对自身的优势和劣势做出正确的评估，确定一个非常明确的目标，策划好每一个细节，这样，无论谈判中出现什么情况，都能胸有成竹、轻松应对。

一、商务谈判宏观环境分析

影响商务谈判的环境因素很多，而且，对于不同内容的商务谈判，应考虑的客观环境因素也会有所不同。这就要求商务谈判人员在平时就应注意对各种环境因素的情况有所了解，并把它作为业务资料进行收集和整理。在谈判前再结合本次谈判的内容、目的、要求，选择若干对本次谈判影响较大的环境因素做进一步的调查了解，着重了解这些因素近期的发展情况和变动趋势，以及由此对谈判产生的影响。

与谈判有关的环境因素有：政治环境、经济环境、法律环境、宗教信仰、社会风俗和文化背景等。

（一）政治环境

1. 国家对企业的管理程度

国家对企业的管理程度主要涉及企业自主权的大小问题。如果国家对企业管理的程度较高，谈判过程中政府就会干预谈判内容及进程，关键性问题也是由政府部门的人员作出决策的。因此，谈判的成败不取决于企业本身，而主要在于政府的有关部门。相反，如果国家对企业的管理程度较低，那么企业就有充分的自主权，谈判的成败完全取决于企业自身。

【课堂拓展】

中铝注资力拓失败案

中铝公司与力拓集团于2009年2月12日签署了合作与执行协议，以总计195亿美元战略入股力拓集团。中铝公司已经就这项交易完成了210亿美元的融资安排。但在三个月后，力拓单方毁约，并依据双方签署的合作与执行协议向中铝公司支付1.95亿美元的“分手费”。但算下来，中铝的“分手费”都要赔给当初帮助自己完成交易的银行，中铝是唯一受伤的一方，而这也是我国企业在“走出去”过程中付出的高额学费。中铝未能及时应对不断变化的形势而被力拓“涮”了一把。中铝对力拓的注资交易中，政治性风险更是从一开始就如影随形。因为中铝深厚的国企背景，被海外媒体贴上了国家收购的政治标签。虽然中铝一直解释这次收购仅仅是企业行为，但仍然难以化解西方对我国国企的偏见。

2. 经济的运行机制

在计划经济体制下，企业间的交易往来主要看有没有列入国家计划，列入国家计划的企业就是已争取到了计划指标，那么与之谈判是可行的。如果没有列入计划，根本就没必要与之谈判。在市场经济条件下，企业有充分的自主权，可以决定谈判对象、谈判内容以及交易本身，不必根据企业是否争取到计划来决定是否可与该企业进行谈判。

3. 谈判对方的政治背景

一般情况下，业务往来谈判是纯经济目的的，但有时候如果有政府或政党的政治目的掺杂其中，那么政治背景因素就会起到重要作用。发达国家对发展中国家的贸易往来常出现这种情况。在多数情况下，如果谈判中掺杂政治目的，那么这场谈判的最终结果主要取决于政治因素的影响，而不是商务或技术方面的因素。在一些较为落后的发展中国家，集权程度较高，在与这些国家进行商务谈判时，谈判项目的决定及洽谈结果，往往取决于项目负责人的政治地位和权力。有时还要看谈判对手对该谈判项目是否有政治兴趣，如果谈判对手对谈判项目有浓厚的政治兴趣，那么谈判的成功率更高些。除了分析谈判项目是否掺杂有政治目的之外，还要分析某些政治事件能否给企业带来商机。有的政治事件会带来消费者对某种商品的购买热潮，因此企业要及时抓住政治事件所带来的商机，组织生产消费者所追捧的“政治商品”。

【课堂拓展】

对政治背景的分析引导企业走上兴旺之路

1972年，美国总统尼克松访华，不久后两国在上海发表了《中美联合公报》。当时，尼克松总统赠给毛泽东主席的礼物是一对特制的派克钢笔，笔身上的用料含有“阿波罗”号宇宙飞船从月球上取回的尘埃。中国政府向美国政府和人民赠送了一对熊猫。由于中美建交在世界政治中具有极为重要的意义，这对代表友谊的熊猫也格外引人注目，在世界上掀起了一股“熊猫热”。

这次重大的国际活动，不仅恢复了中美两国的关系，还使一个小厂意外地获得了生机。扬州玩具厂早在20世纪60年代就开始生产熊猫玩具，由于生产工艺落后、材料不精、品种单一，熊猫玩具一直滞销。尼克松访华带来的“熊猫热”，使扬州玩具厂意识到这是熊猫玩具重振声威的大好时机。他们在工艺、品种、材料、包装上狠下工夫，一改熊猫过去那种笨头笨脑的形象，使新生产出来的熊猫千姿百态、神气活现、妙趣横生。外国客商对这些活泼可爱的玩具爱不释手，争相购买。在1972年召开的中国秋季广交会上，扬州玩具厂生产的熊猫玩具供不应求，企业由此走上兴旺发达之路。

4. 政局稳定性

第一，换届。在国内商务谈判中，企业应关注本国是否处于政府换届的时间，国家政策是否会发生变化。在国际商务谈判中，企业应关注谈判对手所在国家是否正处于国家首脑大选和政府换届的时间，换届是否与所谈项目有关。如果对方国家正处于换届期，那么企业应判断对方国家的现行政策是否会发生变化，谈判和合同的签订应安排在换届之前还是换届之后。如果在换届之前签订合同，合同条款中应增加政治风险条款。谈判人员应在谈判前就充分考虑与换届相关的问题。

第二，民族纠纷。世界上很多国家都是多民族或多种族国家，民族纠纷会给商务谈判带来很大风险。因此，特别是在国际商务谈判中，企业应搜集和调查对方国家的民族构成及民族关系状况的信息，对于经常出现民族纠纷的国家，尤其要关注民族纠纷所带来的风险，应事先采取预防风险的措施。

第三，与邻国的关系。一国与邻国的关系直接影响该国政局的稳定性，进而影响商务谈判活动。如果一国与邻国的关系紧张或者有局部冲突的危险，那么参与谈判各方应判断有无战争爆发的可能，是否会影响到谈判项目？如果有影响，那么是否应终止此次谈判？如果不能终止，那么在谈判时就应提出增加保险费。

换届、民族纠纷、与邻国关系等因素均会影响一国政局的稳定性，政局的稳定性又会影响到商务谈判活动。因此，在谈判之前，谈判人员应关心政局状况，尤其要关注是否会发生战争。下面的案例充分说明了战争给谈判项目带来的危害。

【课堂拓展】

伊朗与日本合建石化公司

20世纪70年代初期，伊朗希望将大量空燃的天然气利用起来，生产化学制品，但苦于缺少技术及管理经验，经过选择后，伊朗向日本求助。对当时严重依赖中东石油的日本来说，这是一个树立自身形象并巩固与产油国关系的良机。经过一段“周密”的可行性研究，日本决定全力投入这项工程，要将其建成一个中东地区最大的石化生产基地。

1973年，由日本三井物产、三井东庄化学、东洋曹达等一百多家公司组织的伊朗化学开发股份公司，与伊朗当地的伊朗国营石化公司合资建立了合营企业——伊日石化公司。公司全部资产为7 300亿日元，其中日方占4 300亿日元，伊朗方面出资的3 000亿日元中，由日方贷款近900亿日元，公司预计生产能力为年产30万吨乙烯等产品。

经过近三年包括勘探、规划、设计在内的准备，1976年1月，在伊朗南部打下了第一根桩，工程的一切建设工作都按预定计划进行。1978年年末，伊朗突然爆发动乱，国内政局不稳，经济运行中断，工程陷入瘫痪状态。到1979年3月，85%的工程已完全停止。不仅如此，当时的霍梅尼政权一再声称对西方企业要实施国有化措施，日方已投入的1 000多亿日元资产面临巨大的损失威胁。

幸好，伊朗政府也期望这项巨大工程尽早发挥效益以利于经济发展，便要求日本政府与企业尽快复工，并保证该工程不在国有化之列。对于日方投资者而言，这无疑是死里逃生。日方企业又经过深入调查，确信霍梅尼政权的地位已巩固之后，同意于1979年11月复工，并计划再追加1 300亿日元的款项。不巧，开工之前出现了伊朗学生占领美国大使馆并扣留人质的事件，伊朗内阁辞职，政局再次陷入混乱，工程继续延期。直到 1980 年 3 月，日方 28 亿日元贷款才到位，5 月，工程又启动，60 名技术人员进入工地，9 月，工程全面展开，日方 700 人开始工作。

但是，灾难再次降临。1980 年 9 月末，伊朗与伊拉克的战争爆发。建设中的石化生产基地自然成为主要的攻击目标。一个月之内，伊拉克空军五次轰炸该工程，对其造成严重破坏，全体工作人员被疏散至外地。日方人员乘飞机去泰国避难，347 名日籍技术人员全部返回东京。

1981 年 3 月和 7 月，伊朗和日本投资者互访并视察破坏后的工地，探讨有无修复的可能性，但 1981 年 10 月，伊拉克空军对工程的第六次轰炸使这一希望破灭了。

伊朗石化工程涉及日本 800 多家企业，直接参与建设的日方管理者、技术专家、作业者为 3 548 人。此外，日方还雇用了韩国、菲律宾、中国、印度尼西亚、印度等外籍施工人员 793 人，日方已投入 3 000 亿日元资金。主要的加工设备均已制造完毕，除了在轰炸中摧毁的以外，大批尚未运出的安装设备也可能无法得到赔偿。

长期以来，日伊双方就工程损失问题进行了艰难的谈判。伊朗处于战争时期，不可能拿出巨款补偿日方。又因工程损失是战争所致，属人力无法抗拒的因素，日方作为投资人应承担风险。

由此案例可以看到，一国政局的稳定性会直接影响到谈判项目。因此，尤其是在国际商务谈判中，谈判人员应充分考察谈判对手所在国家的政局状况，只有政局稳定，才能确定与对方进行商务谈判。

5. 与邻国的关系

在国际商务谈判中，两国政府间的关系会直接影响到谈判项目。如果交易双方属于友好国家，那么谈判成功的概率更高，而且谈判中如遇到困难，可以借助国家干预来促成交易，在交易双方签订合同之后，履行合同的可靠性也更强。如果交易双方属于非友好国家，那么谈判所受的限制较大，交易的成功率较低，签约之后履约的难度也大。这时，谈判前的准备和信息搜集就更为重要，应在谈判前调查对方的各种基本信息，包括许可证、支付、运输交货方式和验收方式等习惯做法和惯例等，然后才能开展实质性的谈判。除了两国政府间的关系会影响到商务谈判活动之外，一国与第三国的关系也会影响到商务谈判活动。例如，如果 A 国政府与 B 国政府有政治矛盾，而 B 国与 C 国是很好的贸易伙伴，那么 A 国就有可能不愿与 C 国做生意。

（二）经济环境

一国乃至世界的经济发展会影响全球各国的投资、消费和进出口状况。就国内商务谈判而言，应重点关注本国的经济发展状况，如果经济发展平稳而健康，那么企业就具有良好的发展环境。就国际商务谈判而言，除了关注谈判对手所在国家的经济发展状况之外，还要关注世界经济发展状况。以 2008 年爆发的全球金融危机为例，此次危机由美国波及全球，导致全球经济下滑，使各个国家的国内贸易和对外贸易受到严重影响。

【课堂拓展】

中国平安投资富通亏损

富通集团（Fortis）成立于 1990 年，是一家活跃于世界保险、银行和投资领域，享誉全球的国际性金融服务集团，是欧洲最大的金融机构之一。在 2008 年世界《财富》500 强中，富通集团资产排名第14位。据摩根大通测算，富通成立17年来，平均分红率超过6.5%。如果这一业绩能够长期维持，投资富通无疑将收益可观。同时，中国平安投资富通，也将获得涵盖保险、银行业与资产管理三大金融领域的先进经验，打造跨国金融巨头的梦想指日可待。因此，平安高层认为投资富通前景美好。

2007年10月，中国平安在公开市场陆续买进富通集团股票并增持到4.99%，成为富通单一的最大股东。2008年6月，为了保证现金流，富通宣布进行83亿欧元的增发。这无疑将剥夺股东分红权利，并削弱平安的持股比例。此时的平安为保住最大股东地位，竟然不顾风险再次斥资7 500万欧元，购买了增发股票的5%。至此，中国平安已投资238.7亿元人民币，持有了富通1.21亿股。

美国金融危机发生后，富通集团的亏空达到400亿欧元，股价暴跌90%以上，中国平安的投资所剩无几。更为致命的是，荷兰、比利时、卢森堡政府对富通银行的国有化行动并没有获得包括中国平安在内的股东的授权，一手包办了这一切。中国平安的损失很难收回。从此案例可以看出，中国平安忽视了投资富通存在的经济发展风险和政治风险。

（三）财政金融状况因素

财政金融状况因素主要影响国际商务谈判。国际商务谈判的结果使得洽谈双方的资产形成跨国流动，这种流动是与洽谈双方的财政金融状况密切相关的。从一个国家或地区来看，与国际商务谈判有关的财政金融状况主要包括以下几个方面：

1. 外汇储备情况

谈判前应了解谈判对手所在国家的外汇储备情况。如果一国的外汇储备较多，表明该国有较强的支付能力，反之则说明该国的对外支付存在困难。另外，还要看该国出口产品的结构如何，一个国家的外汇储备与该国出口产品的结构有密切关系。通常情况下，如果出口产品以初级产品为主，附加价值低，则换汇能力就比较差。通过分析，可以很好地把握与该国所谈项目的大小，防止由于对方支付能力的局限而造成大项目不能顺利完成的经济损失。

2. 货币是否为可自由兑换货币

国际贸易涉及用他国货币进行结算，所以要了解谈判对手所在国家的货币是否是可自由兑换的货币。如果该国货币不能自由兑换，有何限制条件，汇率变动情况及其趋势如何，这些问题都是交易双方敏感的话题。如果交易双方国家之间的货币不能自由兑换，就要涉及如何完成兑换的问题，同时还要涉及选择什么样的货币实现支付等问题。此外，汇率变化对交易双方都存在一定的风险，如何将汇率风险降到最低，需要双方协商解决。比如，1978年11月16日，印度尼西亚政府突然将其货币大幅度贬值，即从1美元兑换415盾贬值到1美元兑换625盾，这样外国投资者以其当地货币的投资收入兑换成本国货币时就比预期大幅度减少，造成了难以弥补的损失。

3. 适用的税法

国际贸易涉及参与贸易各国的税法，因此谈判人员除了应了解本国的税法之外，还应了解对方国家的税法。与税法相关的内容包括征税的种类和方式、两国之间是否签订过避免双重征税的协议、谈判所涉及的货物是否要征关税等，所有这些问题均会直接影响双方最终获利的大小。此外，该国对外汇汇出是否有限制，公司在当地赚取的利润是否可以汇出境外以及其他问题，都应分析清楚。

（四）商业习惯

一个国家或地区与商务谈判有关的商业习惯因素主要有以下几个方面：

1. 企业的决策程序如何

不同国家和地区的企业的决策程序不同，有的企业是由个人作决策的，而有的企业是由集体作决策的。例如，美国企业的决策是只要高级主管拍板即可，而日本企业的决策必须向上下左右沟通，达成一致意见后再由高级主管拍板。因此，必须弄清楚谈判对手所在国企业的决策程序，决策程序的差异将导致决策时间与谈判风格的不同。

2. 书面合同的重要性

有的国家重视书面合同的签订，而有的国家只重视口头的约定。因此，谈判人员应了解谈判对手所在国家对书面合同的重视程度，包括文字的重要性如何、是不是做任何事情都必须见诸文字、合同具有何等重要的意义、文字协议的约束力如何等问题。

3. 律师的作用

有的国家习惯在谈判时带律师，而有的国家不喜欢在谈判时带律师。例如，美国人在参与商务谈判时总要有律师出场，当洽谈进入签订合同阶段时，要由律师全面审核整个合同的合法性，并在审核完毕后由律师签字，这是美国的习惯做法；而日本人习惯在谈判时不带律师，他们认为带律师是有意制造日后的法律纠纷。因此，谈判人员应在谈判前了解对方企业所在国家谈判时是否有带律师的习惯。

4. 谈判人员的讲话次序

在正式的谈判会见场合，对方领导及陪同人员的讲话次序也是需要了解的。有的企业习惯先由主谈人发言，然后再由辅谈人员发言；也有的企业习惯先由辅谈人发言，然后再由主谈人发言。在了解了谈判对手的讲话次序之后，己方可以合理安排好己方各谈判人员发言的顺序和时间，尤其是关键人物的发言和关键问题的提出应选择最成熟的时机。

5. 商业间谍问题

谈判前要了解谈判对手是否有商业间谍活动。如果有，应研究如何保存秘密文件，以及采取其他防范措施。2001 年，美国《商业周刊》指出，美国大型企业每年要花 100 万美元用于收集同行情报。有些大型公司设有情报部门，在世界各地布有情报点，窥探竞争对手有无兼并计划或新技术。由于目前世界各国普遍存在商业间谍活动，企业应采取严格的反间谍保密措施。

【课堂拓展】

世界各地的商业间谍活动

2002 年 1 月，美国食品业巨头卡夫公司控告明尼苏达州的 Schwan 食品公司，称对方雇用专职商业间谍挖掘其一款新型冷冻比萨的生产机密。事情起因要回到 1997 年，卡夫公司和 Schwan 公司同时在研制一种新型饼皮的比萨。Schwan 公司聘请了商业间谍马克·巴里打探卡夫公司的生产规模。经验老到的巴里伪装成《华尔街日报》记者、食品研究人员和卡夫公司采购员等，四处打电话骗取信息，只用了一天半的时间，就理清了卡夫公司的生产机器型号、生产数量等所有线索。凭借这些商业情报，Schwan 公司采取针锋相对的生产和销售措施，率先攻入市场，结果他们推出的 Freschetta 比萨销量由原来的全美第六位跃升至 1999 年年底的第二位。

2005 年 5 月，以色列媒体连篇累牍地报道了该国史上最大的商业间谍案——“特洛伊木马”。以色列几家知名企业的高级管理人员，涉嫌雇用著名私人侦探事务所的侦探，利用互联网非法窃取商业情报。被警方逮捕的私人侦探中包括以色列国家安全总局前特工，涉案公司则涉及卫星电视、移动电话、汽车销售、办公用品等行业，受害企业多达数十家。丑闻曝光后，以色列公司加强了信息安全检查工作，发现受害公司的计算机主机系统都受到了“特洛伊木马”病毒的侵袭。这种病毒不是以破坏系统为目的，而是让商业间谍可以随时进入系统窃取资料，然后转卖。据以警方估计，以色列商业间谍获取的商业机密累计市场价值高达数亿美元。

2007 年，正在同苏宁商谈并购的北京最大家电连锁商大中电器号称要打“中国第一场商业间谍官司”。大中电器原定在 5 月 31 日下午召开发布会，高调宣称要自曝“内鬼”。大中电器一名内部员工涉嫌为其最大的竞争对手充当商业间谍，将大中电器的营销计划书、价格信息、开店协议、与合作伙伴的合同等一系列商业秘密透露给这个竞争对手。尽管发布会最后戏剧性地被临时取消，坊间却早已盛传，竞争对手就是国美电器。2007 年年底，国美电器以 36 亿元并购大中电器。

德国经济安全委员会出台了 2009 年度国家经济安全状况评估报告，在接受调查的 244 家德国企业中，半数以上表示在过去两年里受到过竞争对手间谍活动的侵扰，来自电脑和黑客的攻击尤甚。尽管许多大型公司已经制定了严格的职业道德准则和商业行为规章制度，花大价钱提升公司网络的防护系统等，但“道高一尺，魔高一丈”，商业间谍总是防不胜防。

在当今各国中，日本的商业间谍活动最为活跃。第二次世界大战结束后不久，日本就建立了一个与西方国家谍报工作范畴不同的全球性情报搜集系统：以搜集经济技术情报为首要任务，政治军事情报只占 10%～15%。日本的一些工业大学甚至专门开设“商业间谍”课程，为日本公司培养商业间谍和反间谍人员。日本在战后经济恢复能如此迅速，其汽车、摩托车、摄像机、电视机、手表等产品能进入并占领欧美市场，首先要归功于得力的情报工作。日本一名情报专家曾经承认，日本国民生产总值的 54%来源于竞争情报！此外，日本企业收买海外情报出手阔绰，对一般的商业和技术情报，出价 5 万～10 万美元。如果情报重要，则不惜代价。20 世纪 80 年代初，日立公司曾花 52 万美元买通美国 IBM 公司职员套取情报。日本化工企业为探听美国杜邦公司的秘密，甚至雇间谍乘飞机在杜邦公司制造厂上空盘旋拍照。日本六大综合商社（三菱、三井、丸红、住友、伊藤忠、双日）在全球 187 个城市设有 800 多个办事处，连成一张巨大的情报网。

据说，丸红商社每天收到的电讯资料相当于 800 版的报纸；三井公司的全球通信网络 24 小时运转，每天信息通信量在 5 万件以上。

美国《国防》杂志曾在 2002 年刊登题为《美国企业曝于商业间谍之下》的文章，感叹美国企业每年因外国商业间谍活动而蒙受的经济损失就超过 2 000 亿美元。文章称，刺探美国商业情报的外国商业间谍活动在不断扩大，主要来自法国、德国、以色列和韩国等国。

6. 贿赂现象

在多数国家，交易中的行贿和受贿属于违法行为，法律对此要严厉追究，但在有的国家，交易中的行贿、受贿属正常现象，不行贿就做不成交易。我们不赞成靠行贿来做生意，但是我们一定要搞清楚谈判对手在这方面的商业做法，以便采取相应的对策。

7. 商务谈判中使用的语种

在国际商务谈判中，谈判人员应了解对方国家商务谈判的常用语种。如果己方属客场谈判应使用当地语言，那么就要明确己方有没有安全可靠的翻译人员。除此之外，谈判人员还应明确合同文件能否用两国文字表示。如果在签订合同时使用双方文字，那么两种文字应该具有同等的法律效力。如果为了防止可能产生的争议而使用第三国文字签订协议，这对谈判双方来讲都是公平的。谈判离不开语言的交流，这对谈判双方来讲都是很重要的，因此必须选择好合适的交流语言。

（五）法律制度因素

一个国家或地区与商务谈判有关的法律制度因素主要有以下几个方面：

1. 该国法律制度基本情况

如该国的法律制度是根据何种法律体系制定的，是属于英美法系还是大陆法系，包括哪些内容等。

【课堂拓展】

政策法规信息给企业带来收益

1972 年尼克松访华后，很多人认为中美两国之间的贸易往来起码还需要十年才能进行。然而，就在此时，日本三井公司派驻美国纽约的一位工作人员从中受到了启发，在研究美国经济工作的同时，开始收集、研究中国的经济情报。他发现中国的钢铁工业发展很快，大量从英国和加拿大进口废钢铁。但是，英国当时的政策是限制废钢铁的出口，加拿大的废钢铁资源又很有限，而美国的废钢铁资源非常丰富，是世界上最大的废钢铁出口国，更重要的是美国对废钢铁的出口没有限制措施。

收集到上述信息后，三井公司的这位员工意识到这里有大商机，于是立即行动起来，频繁地分别与美国、中国两方面的有关部门和公司进行商谈。当世界绝大多数公司认为中美贸易往来还为时过早时，三井公司分别与中国、美国谈判成功，并且迅速签订了合同。很快，大批的废钢铁就从美国起运，出口到了中国，而三井公司也从中大赚了一笔。

2. 该国法律执行情况

现实生活中，有的国家因为本身法律制度不健全，可能出现无法可依的情况；有的国家法律制度较为健全，而且执行情况良好；还有的国家在执行过程中不完全依法办事，而是取决于当权者。

3. 司法机关与立法机关、行政机关的关系

司法机关是指行使司法权的机关。一个国家的司法机关是否独立，关系到该国的政府组织是否完善、人民的政治权利是否得到保障。所以，很多国家的宪法明确规定：法官独立，只服从法律。即司法机关与立法机关、行政机关互不从属。但在有些国家，司法机关不独立，而是从属于其他国家机关的，因此司法机关在执行法律时会受到影响。

4. 法院受理案件时间的长短

法院受理案件时间的长短将直接影响商务谈判各方的经济利益。谈判各方在交易过程中及以后的合同执行过程中难免会发生争议，一旦诉诸法律，就要由法院来审理。如果法院受理案件的速度很快，那么对商务谈判各方的影响不大；如果时间很长，那么合同执行过程中的利益受损方将无法及时得到补偿。

5. 执行其他国家法律的裁决时需要什么程序

对于跨国商务活动而言，一旦发生纠纷并诉诸法律，就会涉及不同国家之间的法律适用问题。因此，必须弄清楚在某一国家的裁决拿到对方国家是否具有同等的法律效力，如果不具有同等的法律效力，或者根本无效，那么需要什么样的条件和程序才能生效，才能得到有效执行。

【课堂拓展】

法律因素对合同履行的影响

我国某公司在某发展中国家承包了一个工程项目。离该工程施工现场不远处有一家医院，由于我方公司在施工过程中打地基时造成了噪声污染，该医院向我方索赔。最后我方败诉，赔偿医院60万美元。如果我们了解当地的法律制度，就可以在施工前聘请一位当地律师到施工现场做实地考察，采取必要的预防措施，这样就可以避免经济损失。

（六）宗教信仰因素

在商务谈判过程中，宗教信仰对下列事务会产生重大影响：

1. 政治事务

一个国家或地区占主导地位的宗教信仰有时会对该国或地区的党政方针、国内政治形势等产生影响。商务谈判人员应了解谈判对方所在国家或地区的党政方针、国内政治形势、民主权利是否受到该国家或地区宗教信仰的影响。

2. 法律制度

在某些受宗教影响很深的国家，其法律制度受到宗教教义的影响。一般情况下，人们的行为如果符合法律原则与规定，就能被认可；而在受宗教影响较大的国家中，人们的行为能否被认可，还要看是否符合宗教的精神。

3. 国别政策

由于宗教信仰的不同，某些国家依据本国的外交政策，在经济贸易制度上制定带有歧视性或差别性的国别政策，对某些国家的企业给予方便与优惠，对另外一些国家的企业则做出种种限制。

4. 社会习俗

社会习俗是指不同国家及地区由于其文化背景、宗教信仰等方面的不同而形成的独特、典型的行为方式及行为标准。它们对谈判都会产生一定的影响。比如，在衣着、称呼、日常行为等方面，什么才是合乎社会规范的标准；是不是只能在工作时间谈业务；饮食等方面都有什么特点；送礼的方式及礼物的选择有什么特殊的习俗；等等，这些对商业往来都会产生一定的影响。

5. 节假日与工作时间

不同宗教都有自己的宗教节日，在制订谈判计划及日程安排上不应与谈判人员的宗教节日相冲突。

（七）基础设施及后勤保障情况

一个国家或地区的基础设施与后勤供应状况也会影响商务谈判活动。例如，该国的人力、物力、财务状况如何，有无必要的熟练工人和有经验的专业技术人员，有无材料、建筑设备及维修设备，有无雄厚的资金，邮政和电信设施是否完善。当地的运输条件如何，包括港口装卸设备情况、公路铁路运载能力、航空运输能力等。在商务谈判中会涉及货物运输方式的选择，这就要求谈判人员应充分了解谈判对手所在国家或地区的运输条件。

二、商务谈判的微观环境分析

商务谈判的微观环境是指谈判双方所处的行业状况和谈判对手的情况。

（一）掌握市场行情

在谈判中，只有及时、准确地了解与标的对象有关的市场行情，预测分析其变化动态，才能掌握谈判的主动权。这里所讲的市场行情是广义的，不仅仅局限于对价格变化的了解，还应包括市场同类商品的供求状况，相关产品与替代产品的供求状况，产品技术发展趋势，主要竞争厂家的生产能力、经营状况、市场占有率，市场价格变动比例趋势，有关产品的零配、供应，以及影响供求变化显现与潜在的各种因素。

1. 供求状况

一般而言，在买方市场条件下，卖方居劣势，反之亦同理，但不同地区、不同时间的市场供求也会发生某种变化。简单地说，甲地的滞销商品在乙地并非肯定滞销，特别是时尚品，它与消费地域密切相关，不可一概而论。

2. 供求动态

供求动态，即市场供求变化的提前量，有些新产品在市场投入期往往不被人看好，但一旦被消费者知晓，就会形成消费热潮，对此商务人员要做好充分论证。

3. 相关产品（或服务）分析

相关产品包括替代品、补充品、前续产品和后续产品等。

替代品，包括功能相近的不同品牌的产品、功能上升级换代的产品等多种类型的产品。替代品的快速发展往往会导致主项产品的价格下降，甚至被挤出市场。

补充品，即人们在消费主项产品时，必须附带消费的产品，如汽车与汽油、休假时间与娱乐、计算机与网络。补充品的快速发展（或低价位）可以为主项产品本身的发展创造条件。

前续产品，即生产主项产品必需的原材料或初级加工产品（服务），如汽车与钢材价格及进口关税、酒类与粮食供应价格。前续产品的充裕有助于主项产品（服务）的供应量增加和成本下降。

后续产品，即因主项产品（服务）而派生的为主项产品提供直接服务的产品或行业，如汽车与汽车维修、美容。与前续产品相同，它也能促进主项产品的社会需求。

4. 竞争者的情况

竞争者的情况主要包括：市场同类产品的供求状况；相关产品与替代产品的供求状况；产品的技术发展趋势；主要竞争厂家的生产能力、经营状况和市场占有率；有关产品的配件供应状况；竞争者的推销力量、市场营销状况、价格水平、信用状况等。

一般来讲，了解竞争者的状况是比较困难的，因为无论是买方还是卖方，都不可能完全了解自己的所有竞争对手及其情况。因此，对于谈判人员来说，最重要的是了解市场上占主导力量的竞争者。

（二）有关谈判对手的情报

谈判对手的情报主要包括该企业的发展历史、组织特征、产品技术特点、市场占有率和供需能力、价格水平及付款方式、对手的谈判目标和资信情况，以及参加谈判人员的资历、地位、性格、爱好、谈判风格、谈判作风及模式等。这里我们主要介绍资信情况、对手的合作欲望情况及对手的谈判人员情况。

1. 资信情况

一是要调查对方是否具有签订合同的合法资格。二是要调查对方的资本、信用和履约能力，包括对手商业信誉及履行能力情报，如对手的资本积累状况，技术装备水平，产品的品种、质量、数量及市场信誉等。对对方的资本、信用和履约能力的调查，资料来源可以是公共会计组织对该企业的年度审计报告，也可以是银行、资信征询机构出具的证明文件或其他渠道提供的资料。

2. 对手的合作欲望情况

对手的合作欲望情况包括对手同我方合作的意图是什么，合作愿望是否真诚，对我方的信赖程度如何，对实现合作成功的迫切程度如何，是否与我国其他地区或企业有过经济往来等。总之，应尽可能多地了解对方的需求、信誉等。对方的合作欲望越强，越有利于使谈判向有利于我方的方向发展。

3. 对手的谈判人员情况

对手的谈判人员情况包括谈判对手的谈判班子由哪些人组成，成员各自的身份、地位、年龄、经历、职业、爱好、性格、谈判经验如何。另外还需了解谁是谈判中的首席代表，其能力、权限、特长及弱点是什么，此人对此次谈判抱何种态度，倾向性意见如何等，这些都是必不可少的情报资料。

（三）己方的情况

己方的情况包括本企业产品、生产经营状况和本方谈判人员情况。如本次交易对我方的重要性，己方在竞争中所处的地位，己方对有关商业行情的了解程度，对谈判对手的了解程度，己方谈判人员的经验等。

正确地评价自己是确定奋斗目标的基础。通过对己方各方面条件进行客观的分析，有助于我们弄清己方在谈判中的优势和薄弱环节，有针对性地制定谈判策略，以便在谈判时能扬长避短。

三、谈判信息、情报搜集的方法和途径

在日常的经贸往来中，企业都力求利用各种方式搜集大量的信息资料，为谈判所用。情报搜集的方法及途径主要包括以下几种。

（一）实地考察，搜集资料

企业派人到对方企业，通过对其生产状况、设备的技术水平、企业管理状况、工人的劳动技能等各方面的综合观察和分析以及当地人员的走访，获得有关谈判对手各方面的第一手资料。当然，在实地考察之前应有一定的准备，带着明确的目的和问题，才能取得较好的效果。实地考察时应摆脱思想偏见，避免先入为主，摆正心态。

（二）通过各种信息载体搜集公开情报

企业为了扩大自己的经营，提高市场竞争力，总是通过各种途径进行宣传，这些都可以为我们提供大量的信息。如企业的文献资料、统计数据和报表、企业内部报纸和杂志、各类文件、广告、广播宣传资料、用户来信、产品说明和样品等。从对这些公开情报的搜集和研究中，就可以获得我们所需要的情报资料。因此，平时应尽可能地多订阅有关报纸

杂志，并分工由专人保管、收集、剪辑和汇总，以备企业所需。

（三）通过各类专门会议

各类商品交易会、展览会、订货会、博览会等都是某方面、某组织的信息密集之处，是了解情况的最佳时机。

（四）通过调查与谈判对手有过业务交往的企业和人员了解信息

任何企业为了业务往来，都必然搜集大量的有关资料，以准确地了解对方。因此，同与对手有过业务交往的企业联系，必然会得到大量有关谈判对手的信息资料。而且向与对手打过官司的企业与人员了解情况，会获得非常丰富的情报，他们会提供许多有用的信息，而且是在普通记录和资料中无法找到的事实和看法。

【课堂拓展】

科技信息给企业带来益处

1952 年，日本松下与荷兰飞利浦公司就有关技术合作问题进行商务谈判。飞利浦公司提出技术转让使用费的提成率为销售额的 7%。松下幸之助经过艰苦的努力把提成压价到 4.5%。但飞利浦公司又提出了新的要求，作为提成率优惠的条件：专利转让费定为 55 万美元，并且必须以总付形式一次付清。

当时的松下公司资本总额不过 5 亿日元。55 万美元相当于 2 亿日元，这笔专利转让费对松下公司来说，是一个相当沉重的负担。合同文本是由飞利浦公司拟就的，其中的违约和处罚条款的订立也都有利于飞利浦公司。松下幸之助在形势对己方不利的情况下考虑到，如果做些妥协、退让，接受对方的条件和要求，付出这笔钱，对松下公司的发展和日本电子工业的发展都是有益的。

松下幸之助为保证技术合作项目的效益稳定，又对飞利浦公司做了深入细致的调查研究。在调查中，他发现飞利浦公司拥有一个 3 000 名研究人员组成的研究所。他们设备先进、人员精良，每天都在进行着世界最新技术和最新产品的开发研究。松下幸之助想，如果创造一个同等规模、同等水平的研究所，要花上几十亿日元和几年的时间，而现在，以 2 亿日元为代价便可以充分利用飞利浦公司研究所的人员和设备，何乐而不为呢？于是，松下幸之助毅然同飞利浦公司签订了合作合同。飞利浦公司派出技术骨干前去赴任，他们把技术、知识和管理经验传授给了松下公司。在双方合作期间，松下公司便利、迅速地获得了飞利浦公司的最新技术。双方的合作为松下公司驰名全日本乃至全世界打下了坚实的基础。

四、谈判资料的整理分析

通过信息搜集工作，我们获得了大量来自各方面的信息，要使这些原始信息情报为我所用，发挥其作用，还必须经过信息的整理和筛选。

信息整理和筛选的目的在于，一方面是鉴别资料的真实性与可靠性，去伪存真。在商务谈判前，有些企业和组织故意提供虚假信息，掩盖自己的真实意图。另外，由于各种原因，有时搜集到的信息可能是片面的、不完全的，这就需要通过对信息的整理和筛选得以辨别。另一方面，在保证真实、可靠的基础上，结合谈判项目的具体内容，对各种信息进行分类和排队，以确定哪些信息对此次谈判是重要的，哪些是次要的，并在此基础上制定出具体的谈判方案和对策。

（一）对谈判资料分类的方法

谈判资料的分类就是按一定的标准对资料进行分类，使之条理化。只有做好分类，才能充分利用资料。可以根据信息资料的性质、内容或特征进行分类，把相同或相近的资料合为一类，把异的资料区别开来。分类的方法大致有三种：

1. 项目分类法

项目分类法可以和工作相联系，按不同的使用目的分类，可以分为商务开发资料、销售计划资料、市场预测资料等；按谈判的必备资料分为市场信息资料、技术信息资料、金融信息资料、交易对象的情况资料、有关政策法规等。

2. 从大到小分类法

从大到小分类法即从设定大的分类项目开始，大项目数最好不要超过十项，经过一段时间的使用后，如果有必要再细分，但应注意不要分得太细，以免出现重复。

3. ABC 分类法

按不同的资料对谈判项目的重要性不同分类，如果该资料对谈判项目有着重要的作用，在谈判时肯定会用上的，那么我们将它定为 A 级，进行重点整理与保存；如果资料对谈判可能有作用，那么我们就将它定为 B 级，要较为重点地进行整理与保存；如果资料对谈判作用不大，但资料有一定价值，我们目前不会使用的，定为 C 级，进行一般处理即可。

（二）对谈判信息资料的保密

谈判人员应对谈判所涉及内容、文件及双方各自有关重要观点等资料做好保密工作。如果不严格保密，将造成不应有的损失。例如，国外有些企业在重要的商务谈判中，不惜花重金聘请“商业间谍”摸对方的底。因此，应加强谈判信息资料的保密工作。

谈判信息资料保密的一般措施：

（1）不要在公共场所，如车厢、出租汽车内、餐厅及旅馆过道等处谈论业务问题。在这种地方谈话很容易被人偷听。

（2）不要随意乱放文件。在谈判休息时，不要将谈判文件资料留在谈判室里，要养成资料随身携带的习惯。如果实在无法带走，就要保证自己第一个再度进入谈判室。不要将自己的谈判方案暴露于谈判桌上，特别是印有数字的文件。

（3）不要过分信任服务人员。如果自己能解决，尽量不要让服务人员复印文件、打字、发传真等。如果迫不得已，也要在自己一方人员的监督下完成，不要让对方单独去做。

（4）必要时使用暗语。在谈判桌上进行内部信息的传递和交流时，应采用暗语的形式，或者通过事先约定的某些动作或姿态进行，或者到谈判现场以外的地方商量，以求保密。

（5）在谈判中用过而又废弃的文件、资料、纸片不要随便乱丢。

（6）最后的底牌只能让关键人物知道。

（7）不要向对方说明己方的谈判日程安排，防止对方利用己方的“有限时间”向己方施加压力。

【课堂拓展】

法国企业对信息的保密措施

一次，一批日本客商前往法国参观一家著名的照相器材厂。该厂实验室主任热情而有礼貌地接待了这批日本客人。在带领客人参观实验室时，他一面耐心地解答客人提出的诸多问题，一面仔细地观察客人的一举一动。因为他深知，有许多人是借参观之机，达到窃取先进技术的目的。在参观一种新型的显影溶液时，实验室主任发现，一位日本客人俯身贴近盛溶液的器皿认真辨认溶液的颜色时，这位客人的领带末端“不小心”浸入了溶液之中。这一细节被实验室主任看在眼里，记在心上。他叫来一名女员工，悄悄地吩咐了一番。在参观即将结束时，这位女员工捧着一条崭新的领带来到那位日本客人面前，彬彬有礼地说：“先生请稍等，您的领带弄脏了，给您换上一条崭新的、漂亮的领带，好吗?”面对主人的一番盛情，日本客人只得尴尬地解下他那条沾有显影剂的领带。原来，日本人此举的目的是将溶液附在领带上带回日本进行分析，以获取显影剂的配方，但由于实验室主任的细心观察，一次窃取机密的阴谋在友好的氛围中被挫败了。

任务二　制订谈判计划

在正式谈判之前，谈判者除了了解谈判环境和收集谈判信息之外，还得制订出一个周全而又明确的谈判计划。谈判方案是指在谈判以前对谈判目标、谈判议程、谈判策略预先所作的安排。谈判计划是指导谈判人员行动的纲领，在整个谈判过程中起着非常重要的作用。从形式上看，谈判计划应该是书面的。

一、制订谈判计划的基本要求

由于商务谈判的规模、重要程度不同，谈判计划的内容也有所差别，内容可多可少，视具体情况而定。一个好的谈判计划要求做到以下几点。

（一）谈判计划要简明扼要

所谓简明扼要，就是要尽量使谈判人员能容易地记住谈判计划的主要内容与基本原则，在谈判中能随时根据计划要求与对方周旋。谈判计划越是简单明了，谈判人员照此执行的可能性就越大。

（二）谈判计划要具体

谈判计划的简明扼要不是目的，它还要与谈判的具体内容相结合，以谈判的具体内容为基础。如果没有具体内容，就很难对它进一步概括、简明扼要地予以表达。因此，谈判计划的制订也要求明确、具体。

（三）谈判计划要灵活

谈判过程中各种情况都有可能发生突然变化，要使谈判人员在复杂多变的形势中取得比较理想的结果，就必须使谈判计划具有一定的灵活性。谈判人员可以在不违背根本原则的情况下，根据情况的变化，在权限允许的范围内灵活处理有关问题，取得较为有利的谈判结果。谈判计划的灵活性表现在：有几个可供选择的谈判目标、有根据实际情况可供选择的几种策略方案、指标有上下浮动的余地，如果情况变动较大，原方案不适合，可以实施第二套备选方案。

二、确定谈判目标

谈判目标是指谈判要达到的具体目标。它指明谈判的方向和要达到的目的、企业对本次谈判的期望水平。商务谈判的目标主要是以满意的条件达成一笔交易，确定正确的谈判目标是保证谈判成功的基础。

谈判的目标可以分为三个层次。

（一）最低限度目标（必须达成的目标）

最低限度目标是在谈判中对己方而言毫无退让余地，必须达到的最基本的目标。对己方而言，宁愿谈判破裂，放弃商贸合作项目，也不愿接受比最低限度目标更低的条件。因此，也可以说最低限度目标是谈判者必须坚守的最后一道防线。

（二）可以接受的目标（立意达成的目标）

可以接受的目标是谈判人员根据各种主、客观因素，经过对谈判对手的全面估价，对企业利益的全面考虑，科学论证后所确定的目标。这个目标是一个区间或范围，己方可努力争取或作出让步的范围，谈判中的讨价还价就是在争取实现可接受的目标，所以可接受的目标的实现，往往意味着谈判取得了成功。

（三）最高期望目标（乐于达成的目标）

最高期望目标是对谈判者最有利的一种理想目标，实现这个目标，将最大化地满足己方利益。当然己方的最高期望目标可能是对方最不愿接受的条件，因此很难得到实现。但是确立最高期望目标是很有必要的，它激励谈判人员尽最大努力去实现高期望目标，也可以很清楚地评价出谈判最终结果与最高期望目标存在多大差距。在谈判开始时，以最高期望目标作为报价起点，有利于在讨价还价中使己方处于主动地位。

谈判目标的确定是一个非常关键的工作。首先，不能盲目乐观地将全部精力放在争取最高期望目标上，而很少考虑谈判过程中会出现的种种困难，造成束手无策的被动局面。谈判目标要有一点弹性，定出上、中、下限目标，根据谈判实际情况随机应变、调整目标。其次，所谓最高期望目标不仅有一个，可能同时有几个目标，在这种情况下就要将各个目标进行排队，抓住最重要的目标努力实现，而其他次要目标可让步、降低要求。最后，己方最低限度目标要严格保密，除参加谈判的己方人员之外，绝对不可透露给谈判对手，这是商业机密。如果一旦疏忽大意透露出己方最低限度目标，就会使对方主动出击，使己方陷于被动。

【课堂拓展】

谈判目标的确立是谈判成功的关键

1982 年，美国与墨西哥政府就一笔国际贷款偿还问题进行谈判。墨西哥拖欠了美国大约 820 亿美元的贷款，其首席谈判家朱塞斯·赫佐哥是墨西哥财政部长。美方代表有财政部长罗纳德·里根及联邦储备局主席保尔·伐尔科。

在谈判中，美方提出了一个很有创造性的解决方法，就是要求墨西哥为美国的战略石油储备提供大量的石油。赫佐哥同意这么做，但是，这并没有解决问题。美国建议墨西哥政府支付 1 亿美元的谈判费。这是一种巧妙的可以让墨西哥支付给美国自然增长利息的手段，但墨西哥总统洛兹·波蒂罗听说这件事后暴跳如雷，他说："让罗纳德·里根死了这条心，我们不会给美国支付谈判费用的，一个比索都不给。"虽然洛兹·波蒂罗拒绝支付谈判费，但美国就此确定了谈判范围，提出1亿美元的偿付要求。猜猜最后墨西哥支付给了美国多少谈判费？5 000万美元。

美方通过划定自己的目标范围，迫使墨西哥政府接受了比最初设想多得多的费用，这是一个很典型的运用目标原则的例子。

三、确定谈判基本策略

根据谈判进程，针对不同的谈判阶段制定完整的谈判策略，并且简明扼要地用文字表述出来，使谈判小组的所有成员牢记在心。按阶段分，可分为开局策略、报价策略、议价策略、让步策略、结束策略等。

（一）开局策略

在己方做公司介绍时，要让对方了解己方的实力。重点介绍哪些知名企业是长期用户。己方在保证产品质量、降低成本方面做了哪些贡献。在做人员介绍时，重点是让对方相信己方的技术负责人是这方面的专家。

（二）报价策略

为了体现己方的诚意，报价原则上直接报出所有能给对方的降低产品成本的各方面的帮助（如降低原料损耗、降低残次品比例、废料的回收利用、人员的培训等），但在产品价格上第一次只能按市场价格报价，为后面的谈判留下足够的空间。

（三）议价策略

重点强调己方能为对方降低产品成本，因为这是对方最为关心的事。抛出己方的技术资料，证明己方的产品比对方现在使用的原材料在“透明度”“纯度”等方面质量更好，能够提供更多的专业知识及降低成本的经验。

（四）让步策略

在提供己方的专业知识及经验方面做出比较大的让步。为了做好“样板”用户，即使对方不要求，在知识及经验的传播上己方也应该是不遗余力的。所以这方面的让步对己方丝毫无损。但在价格方面应该采取小幅度递减的让步策略。由于还可能有多次谈判及对方谈判人员没有最终决策权的原因，本次谈判在产品价格上不宜做过多的让步。具体多少要看对方谈判人员的谈判力。

（五）结束策略

不管谈判的成果如何，始终都应该保持积极的态度，显示己方的诚意。与对方谈判人员建立融洽的关系，切不可使谈判出现紧张局面，更不可使谈判破裂。把结束的时机安排在晚宴上，气氛会比较好。

四、制定谈判进程

谈判进程的安排对谈判双方都非常重要，进程本身就是一种谈判策略，必须高度重视这项工作。谈判进程一般要说明谈判时间的安排和谈判议题的确定。谈判进程可由一方准备，也可双方协商确定。无论由哪一方拟定谈判进程，都应注意谈判进程的互助性与简洁性。互助性是指拟定的谈判进程既要符合己方的需求，也要兼顾对方的习惯做法。简洁性是指在一次谈判过程中，谈判事项不宜过多。谈判进程通常包括以下四项内容。

（一）谈判的时间安排

时间安排即确定谈判在什么时间举行、多长时间、各个阶段的时间如何分配、议题出现的时间顺序等。谈判时间的安排是议程中的重要环节。如果时间安排得很仓促，准备不充分，匆忙上阵，心浮气躁，很难沉着冷静地在谈判中实施各种策略；如果时间安排得很拖延，不仅会耗费大量的时间和精力，而且随着时间的推延，各种环境因素都会发生变化，还可能会错过一些重要的机遇。从“时间就是金钱，效益就是生命”观点来看，精心安排好谈判时间是很必要的。

1. 在确定何时开始谈判、谈判计划多长时间结束时要考虑的因素

第一，谈判准备的程度。如果已经做好参加谈判的充分准备，谈判时间安排得越早越好，而且也不怕马拉松式的长时间谈判；如果没有做好充分准备，不宜匆匆忙忙开始谈判，不打无准备之仗。

第二，谈判人员的身体和情绪状况。如果参加谈判的人员多为中年以上的人，要考虑他们的身体状况能否适应较长时间的谈判。如果身体状况不太好，可以将一项长时间谈判分割成几个较短时间的阶段谈判。

第三，市场形势的紧迫程度。如果所谈项目与市场形势密切相关，瞬息万变的市场形势不允许稳坐钓鱼台式的长时间谈判，谈判就要及早及时，不要拖太长的时间。

第四，谈判议题的需要。对于多项议题的大型谈判，不可能在短时间内解决问题，所需时间相对长一些；对于单项议题的小型谈判，没有必要耗费很长时间，力争在较短时间内达成一致。

2. 谈判过程中时间的安排要讲策略

第一，对于主要的议题或争执较大的焦点问题，最好安排在总谈判时间的五分之三时提出来，这样既经过一定程度的交换意见，有一定基础，又不会拖得太晚而显得仓促。

第二，合理安排好己方各谈判人员发言的顺序和时间，尤其是关键人物对关键问题的提出应选择最成熟的时机，当然也要给对方人员足够的时间表达意向和提出问题。

第三，对于不太重要的议题，容易达成一致的议题可以放在谈判的开始阶段或即将结束阶段，而把大部分时间用在关键性问题的磋商上。

第四，己方的具体谈判期限要在谈判开始前保密，如果对方摸清己方谈判期限，就会在时间上用各种方法拖延，待到谈判期限快要临近时才开始谈正题，迫使己方为急于结束谈判而匆忙接受不理想的结果。

（二）谈判议题的确定

谈判议题就是谈判双方提出和讨论的各种问题。确定谈判议题首先要明确己方要提出哪些问题，要讨论哪些问题。要把所有问题全盘进行比较和分析：哪些问题是主要议题，列入重点讨论范围；哪些问题是非重点问题；哪些问题可以忽略；这些问题之间是什么关系，在逻辑上有什么联系。还要预测对方要提出哪些问题，哪些问题是需要己方必须认真对待、全力以赴去解决的；哪些问题是可以根据情况做出让步；哪些问题是可以不予以讨论的。

另外，也应该慎重考虑谈判议题的顺序安排。谈判议题的顺序有先易后难、先难后易和混合型等几种安排方式，可根据具体情况加以选择。先易后难是指先讨论容易解决的问题，创造良好的谈判气氛，然后再讨论困难的问题。先难后易是指先集中精力讨论难以解

决的问题，待困难的问题解决之后，再讨论容易解决的问题。如果困难的问题无法达成一致意见，那么就没必要再讨论容易解决的问题。混合型的谈判议题是指不区分议题的难易，把所有要解决的问题逐一提出来进行讨论。

在谈判议题的顺序安排方面较常见的做法是：有争议的问题既不要放在开头，也不要放在最后，最好放在谈成几个问题之后、谈最后一两个问题之前，也就是放在谈判的中间阶段。在谈判结束之前最好谈一两个易于解决的问题，以便在谈判结束时创造良好的谈判气氛。

（三）规定谈判期限

谈判期限是指从谈判的准备阶段到谈判的终局阶段。在国际贸易中，谈判的期限通常指从谈判者着手准备谈判到报价的有效期结束之时为止。买卖双方都规定了一定的期限，超过了这个期限，即使履行了协议，也可能带来一定的损失。例如，圣诞礼品在圣诞节后市价将会大跌，因此必须赶在圣诞节之前销售。除了考虑季节、节日等因素的影响之外，还应考虑谈判所需付出的成本，谈判的时间拖得越长，谈判各方耗费的人力、物力和财力就越多。因此，应在谈判之前对谈判的时间作出计算和适当安排，并在谈判方案中明确谈判的期限。

谈判期限的规定可长可短，通常是一个时间区间，有一定的弹性，能够适应谈判过程中的情况变化。如某公司对谈判期限作了以下规定：要求在 11 月 15 日前完成本次谈判，宽限期为 15 天。这是一个简明、灵活而又能保证己方总体目标不受影响的谈判期限规定。

（四）确定谈判替代方案

谈判过程中有太多不确定因素，因此，这就要求己方在谈判前制定多种谈判替代方案，随机应变。替代方案是谈判中非常重要的因素，最佳替代方案应在正式谈判前确定，需要充分分析和反复测算，列出具体量化指标，并且需要谈判双方都能够接受，从交易效果来讲，最佳替代方案不应该输于主选方案。可以从以下方面考虑。

1. 成员方面

如果己方确定的谈判小组成员由于公司其他事项或个人的原因不能按时到达，应该由谁替代？谈判进行中，由于某人身体不适或出现意外而不能继续谈判，临时从公司调人又来不及，组内人员如何相互兼职？另外，由于己方是东道主，当对方谈判代表出现水土不服等身体方面的原因而不能顺利进行谈判时该怎么做？

2. 场地及设备方面

己方考虑的是在酒店会议室谈判，不会像在公司那么方便。必须考虑到电力、设备等故障的应急处理措施。这些在签订会议室使用合同时就应该要求酒店方面给出方案。

3. 策略方面

己方希望本次谈判的最大让价幅度不超过多少（第一次谈判结束时价格应是己方的理想成交价格，不能轻易做出让步），如果对方不满意，坚持要更多的让步怎么办。

4. 竞争对手的干扰

竞争对手知道了己方的意图后，为了不丢失客户，同时为了打击己方，直接降价 5% 以上怎么办。

【课堂拓展】

当英格兰的君主爱德华四世派军队跨越英吉利海峡争夺法国的领土时，法国国王路易十一考虑到自己的势力较弱，于是决定通过谈判解决。与一场费时耗资的战争相比，路易十一的最佳替代方案是与爱德华四世达成一个更安全的交易。于是，路易十一在1475年与英国国王爱德华四世签订了一个和平条约，答应先向英国支付50 000克朗（英国旧币，1克朗相当于5先令），并在爱德华四世的余生（事后证明这段日子很短）里每年支付50 000克朗。为了敲定这比交易，路易十一款待爱德华和英国军队整整两天两夜的宴乐狂欢。为了表示诚意，路易十一还委派波旁王朝的红衣大主教陪同爱德华玩乐。

【课堂拓展】

谈判方案书范例

项　目	内　容
谈判目标	指具体的最高期望目标、最低目标或可接受目标
主要交易条款	哪些条款是应该加以重视，并需要双方进行磋商与洽谈的
价格、数量	指谈判中主要的两大谈判难题的解决策略
双方优劣势分析	哪些是对方的优势和劣势，哪些是己方的优势和劣势
谈判人员及职责	对谈判人员进行分工，确定主谈人与辅谈人的关系，以及在谈判中应遵循哪些原则
谈判时间安排	何时进行谈判，何时结束谈判，如何安排分段谈判的任务
谈判地点安排	指谈判在什么地方进行
谈判成本预算	谈判过程中各项支出以及相应的货币成本、机会成本和时间成本
谈判策略	确定谈判中哪些条款可以让步或不可以让步，在谈判中应运用哪些技巧
其他注意事项	对谈判方案中可能出现的不确定因素进行估计，并做好相应准备

任务三　组建谈判队伍

要组织好商务谈判活动，无论是在谈判前筹划谈判方案、收集信息资料、做好各项准备工作，还是在谈判中精心选择策略、灵活运用谈判技巧，都离不开精明强干的谈判人员。找到最合适的人参加谈判，能提高谈判成功的把握。一般而言，自信、睿智、反应快、有很强适应能力是谈判者应该具备的基本素质。此外，拥有丰富经验的人是参与谈判的最佳人选。商务谈判往往不是一个人所能完成的，需要由谈判小组进行。因此，要以一定的组织形式作保证，成立谈判小组，并做好谈判班子的配备、管理等方面的工作。

【课堂拓展】

寻找合适的人参加谈判

范蠡有三子：大儿子随父艰辛创业，惜钱如命；二儿子继承父业，在外行商，忘义贪求；三儿子沉迷于玩乐，浪荡成性。范蠡因年迈体弱，疏于教养，三子皆不成器。当时，楚国某地三年苦旱，二公子受商人鲍利教唆，乘灾屯粮。范蠡闻讯大惊，立即修书命二儿子“赈放存粮，迅即返家”。谁知书到之时，二公子已因哄抬粮价激怒灾民，被告上朝廷。楚王震怒，把其逮捕下狱。二公子下狱凶讯传到范府，全家震惊。范蠡推断必判死罪。

范母哀求范蠡救子，范蠡于是修书一封，命三儿子带重金去楚国，找忘年至交庄生大夫"赎儿之命"。庄生是楚国谋臣，深受楚王器重。小儿子带了千镒黄金，坐牛车去楚国，就要出发时，范蠡的长子死活不同意，说："家里出了事应该由长子出面解决，父亲不派我去，这是对我的不信任，说明我不孝顺，我不如死了算了。"范蠡没有办法，只好派长子去。范蠡再三叮嘱长子，到了楚国后不论任何事情都要任由庄生安排，千万不要与之争执。长子答应了，可出发时又私自带了几百镒黄金。

长子到了楚国找到庄生，发现庄生穷得一塌糊涂，住所利用城墙作为后墙，门前满是杂草。庄生虽然贫穷，但廉洁正直闻名天下，从楚王以下都把他当老师一样尊崇。长子按照范蠡的交代，把千镒黄金交给庄生。庄生听明来意，便说："你现在赶快离开，千万不要逗留，即使弟弟放出来了，也不要问所以然！"至于范蠡送来的黄金，他并不想接受，想要等事成以后归还。但是范蠡的长子不明所以，以为给这样的人黄金毫无用处。长子并没有离开楚国，而是用私自带的黄金献给楚国的权贵，以求门路。

庄生找了一个适当的时机见楚王，说："某星宿移动到某个位置，对楚国有危害。"楚王向来相信庄生，问庄生如何是好。庄生说只有做好事才能消除。楚王表示明白了，然后命令使者去将钱财物资的府库严密封起来。楚国接受贿赂的官员听说消息后惊喜地告诉范蠡长子说："楚王就要大赦天下了。"长子不解，官员说："每次王实施大赦，怕人乘机在大赦前抢劫，所以常常先把府库封闭，昨晚楚王已命令封闭府库了。"长子以为楚国即将大赦，他的弟弟自然会放出，那么千镒黄金岂不是白白便宜庄生了？长子立刻去见庄生。

庄生见到长子，大惊道："你怎么还没有离开呀？"长子十分不客气地说："当然没有离开。当初是为了弟弟的事情，现在弟弟的罪，大家都知道会自动赦免了，所以特来向先生辞行。"庄生这下明白了他的意思，往里面一指说："钱都在里面，你自己拿走吧。"长子拿回财物，心下窃喜。

庄生被长子的做法激怒，又去见楚王说："我上次说星宿的事情，王说要用修德的方法来回报，这当然很好。但现在我在街市上听很多人说，陶有一位富人叫朱公，他的儿子杀了人被囚在楚国，他的家人拿了许多金钱贿赂了王的左右，所以王并不是为了体恤国民而实行大赦，而是因为朱公儿子的缘故。"楚王一听，大怒说："胡扯！我怎么会因为朱公儿子的缘故而特别施恩大赦呢？"就命令杀掉了范蠡的儿子，第二天才下达赦免的命令。

范蠡的长子最终带着他弟弟的尸体回来。到家以后，家人都很悲伤，范蠡说："我就知道他一去必然会杀死他弟弟的！他不是不爱他的弟弟，只是舍不得花钱呀！这是因为他年少时和我一起经营，知道谋生的困难，历尽艰苦，所以不轻易花钱。至于小儿子，生来就看见我很富有，坐着好车，骑着良马，哪里懂得钱财是怎样积聚的，所以不会吝惜。我原想派小儿子去，就是因为他能舍弃财物呀！而大儿子是做不到的，所以最后必然杀死他的弟弟，这是合乎常理的，没什么好悲伤的，我本就日日夜夜在等着丧车的到来！"

范蠡无疑是非常聪明的，他对长子、三子的个性了解得很清楚，他是有知人的智慧的。如果事情按照他起初的安排，是一定可以成功营救二儿子的，但其长子因为不好好落实范蠡的救人策略，结果让自己的弟弟付出了生命的代价。

一、谈判队伍的构成原则

谈判队伍由多方面的人员构成，可以满足谈判中对多学科、多专业的知识的需求，取得知识结构上互补与综合的整体优势，取长补短，集思广益，形成集体的力量。谈判队伍规模不能太大，也不能太小。如果谈判队伍的规模过大，会增加谈判成本，有时还会因内部分歧而不利于谈判的进行；如果谈判队伍的规模过小，那么对于复杂的谈判，可能因人员过少而造成无法及时处理谈判中的问题，延长谈判期限，甚至导致谈判破裂。因此，确定适度的谈判组织规模，是筹建谈判队伍首先要考虑的问题。在筹建谈判小组、选择谈判人员、确定谈判规模时，一般要遵循以下几个原则。

（一）根据谈判对象确定组织规模

谈判队伍的具体人数如何确定，并没有统一的模式。一般买卖商品的谈判只需三四个人就行了。如果谈判涉及项目多、内容较复杂，可分为若干项目小组进行谈判，适当增加人员，但最多不超过八人。根据国内外谈判经验，谈判队伍的规模一般在四人左右。因为在这种规模下，最容易取得意见一致，最容易控制，也最容易发挥小组人员的集体力量。

在一些大型的国际商务谈判中，会涉及更多、更广的专业知识。此时要求谈判人员不仅要懂得商品知识、金融知识、运输知识，还须懂得国际法律知识、国际贸易惯例、国外各民族的风土人情和风俗习惯等知识，有时还需要某些方面国际问题的专家。在这种情况下，谈判规模可能会超过十人。为了控制谈判队伍的规模，可以采取人员轮换的方法，在进行不同的谈判议题时，适当地调换谈判人员，也可以采用聘请专家作为顾问的办法。

（二）组成谈判队伍时要贯彻精干原则

在建立谈判队伍时，要贯彻精干原则，要精打细算，尽量多吸纳一专多能的谈判人员。一些知识面广的专业人员有利于减少谈判班子的人数和提高谈判的效率。一支谈判队伍，从参加谈判直到协议达成的整个过程，必然要支出一定的费用。因此，应尽可能缩小谈判队伍的规模，以降低谈判成本。

（三）谈判队伍规模与谈判对手对应的原则

一般而言，参与谈判各方的谈判人员数量并不要求完全对等。但是，在组建谈判小组时，也应充分考虑谈判对手的谈判队伍规模，尽可能与谈判对手的谈判队伍规模相对应，即在数量上要接近。如果对方组建的谈判队伍规模大、人才济济，且聘请专业顾问参加，那么己方应根据对方的谈判队伍规模情况，选派相应数量的谈判人员参与谈判，而且在谈判人员的专业层次配备方面也要参考对方的专业人员配备情况。相反，如果对方组建的谈判队伍规模小，人员精干，那么己方谈判人员规模也不宜太大，也应采用少量的谈判人员参与谈判。

（四）谈判人员被赋予法人或法人代表资格

谈判是一种手段，最终目的是要达成协议，签订符合各方利益要求的合同或协议。整个谈判和协议签订的过程都是依据一定的法律程序进行的。所以，谈判人员都应具有法人或法人代表的资格，拥有法人所具有的权利能力和行为能力，有权处理商务谈判活动中的一切事务，但作为法人或法人代表，只能行使其权限范围以内的权力。

（五）谈判人员应层次分明、分工明确

在谈判过程中，往往会涉及许多专业性知识，仅靠一个小组负责人是难以胜任的。选择谈判人员时，既要有掌握全面情况的企业经营者，还应当考虑各种专业知识的需要。考虑人员的层次结构，而且一定要分工明确，这样才能组成一支强有力的谈判队伍。如投资规模大的合资谈判，就需要相应的技术、商务、财务、法律等方面人员的分工合作。

二、谈判人员的组织结构

在一般的商务谈判中，所需的专业知识大体上可以概括为以下四个方面：一是有关工程技术方面的知识；二是有关价格、交货、支付条件、风险划分等商务方面的知识；三是有关合同权利、义务等法律方面的知识；四是语言翻译方面的知识。

根据上述专业知识的需要，一支谈判队伍应包括以下几种人员。

（一）主谈人

主谈人是谈判桌上的主要发言人，也是谈判的组织者。其作用是将预先准备好的谈判目标和策略在谈判桌上予以实现。主谈人要以其敏捷的思维、伶俐的口齿与对方辩论或说服对方接受方案。主谈人应思维敏捷、能掌握谈判主动性、善于逻辑推理、拥有较高的专业知识水平。

（二）商务人员

商务人员由熟悉市场行情、价格条件、交货和存在的风险、合同条款、交易惯例、支付方式与资金担保等方面知识的人员担任。商务人员负责交易的商务条件，包括价格、支付、交货、保险、保证等的谈判并签订合同。在无专门法律人员参加谈判时，还应负责合同文本的谈判与草拟，协助并指导技术人员谈好、拟好技术附件，负责对外的联络工作，协助主谈人做好内部的组织工作。

（三）技术人员

谈判涉及比较复杂的问题时，需要有专门的技术人员参加谈判。熟悉生产技术、产品性能和技术发展动态的技术人员，在谈判中可负责对有关产品性能、技术质量标准、产品验收、技术服务、保证条件等问题的谈判，也可与商务人员紧密配合，为价格决策做技术参谋。

（四）财务人员

财务人员由熟悉成本情况的会计人员担任。

（五）法律人员

法律人员由律师或学习法律专业知识的人员，或特聘律师、企业法律顾问，或熟悉有关法律规定的人员担任。法律人员主要负责交易合同文件的谈判与拟写，审核技术附件法律和文字方面的问题，协助主谈人统一审核合同文件、技术附件以及其他文件，看其在法律上、经济上以及技术条件上是否有相互矛盾或混淆不清的地方，以确保各种文件的一致性。在国际商务谈判中，法律人员不仅要熟悉国内的有关法律，还要熟悉国际贸易惯例、国际市场规则和交易对手所在国家的有关法律规定。

（六）翻译人员

翻译人员由熟悉外语和有关知识，善于与别人紧密配合，工作积极，纪律性强的人员担任。翻译人员不仅要有熟练的外语翻译和表达能力，还要懂得专业技术知识，能够准确地翻译专业术语。翻译人员应准确、及时地把对方的意见传达给己方谈判人员，并将己方意见完整、准确地表达出来，同时协助主谈人了解对方的反应、动态并配合实施谈判谋略。

在商务谈判中，语言翻译非常重要。谈判队伍应配备一名得力的翻译人员。谈判人员本身具备较高的外语水平，有助于他们理解书面文件的意思。从翻译的实战经验看，谈判是一项十分紧张的活动，在谈判的过程中，需要不断根据临时的信息调整思路。尽管谈判前有比较充分的准备，但毕竟不可能准确地预见到谈判中出现的所有问题，事先也难以充分考虑好周到的应对方法，谈判人员可以利用翻译的时间，对谈判对手察言观色，缜密地思考一下对策，在时间上减轻压力。

【课堂拓展】

使用翻译人员的好处

有一家日本公司驻美国分公司的经理能讲一口流利的英语，但他在商务谈判时始终用日语，通过翻译与对方进行交流。到了商务谈判结束后的庆祝会上，他却用英语和对方谈笑风生，令对方大吃一惊。有人问道："为什么在谈判中，不用英语直接和他们交谈?"这位日本经理回答说："在一项交易谈判中，存在许多微妙的问题，往往在当时的气氛下考虑不周而说了出去，事后才发现讲错了话，然而要挽回却很难。如果通过翻译进行谈判，可将原因推到翻译身上，比如翻译在用词上不恰当，或者意思理解有误。这样，万一受到对方的攻击，自己很容易避开。此外，在翻译转述的时候，自己也可利用这段时间进行思考，同时还可以观察对方的反应。使用翻译有这么多好处，为什么不利用呢?"

（七）记录人员

记录人员由熟悉计算机操作技术并能高水平地快速录入文字的人员担任。一般由上述各类人员中的某人兼任，也可以委派专人担任。

以上参加谈判的人员，按谈判复杂程度可多可少，少的时候一人身兼数职，多的时候可达十几人至几十人，可分为几个小组，如商务小组、技术小组、法律小组等，各自负责自己的专业领域内问题的谈判。还可以组织台上和台下两套班子，台上班子主要负责对外谈判及分析对方临时提供的技术价格资料；台下班子负责收集整理有关资料，为台上班子提供技术和价格谈判的依据。

三、谈判人员应具备的条件

商务谈判是一种对思维要求较高的活动，是对谈判人员知识、智慧、勇气、耐力等的测验，是谈判人员间的较量。因此，对谈判人员的素质、能力、知识有着很高的要求。

（一）谈判人员应具备的素质

1. 气质性格方面

谈判人员应具备适应谈判需要的良好的气质和性格。有些性格特征是不利于谈判的，例如性格内向、孤僻多疑、不善表达、冷漠刻板、急躁粗暴、唯我独尊、嫉妒心强、心胸狭窄等。良好的气质性格应具备以下特征：大方而不轻佻、爽快而不急躁、坚强而不固执、果断而不粗率、自重而不自傲、谦虚而不虚伪、活泼而不轻浮、严肃而不呆板、谨慎而不拘谨、老练而不世故、幽默而不庸俗、热情而不莽撞。

2. 心理素质方面

在谈判过程中会遇到各种阻力和对抗，也会发生许多突变，谈判人员只有具备良好的心理素质，才能承受住各种压力和挑战，取得最后的成功。谈判人员应具备的良好心理素质主要有以下几个方面：

第一，自信心是谈判者最重要的心理素质。自信心是指谈判者相信自己和己方的实力和优势，相信集体的智慧和力量，相信谈判各方的合作意愿和光明前景。自信心是谈判者充分施展自身潜能的前提条件。缺乏自信往往是商务谈判遭受失败的原因。没有自信心，就难以勇敢地面对压力和挫折，面对艰辛曲折的谈判过程。只有具备必胜的信心才能促使谈判者在艰难的条件下通过坚持不懈的努力走向胜利的彼岸。自信心不是盲目的自信和唯我独尊，更不是藐视对方、轻视困难。自信心需要有意识地培养。自信是在充分准备、充分占有信息和对谈判各方实力进行科学分析的基础上对自己有信心，相信自己要求的合理性、所持立场的正确性以及说服对方的可能性。人有了自信心才能做到大方、潇洒、不畏艰难、百折不挠。

第二，耐心。商务谈判的状况各种各样，有时是非常艰难曲折的，商务谈判人员必须有抵御挫折和打持久战的心理准备。因此，耐心是商务谈判人员必不可少的心理素质。耐心是谈判中抵御压力的必备品质和争取机遇的前提。在一场旷日持久的谈判较量中，谁缺乏耐心和耐力，谁就将失去在商务谈判中取胜的主动权。有了耐心可以调控自身的情绪，不被对方的情绪牵制和影响，使自己能始终理智地把握正确的谈判方向；有了耐心可以使自己能有效地注意倾听对方的诉说，观察了解对方的举止行为和各种表现，获取更多的信息；有了耐心可以提高自身参加艰辛谈判的韧性和毅力。耐心也是对付意气用事的谈判对手的策略武器，它能取到以柔克刚的良好效果。此外，在僵局面前，也一定要有足够的耐心，等待转机。谁有耐心，沉得住气，谁就可能在打破僵局后获取更多的利益。

第三，能够承受压力。谈判是一个较量的过程，参与谈判的各方都将面对各种压力，所以要有相当高的承受压力的心理素质，尤其是面对拖延、时间紧张、失败的时候更是如此。在谈判中，不管有什么样的困难和压力，谈判人员都要显示出奋战到底的决心和勇气。

第四，自制力。谈判过程中难免会由于双方利益的冲突形成紧张、对立、僵持、争执的局面，如果谈判者自制力差，出现过分的情绪波动，就会破坏良好的谈判气氛，造成举止失态、表达不当，使谈判不能进行下去，或者草草收场，败下阵来。谈判者应具备良好的自制力，在谈判顺利时不会盲目乐观，喜形于色；在遇到困难时也不会灰心丧气，怨天尤人；在遇到不礼貌的言行时，也能够克制自己不发脾气。

3. 思想意识方面

第一，忠于职守。谈判人员是作为特定组织的代表出现在谈判桌前的。尤其是参加国际商务谈判，谈判人员不仅代表组织个体的经济利益，而且还肩负着维护国家利益的义务和责任。因此，商务谈判人员必须忠于职守、遵纪守法、廉洁奉公、维护国家、忠于祖国、把国家和企业的利益放在首位。

第二，懂得尊重。在商务谈判中，双方地位平等，关系互惠。在谈判中只有互相尊重、平等相待，才可能保证合作成功。所以，谈判者首先要有自尊心，维护己方的尊严和利益，面对强大的对手不妄自菲薄，奴颜献媚，更不会出卖尊严换取交易。同时，谈判者还要尊重对方，尊重对方的利益、尊重对方的意见、尊重对方的习惯、尊重对方的正当权利。

第三，坦诚的态度。商务谈判是一种建设性的谈判，需要双方都有诚意。诚意是合作的意向和诚恳的态度，是谈判双方合作的基础，也是影响、打动对手心理的策略武器。有了诚意，双方的谈判才有坚实的基础，才能真心实意地理解和谅解对方，并取得对方的信赖，才能求大同存小异，取得和解和让步。要做到有诚意，在具体的活动中，对于对方提出的问题，要及时答复；对方的做法有问题，要适时恰当地指出；己方的做法不妥，要勇于承认和纠正，不轻易许诺，承诺后要认真践行。开诚布公、真诚待人的态度是化解双方矛盾的重要手段。诚心能使谈判双方达到良好的心理沟通，保证谈判气氛的融洽稳定，能排除一些细枝末节的干扰，能使双方谈判人员的心理活动保持在较佳状态，建立良好的互信关系，提高谈判效率，使谈判向顺利的方向发展。

第四，团队精神。商务谈判多为集体谈判，每一方都是由几个人组成的团队，其中一人为总代表或主谈人，主持领导整个团队完成实际的谈判工作。谈判组织成员之间应该团结一致、齐心协力。参加谈判的人员，无论是作为团队总代表的主谈人，还是其他的团队成员，都必须具有集体主义精神和团队精神，除了各自负责好分内工作以外，还要注意协调配合，以争取己方从谈判交易中获得更多的利益。

第五，效率意识。商务谈判人员应力争花最少的时间和精力取得最好的谈判结果，尽可能提高谈判效率。除非是出于策略上的需要，有意使用拖延战术，一般情况下，商务谈判人员应力争用最少的时间完成谈判。谈判所用的时间越少，谈判成本就越低，这对参与谈判的各方都是有利的。

【课堂拓展】

谈判人员的素质对谈判的影响

某年，上海某从事文物进出口贸易的单位，与一位日本文物商谈判关于一批中国文物的出口贸易事宜。这位日本商人带来一位中文翻译，是从上海去日本打工的青年，而上海这家外贸公司使用的日文翻译是一位上海籍的女青年。谈判进行得很艰苦，因为日本人开价很低，几个回合下来，双方的差距仍然很大。

谈判过程中，这位日商观察到，中方女翻译的言谈举止表明她对到日本打工而当上日商翻译的男青年非常羡慕。于是，日商心生一计，让自己的男翻译在谈判休息时主动接近这位女翻译，表示他愿意为这位女翻译到日本学习提供担保以及包括路费、学费、生活费在内的所有费用，条件是这位女翻译必须把中方文物的底价全部透露给他。

这位女翻译经不住出国的诱惑，出卖了全部机密。在接下来的谈判中，这位日商完全掌握了谈判的主动权，用中方内部开出的底价买下了这一批文物，狠狠地赚了一笔。当然，这位女翻译好梦不长，当她拿到护照时，就因事情败露而入狱，断送了自己的前程。

这是一个典型的因谈判当事人自身素质的问题而导致己方在谈判中受损的例子。所以，在商务谈判中，一定要挑选思想品德素质过硬、谈判经验丰富和知识储备充足的谈判人员。

（二）谈判人员应具备的能力

一个效率高、称职的商务谈判人员应具备以下五个方面的能力。

1. 敏锐的洞察力

商务谈判中需要与各种各样的人打交道，而且谈判环境复杂多变，谈判进行中很多意想不到的事都有可能发生。因此，谈判人员应善于察言观色，及时掌握对方动向，摸清对方的底牌，随机应变。洞察力强的谈判人员在与对方的简单接触中就能很快发现对方的特点、爱好，甚至经历，并据此作出相应的推断，这有助于各方谈判人员之间的相互沟通。

当己方发言时，可以仔细观察对方的表情、动作，以此判断己方的观点是否被接受。如点头可能表示赞同，专注可能表示重视，微笑可能表示欣赏和理解，不以为然的表情可能表示不同意。当对方发言时，通过仔细观察，也可以从谈判人的姿态、表情上判断出对方对于己方重视与否。需要指出的是，判断言行举止是一个十分复杂的问题，要结合当时的具体情况做综合判断。因此，需要谈判人员自身具有敏锐的洞察力，否则单凭经验判断会得出错误的结论。

【课堂拓展】

波斯猫与指挥部

在第二次世界大战中，德军的一位参谋根据法军阵地坟地上出现的一只波斯猫，判断出坟地下肯定有法军的指挥部，从而一举摧毁了法军的阵地。因为战争期间，普通士兵是不会养这种名贵的猫的，而这只猫每天上午9:00准时到坟地上晒太阳，他的主人肯定离坟地不远。可见，只有通过准确、仔细的观察，才能为了解对方、辨别信息真相提供强有力的依据。

2. 敏捷清晰的思维推理能力和判断能力

谈判人员不仅要善于察言观色，还要具备对所见所闻做出正确分析和判断的能力。观察判断是商务谈判中了解对方的主要途径。谈判人员应具备清晰的推理能力。在谈判中，对方往往会用许多细枝末节的问题来纠缠，而把主要的或重要的问题掩盖起来，或故意混淆事物之间的前后因果关系。作为谈判人员，应具备抓住事物的主要矛盾和主要方面的能力。同时要思路开阔，不要为某一事物或某一方面所局限，要从多个方面考虑问题。谈判人员应做到判断准确、决策及时，要提高这方面的能力就要善于倾听对方的意见并把握对方的意图。谈判是双方相互交换意见，有些人思维敏捷，但冲动性强，往往对方的话刚说一半，就自以为领会了对方的意思，迫不及待地发表意见，这也是不可取的，易造成误解对方，反而给对方提供可乘之机。

3. 良好的语言表达能力和社交能力

谈判重在"谈"，谈判的过程也就是谈话的过程，得体的谈判语言非常重要。所以，一位优秀的谈判人员，通常也是一位出色的语言艺术家，可以通过语言的感染力强化谈判的效果。

谈判实质上是人与人之间思想观念、意愿感情的交流过程，是重要的社交活动。谈判人员应该善于与不同的人打交道，善于应对各种社交场合。这就要求谈判人员塑造良好的个人形象、掌握各种社交技巧、熟悉各种社交礼仪知识和有较强的文字表达和口头表达能力。要精通与谈判相关的各种公文、协议合同、报告书的写作，电脑技术的掌握，同时要善于言谈、口齿清晰、思维敏捷、措辞周全，善于驾驭语言，有理、有节地表达己方观点。在涉外商务谈判中，要熟练掌握外语的听、说、写、译能力。

语言表达能力主要是在社会实践活动中锻炼形成的。对谈判人员来说，比较切实可行的方法是举行模拟谈判，草拟出对方可能提出的问题，并让己方人员扮演对方谈判代表。这样既锻炼了语言表达能力，又对谈判中可能出现的问题做了准备。有位上司准备让一位下属到偏远地区就职。他先把那个下属要去的地方的营业状况说得一团糟，然后以无限信任的语气说："长此下去，那个营业处非关门不可，现在幸好有你，只要你能到那边，必能起死回生，使业务蒸蒸日上。"被派往偏远地区，本来谁都不会心情愉快，但听了上司的这番话，感觉自己受到上司重视，下属不仅不泄气，反而准备大干一场。

【课堂拓展】

谈判人员的语言艺术

有一次，美国和苏联关于限制战略武器的协定刚刚签署，基辛格向随行的美国记者介绍情况。当谈到苏联大约每年生产导弹250枚时，一位记者问："我们的呢?"

基辛格回答说："数目我虽知道，但我不知道是否保密。"

该记者回答："不保密。"

基辛格立即反问道："那么，请你告诉我，是多少呢?"

4. 灵活应变的能力和现场调控能力

优秀的谈判人员要善于因时、因地、因事随机应变，对谈判现场进行灵活的调控。谈判中会发生各种突发事件和变化，谈判人员面对突变的形势，要以冷静的头脑作出正确的分析、迅速的决断，善于将原则性和灵活性有机结合，机敏地处理好各种矛盾，变被动为主动，变不利为有利。谈判人员具备沉着、机智灵活的应变能力，是控制局势、化劣势为优势的关键。谈判人员的随机应变能力主要表现为处理意外情况的能力、化解僵局的能力以及巧妙出击的能力。

【课堂拓展】

杨澜的现场调控能力

一次，著名主持人杨澜在广州天河体育中心主持大型文艺晚会。节目进行到中途，她在下台阶时不小心摔了下来。正当观众为这种意外情况吃惊时，她从容地站起来，幽默地说："真是人有失足、马有失蹄啊！刚才我这个狮子滚绣球的表演还不算太到位，看来，我这次表演的台阶还不大好下。不过，台上的表演比我精彩得多。不信，你看他们!"

观众听到她略带自嘲的即兴发挥，忍不住大笑起来。这样，杨澜就巧妙地把观众的注意力转移到了舞台上。

5. 较强的自控能力

谈判双方由于利益的抗衡和相互依存，使谈判人员心理上承受的压力很大，需要随时就某个谈判事项的具体典型特征和实质进行分析与判断。即要求谈判人员在承受压力的情况下，依据自身的知识经验，细心地观察与思考，正确地进行分析判断与推理，识破对方的计谋，并使自己的提议与要求得以实现。

谈判人员在处理谈判问题时，要注意运用调控情绪的技巧。在与谈判对手的交往中，要做到有礼貌、通情达理，要将谈判的问题与人划分开来。在阐述问题时，侧重实际情况的阐述，少指责或避免指责对方，切忌意气用事把对问题的不满发泄到谈判对手个人身上，对谈判对手个人指责、抱怨，甚至充满敌意。当谈判双方关系出现不协调、紧张时，要及时运用社交手段表示同情、尊重，缓和紧张关系，消除敌意。

精明的谈判人员都有一种小心调控自我情绪的习惯，并能对别人谈话中自相矛盾和过火的言谈表现出极大的忍耐性，能恰当地表述自己的意见。他们常用"据我了解""是否可以这样""我个人认为"等较委婉的说法阐述自己的真实意图。这样的态度会使本来相互提防的谈判变得气氛融洽、情绪愉快。对谈判对手有意运用的情绪策略，要有所防范和采取相应的调控反制对策。

（三）谈判人员应具备的知识

商务谈判所涉及的知识范围极为广泛，要求谈判人员应当具备“T”形知识结构。也就是说，不仅在横向方面有广博的基础知识，而且在纵向方面要有精深的专业知识。

1. 横向方面的基础知识

一名优秀的谈判人员必须具备完善的相关学科的基础知识。基础知识是谈判人员智慧和才能的基石，它决定着谈判人员在全程谈判活动中的修养和风度。它的涵盖面非常广阔，涉及语言学、逻辑学、社会学、心理学、行为学、经济学、管理学、财务学等学科领域，还包括天文、地理、历史和文学等知识。谈判人员应具备的横向基础知识主要包括以下几个方面：

第一，了解与商务谈判相关的法律和法规，包括合同法、贸易法、技术转让法、外汇管理法以及有关国家税法方面的知识。

第二，了解谈判所涉及商品在国际、国内的生产状况和市场供求关系。

第三，了解谈判所涉及商品的市场价格水平及其变化趋势。

第四，了解谈判所涉及商品的技术要求和质量标准，熟悉谈判所涉及商品的性能、特点及用途。

第五，了解谈判所涉及商品的生产潜力或发展的可能性。

第六，懂得谈判心理学和行为科学。

第七，了解各国、各民族的风土人情和风俗习惯。

2. 纵向方面的专业知识

优秀的谈判人员除了必须具备宽广的知识面，还必须具备较精深的专业知识，即专业知识要具有足够的深度。专业知识是谈判人员在谈判活动中必须具备的知识，没有系统而精深的专业知识功底，就无法顺利地进行谈判。谈判人员应具备的纵向专业知识主要包括以下几个方面：

第一，必须掌握商务谈判知识，如分析影响商务谈判的各种因素，掌握商务谈判的谋略和技巧，熟悉商务谈判程序等。

第二，必须掌握洽谈交易过程中可能涉及的各种商务知识，如商业业务知识、市场知识、金融知识、财务知识、国际贸易和国际惯例知识、运输与保险知识、国际结算知识等。

第三，有丰富的谈判经验与应付谈判过程中出现的复杂情况的能力。

第四，熟悉不同国家谈判人员的风格和特点。

总之，拓宽知识视野，深化专业知识，猎取有助于谈判的广博而丰富的知识，能使谈判人员在谈判的具体操作中胸有成竹，有助于谈判人员取得谈判的成功。

【课堂拓展】

唐诗一句值千税

法国是盛产葡萄酒的国家，有较高的葡萄酒酿制技术和鉴别能力。国外的葡萄酒想打入法国市场是很难的。然而我国四川农学院留法研究生李华博士经过几年的刻苦努力，终于使中国的葡萄酒奇迹般地打入了法国市场。可当葡萄酒从香港转口时，港方却说：中国的葡萄酒属于洋酒，洋酒要征300%的关税，若按土酒（本国产的酒）只征80%的关税。在这种不利情况面前，李华博士吟出一句唐诗：“葡萄美酒夜光杯，欲饮琵琶马上催。”并解释说，“此诗说明早在中国唐朝就能够酿制葡萄酒了，唐朝距今已有一千多年的历史。而英国、法国生产葡萄酒的历史要比中国晚几个世纪，怎么能说中国的葡萄酒是洋酒呢？”李华博士用一句唐诗驳得港方无言以对，只好承认中国的葡萄酒属于土酒。这样，只交纳了80%的关税，真可谓唐诗一句值千税！

任务四　准备谈判场地

一、选择谈判场地

谈判总是要在某一个具体的地点展开的。商务谈判地点的选择往往涉及一个谈判环境心理因素的问题，它对谈判效果具有一定的影响，谈判者应当很好地加以利用。有利的地点、场所能够增强己方的谈判地位和谈判力量。

商务谈判的地点选择与足球比赛的赛场安排有相似之处，一般有四种选择：一是在己方国家或公司所在地谈判（主场），二是在双方所在的国家或公司所在地谈判（客场），三是在双方所在地交叉谈判（主客场轮流），四是在谈判双方之外的国家或地点谈判（主客场以外场地）。不同地点对于谈判者来说，均各有其优点和缺点，主要谈判者应根据不同的谈判内容具体问题具体分析，正确地加以选择，充分发挥谈判地点的优势，促使谈判取得圆满成功。

（一）在己方地点谈判

谈判的地点最好选择在己方所在地，因为人类与其他动物一样，是一种具有“领域感”的高级动物，谈判者的才能的发挥程度、能量的释放和所处的环境密切相关。在己方地点谈判的优势表现在：谈判者在自己领地谈判，地点熟悉，具有安全感，心理态势较好，信心十足；谈判者不需要耗费精力去适应新的地理环境、社会环境和人文环境，可以把精力集中用于谈判；可以利用种种便利条件，控制谈判气氛，促使谈判向有利于己方的方向发展；可以利用现场展示的方法向对方说明己方产品水平和服务质量；在谈判中“台上”人员与“台下”人员的沟通联系比较方便，可以随时向高层领导和有关专家请示、请教，获取所需资料和指示；利用东道主的身份，可以通过安排谈判之余的各种活动来掌握谈判进程，从文化习惯上、心理上对对方产生潜移默化的影响，处理各类谈判事务比较主动；谈判人员免除旅途疲劳，可以以饱满的精神和充沛的体力去参加谈判，并可以节省去外地谈判的差旅费用和旅途时间，降低谈判支出，提高经济效益。

对己方的不利因素表现在：在己方公司所在地谈判，不易与公司工作彻底脱钩，经常会有公司事务分散谈判人员的注意力；离高层领导近，联系方便，会产生依赖心理，一些问题不能自主决断，而频繁的请示领导也会造成失误和被动；己方作为东道主主要负责安排谈判会场以及谈判中的各项事宜，要负责对客方人员的接待工作、安排宴请、游览等活动，所以己方的负担比较重。

商务谈判最好争取安排在己方所在地点谈判。犹如体育比赛一样，在主场获胜的可能就大。有经验的谈判者，都设法把对方请到己方地点，热情款待，使己方得到更多的利益。

（二）在对方地点谈判

在对方地点谈判，对己方的有利因素表现在：己方谈判人员远离家乡，可以全身心投入谈判，避免主场谈判时来自工作单位和家庭事务等方面的干扰；在高层领导规定的范围，更有利于发挥谈判人员的主观能动性，减少谈判人员的依赖性；可以实地考察对方公司及其产品的情况，能获取直接的、第一手的信息资料；当谈判处于困境或准备不足时，可以方便地找到借口（如资料欠缺、身体不适、授权有限需要请示等），从而拖延时间，以便做出更充分的准备；己方省去了作为东道主所必须承担的招待宾客、布置场所、安排活动等事务的繁杂工作。

对己方的不利因素表现在：与公司本部的距离遥远，某些信息的传递、资料的获取比较困难，某些重要问题也不易及时与本公司磋商；谈判人员对当地环境、气候、风俗、饮食等方面会出现不适应，再加上旅途劳累、时差不适应等因素，会使谈判人员身体状况受到影响；在谈判场所的安排、谈判日程的安排等方面处于被动的地位；己方也要防止对方过多地安排旅游等活动而消磨谈判人员的精力和时间。到对方地点去谈判必须做好充分的准备，比如摸清领导的意图要求，明确谈判目标，准备充足的信息资料，组织好谈判班子等。

（三）在双方所在地交叉轮流谈判

有些多轮大型谈判可在双方所在地交叉谈判。这种谈判的好处是对双方来说至少在形式上是公平的，同时也可以各自考察对方实际情况。各自都担当东道主和客人的角色，对增进双方相互了解、融洽感情是有好处的。它的缺点是这种谈判时间长、费用大、精力耗费大，如果不是大型的谈判或是必须采用这种方法谈判，一般应少用。

（四）在第三地谈判（主客场地以外的地点谈判）

在第三地谈判对双方的有利因素表现在：在双方所在地之外的地点谈判，对双方来讲是平等的，不存在偏向，双方均无东道主优势，也无做客他乡的劣势，策略运用的条件相当，可以缓和双方的紧张关系，促成双方寻找共同的利益均衡点。对双方的不利因素表现在：双方首先要为谈判地点的确定而谈判，而且地点的确定要使双方都满意也不是件容易的事，在这方面要花费不少时间和精力。第三地谈判通常被相互关系不融洽、信任程度不高，尤其是被过去是敌对、仇视、关系紧张的双方的谈判所选用，可以有效地维护双方的尊严，防止下不了台。

二、布置谈判场地

（一）谈判场地布置的目的与原则

当谈判双方经过协调，选择其中一方所在地谈判地点时，按照惯例，所在地一方即谈判的东道主应负责谈判地点的场景布置以及准备与谈判相关的各种物品。此时，作为谈判中的东道主，如果能巧妙地运用“地利”之便，使空间环境因素真正发挥其作用，则可以有效地促进谈判走向成功。东道主对空间因素的利用，首先体现在对于谈判地点和谈判场景的精心选择与巧妙安排上。东道主通过这种精心的选择与安排，创造出一种有利于达成协议和取得谈判成功的气氛，这一点受到中外诸多谈判名家的重视，并且这方面也有很多成功的例证。

谈判场景布置的目的是创造出一种有利于达成协议和取得谈判成功的环境和气氛。因此，创造谈判氛围，要综合各方面因素周密考虑，不可脱离具体情况妄加渲染，否则，矫枉过正、过犹不及，反而起不到好的效果。

（二）谈判场地布置的具体工作

1. 酒店欢迎横幅

与酒店协商在酒店大门口显眼的位置打上横幅。

2. 酒店“流水牌”安排

在酒店内部从大堂到会议室的通道上树立显眼的“流水牌”，从对方代表所住楼层的电梯间到谈判会议室安放显眼的“流水牌”。方便对方谈判代表不论是从外部进入酒店还是从酒店房间都能很方便地找到谈判会议室。

3. 会议室横幅安排

如果谈判中会用到投影仪，在屏幕的上方挂上“祝谈判取得圆满成功”内容的横幅，也可以挂在对方谈判代表座位对面的墙上，可以提醒对方取得谈判的成功是我们共同的首要目标。

4. 会议室的布置

色彩选择，即选择、确定谈判场景的总体色调，这是谈判场景布置时首先要进行的工作。一般而言，谈判场景的总体色调应以暗色、暖色为主。这是因为，明亮的色调容易使人情绪过于活跃，在谈判中使双方产生急躁情绪，而采用暖色容易使双方建立信任感，冷色可以产生一种形成适宜心理氛围的距离感。所以，谈判场景的总体色调一般采用暗红色、褐色、暗黑色或赭石色，但是，总体色调也不能过于暗淡，否则会给人以压抑的感觉，不利于最后的签约。

如果谈判场景的总体色调过于暗淡，那么可以引入一些亮色进行调整，如绿色、浅红色、蓝色、银白色等。具体方法有：

第一，用鲜花均匀点缀在会场内。这种方法最好，不仅可以起到调节色调的作用，而且还会给人一种生气勃勃的感觉，从而在一定程度上有利于打破僵局。

第二，使用白色或银白色的茶具。

第三，利用灯光进行调节。这种方法的使用范围有限，因为当灯光过于明亮时，容易使人眼睛疲劳，不利于谈判的进行。

5. 会议室谈判桌及座次安排

正式的谈判座次安排通常选用长方形谈判桌，谈判双方各占一边，双方对等。采用这种方式，通常谈判的首席代表居中而坐，己方的其他成员分坐在首席代表两边，双方的首席代表应该坐在平等而相对的座位上。

6. 会议室设备安排

在谈判中，要保证麦克风、音响、投影仪、灯光、电源、计算机、空调等设备工作正常。

7. 辅助文具安排

不管对方是否自己准备，正式的谈判主方都应该为每个谈判代表准备好至少两支削好的铅笔、足够的纸张、计算器等文具。如果谈判中还要涉及画图，也要准备画图工具。这些工作也可以在租赁会议室时交由酒店负责。

8. 茶水、饮品安排

一般情况下选择咖啡、茶水或者矿泉水。

9. 休息时间水果及糕点安排

一般可在谈判中间安排休息时间。一方面是因为要为谈判者考虑到上洗手间的问题；另一方面，如果谈判进行得不顺利，谈判出现较为激烈的场面不利于谈判的进行时，主方可以提议休息一会儿以缓和气氛。在休息的时间可以安排大家用一点时令水果或者糕点。酒店一般都会提供这样的服务，如果酒店不提供，也可以自己安排。

【课堂拓展】

阳光刺眼

有时候，你在和谈判对手你来我往之间，常会感到自己置身于不利的处境中，一时又说不出为什么。这可能是对手故意设计的，用来干扰和削弱己方的谈判力。比如，座位阳光刺眼，看不清对手的表情；会议室纷乱嘈杂，常有干扰和噪音；疲劳战术，连续谈判；在己方疲劳和困倦的时候提出一些细小但比较关键的改动，己方难以觉察。更甚的是，利用外部环境形成压力。例如，我国知识产权代表团首次赴美谈判时，纽约好几家中资公司都“碰巧”关门，忙于应付所谓的反倾销活动，美方企图以此对我国代表团造成一定的心理压力。

遭到“阳光刺眼”策略时，应该立即提出拉上窗帘或者更换座位。而我们经常会碍于面子，默默忍受，没有即时提出。

任务五　进行模拟谈判

所谓模拟谈判，也就是正式谈判前的“彩排”。它是商务谈判准备工作中的最后一项内容，即从己方人员中选出一些人扮演谈判对手的角色，提出各种假设和臆测，从对手的谈判立场、观点、风格等方面出发，和己方主谈人员进行谈判的模拟练习和实际表演。虽然谈判之前已经制订了详细的计划，并且事先制定了谈判目标，但是谈判过程是一个动态的复杂的过程，有一些不可预知的事情随时会发生，通过模拟谈判，会找到一些应急的措施，对实际的谈判会有很大的帮助。

一、模拟谈判的必要性

模拟谈判可以检验己方的谈判方案，而且也能使谈判人员提早进入实战状态。模拟谈判的必要性表现在以下几个方面。

（一）提高应对困难的能力

模拟谈判可以使谈判者获得实际经验，提高应对各种困难的能力。很多成功谈判的实例和心理学研究成果都表明，模拟谈判不仅能够提高谈判者的独立分析能力，而且对心理准备、心理承受、临场发挥等方面都是很有益处的。在模拟谈判中，谈判者可以一次又一次地扮演自己、扮演对手，从而熟悉实际谈判中的各个环节。这对初次参加谈判的人来说尤为重要。

（二）检验谈判方案是否周密可行

谈判方案是对未来将要发生的正式谈判的预先安排，其可行性如何、谈判过程中会遇到哪些困难、出现哪些新问题等，通过模拟谈判来检验和解决。此外，谈判人员受到知识、经验、思维方式、考虑问题的立场、角度等因素的局限，其制订的谈判方案难免会有不足之处。事实上，谈判方案是否完善，只有在正式谈判中才能得到真正检验。模拟谈判是对正式谈判的模仿，与正式谈判较接近，因此能够较为全面严格地检验谈判方案是否切实可行，检查谈判方案存在的问题和不足，以便及时修正和调整谈判方案。

（三）训练和提高谈判能力

站在对手的立场提问题，有利于发现己方谈判方案中的错误，并且能预测对方可能从哪些方面提出问题，以便事先拟定出相应的对策。正如美国著名企业家维克多·金姆说的那样，“任何成功的谈判，从一开始就必须站在对方的立场来看问题。”角色扮演的技术不但能使谈判人员了解对方，也能使谈判人员了解自己，因为它给谈判人员提供了客观分析自我的机会，注意到一些平时容易忽视的失误。

【课堂拓展】

参加国际会议前的模拟谈判

1954 年，我国派出代表团参加日内瓦会议。因为是中华人民共和国成立后第一次与西方国家打交道，没有任何经验。代表团在出发前进行了反复的模拟练习。由代表团的同志为己方，其他人分别扮演西方各国的新闻记者和谈判人员，提出各种“刁难”问题。代表团的同志在这种对抗中，及时发现问题并给予解决。经过充分的准备，我国代表团在日内瓦会议期间的表现获得了国际社会的一致好评。

二、模拟谈判的任务

模拟谈判的任务包括：

(1) 检验己方谈判的各项准备工作是否到位，谈判各项安排是否妥当，谈判的计划方案是否合理。

(2) 寻找被己方忽略的环节，发现己方的优势和劣势，从而提出如何加强和发挥优势、弥补或掩盖劣势的策略。

(3) 准备各种应变对策。在模拟谈判中，需对各种可能发生的变化进行预测，并制定各种相应的对策。

(4) 在以上工作的基础上，制定出谈判小组合作的最佳组合及其策略等。

另外，模拟谈判还有一些具体的问题也需要确定，如确定暗号。商务谈判是协同作战，需要参与谈判的成员密切配合，随时进行必要的信息交流。但是，在谈判中，有些话很难当着谈判对手的面直接用话语的方式进行交流，因此，谈判成员间有必要事先商定一些暗号，既达到相互提示的目的，又不让谈判对手知道。

三、模拟谈判的方法

（一）全景模拟法

全景模拟法是一种在想象谈判全过程的前提下，己方有关人员扮成不同的角色所进行的实战性的排练。这是最复杂、耗资最大但也往往是最有成效的模拟谈判方法。这种方法一般适用于大型的、复杂的、关系到企业重大利益的谈判。在采用全景模拟法时，应注意以下两点。

1. 合理地想象谈判的全过程

有效的想象要求谈判人员按照假设的谈判顺序展开充分的想象，不只是想象事情的发生及结果，更重要的是事物发展的全过程。想象在谈判中双方可能发生的一切情形，并依照想象的情况和条件，演习双方交锋时可能出现的一切局面，如谈判后的气氛，对方可能提出的问题，己方的答复，双方的策略、技巧等问题。合理的想象有助于使谈判的准备更充分、更准确。这是全景模拟法的基础。

2. 尽可能扮演谈判中所有会出现的人物

这有两层含义：一方面是指对谈判中可能出现的人物都有所考虑，要指派合适的人员对这些人物的行为和作用加以模仿；另一方面是主谈人（或其他在谈判中准备起重要作用的人员）应扮演一下谈判中的每一个角色，包括自己、己方的顾问、对手和他的顾问。这种对人物行为、决策、思考方法的模拟，能使己方对谈判中可能会出现的问题、人物有所预见；同时，处在别人的位置上进行思考，有助于己方制定更加完善的策略。任何成功的谈判，从一开始就必须站在对方的立场和角度上来看问题。而且，通过对不同人物的角色扮演，可以帮助谈判者选择自己所充当的谈判角色，一旦发现自己不合适扮演某人在谈判方案中规定的角色时，可及时加以更换，以避免因角色的不适应而引起的谈判风险。

（二）讨论会模拟法

讨论会模拟法类似“头脑风暴法”。它可分两步：第一步，企业组织参加谈判的人员和一些其他相关人员召开讨论会，请他们根据自己的经验，对企业在本次谈判中谋求的利益、对方的基本目标、对方可能采取的策略、己方的对策等问题畅所欲言。不管这些观点、见解如何标新立异，都不会有人指责，有关人员只是忠实地记录，再把情况上报领导，作为决策的参考。第二步，请人针对谈判中种种可能发生的情况、对方可能提出的问题等提出疑问，由谈判小组成员一一解答。

讨论会模拟法特别欢迎反对意见。这些意见有助于己方重新审核拟定的谈判方案，从多种角度和多种标准来评价方案的科学性和可行性，不断完善准备的内容，提高成功的概率。国外的模拟谈判对反对意见者倍加重视。然而，这个问题在我国企业中长期没有得到应有的重视，讨论会往往变成了“一言堂”，领导往往难以容忍反对意见。这种讨论不是为了使谈判更加完善，而是成了表示赞成的一种仪式，这大大违背了讨论会模拟法的初衷。

（三）列表模拟法

列表模拟法是一种最简单的方法，一般适用于小型的、常规性的谈判。其具体操作过程是：通过对应表格的形式，在表格的一边列出己方经济、科技、人员、策略等方面的所有缺点和对方的目标及策略，另一边相应地罗列出己方针对这些问题在谈判中应采取的措施。这种模拟方法最大的缺陷是它实际上还是谈判人员的一种主观产物，它只是尽可能搜寻问题并列出对策，至于这些问题是否真的会在谈判中发生，这一对策是否能起到预期的作用，由于没有通过实践的检验，因此，不能百分之百地讲这对策是完全可行的。对于一般的商务谈判，只要能达到八九成的胜算就可以了。

四、模拟谈判应注意的问题

模拟谈判的效果如何，直接关系到企业在谈判中的实际表现，而要想使模拟谈判真正发挥作用，需注意以下问题。

（一）科学作出假设

模拟谈判实际就是提出各种假设情况，然后针对这些假设，制定出一系列对策，采取一定措施的过程。因而，假设既是模拟谈判的前提，又是模拟谈判的基础，它的作用是根本性的。按照在谈判中包含的内容，假设可以分为三类：

1. 对客观环境的假设

客观环境包含的内容最多、范围最大，它涉及人们日常生活的环境、空间和时间。其主要目的是估计主客观环境与本次谈判的联系及其影响的程度。

2. 对自身的假设

对自身的假设包括对自身心理素质状况的评估、对自身谈判能力的预测、对企业经济实力的考评和对谈判策略的评价等多项内容。对自身的假设，可以使己方人员正确认识自己在谈判中的地位和作用，以发现差距、弥补不足，在实战中就可以扬长避短，发挥优势。

3. 对对方的假设

对对方的假设主要是预计对方的谈判水平、可能会采取的策略，以及面对己方的策略对方如何反应等关键性问题。

为了确保假设的科学性，首先，应让具有丰富谈判经验的人提出假设，相对而言，这些人的假设准确度较高，在实际谈判中发生的概率大；其次，假设的情况必须以事实为基础，所依据的事实越多越全面，假设的精度也越高，假设切忌的就是纯粹凭想象的主观臆造；最后，我们应认识到，再高明的谈判也不是全部假设在谈判中都会出现的，而且这种假设归根结底只是一种推测，带有偶然性。若是把偶然奉为必然去指导行动，那就是冒险。有的谈判老手就能抓住对手的“假设的必然性”，出其不意地变换套路，实现己方的预期目标。

【课堂拓展】

预料他人的假设

美国的海关已有数百年的历史，想要逃避海关管理条例，又不犯法，简直比登天还难，但有个进口商却得逞了。他的办法就是仔细研究海关的各项规章条例，预料海关人员的一些假设。

进口法国女式皮手套须缴纳高额进口税，因此，这种手套在美国的售价格外昂贵。那个进口商跑到法国，买下了一万副最昂贵的皮手套。随后，他仔细地把每副手套都一分为二，将其中一万只左手套运到美国。

那位进口商一直不去提货。他让货物留存海关，直到过了提货期限。凡遇到这种情况，海关就作为无主货物进行拍卖处理。于是，这一万只舶来的左手套全都被拿出来拍卖。由于一整批左手套毫无价值，这桩生意的投票人只有一个，就是那位进口商的代理人。他只出了一笔微不足道的钱就把它们全部买了下来。

如果那一批右手套到了海关，海关人员是不会让那个进口商的计谋得逞的。然而，那位进口商已预料到了这一招。他还料到，海关人员会假设这些右手套将一次整捆运来。所以，他把那些右手套分装成5 000盒，每盒装两只右手套。他假设，海关官员可能会认为一盒装两只手套，那就是左右手各一只。

这个宝押中了。第二批货物通过了海关，那位进口商只缴了5 000副手套的关税，再加上第一批货拍卖时付的那一小笔钱，就这样，他把一万副手套都弄到美国来了。

海关当局的教训在于：年复一年的工作形成了他们自己的判断，也滋长了偏见。因此，谈判者须不断地检验自己的假设，不断追求对事实的客观理解。

（二）对参加模拟谈判的人员应有所选择

参加模拟谈判的人员，应是具有专门知识、经验和看法的人，而不是只有职务、地位或只会随声附和、举手赞成的人。一般而言，模拟谈判需要下列三种人员：

1. 知识型人员

知识型人员具备的知识是指理论与实践相对完美结合的知识。这类人员能够运用所掌握的知识触类旁通、举一反三，把握模拟谈判的方方面面，使其具有理论依据的现实基础。同时，他们能从科学性的角度去研究谈判中的问题。

2. 预见型人员

预见型人员对模拟谈判很重要。他们能够根据事物的变化发展规律，加上自己的业务经验，准确地推断出事物发展的方向，而且由于他们对谈判中出现的问题相当敏感，往往能对谈判的进程提出独到的见解。

3. 求实型人员

求实型人员有着强烈的脚踏实地的工作作风，考虑问题客观、周密，不凭主观印象代替事实。一切以事实为出发点，对模拟谈判中的各种假设都小心求证，力求准确。

（三）参加模拟谈判的人员应有较强的角色扮演能力

模拟谈判要求己方人员根据不同的情况扮演场上不同的人物，并从所扮演的人物心理出发，尽可能地模仿出他在某一特定场合下的所思所想、所作所为。心理学家研究表明，谈判者作为生活在特定的社会与文化环境中的人，由于周围环境对他的复杂影响和其自身从历史上的经验和过去的认知感受中获得的教训，导致了他必然对周围环境做出独特的反应，并形成自己的个性，而一旦要扮演另一个社会角色时，往往会在内心发生冲突。根据这一情况，一方面企业在安排模拟谈判角色时，要根据己方人员的性格特征有针对性地让其扮演类似的对方人员；另一方面，则要求己方人员具有善于克服在扮演特定谈判角色（特别是这一角色与自己差距很大）时所产生的心理障碍，要善于揣摩对方的行为模式，尽量从对方的角色来思考问题，做出决定。

（四）模拟谈判结束后应及时进行总结

模拟谈判的目的是总结经验、发现问题、弥补不足、完善方案。所以，在模拟谈判告一段落后，须及时、认真地回顾在谈判中己方人员的表现，如对对手策略的反应机敏程度、自身班子协调配合程度等一系列问题，以便为真正的谈判奠定良好的基础。

【课堂拓展】

模拟谈判提高谈判能力

美国有家生产成套设备的跨国公司生产了一种编号为“500”型的新设备，投放市场后，销售势头看好。究其原因，该设备说明书上说明这种设备每小时的运转速度可以达到

1 300 转，但很多客户在实际使用中大大超过了 1 300 转，甚至达到 1 800 转，这样投入产出比大大提高了，所以深受客户欢迎。在超高速运转下，大多数设备情况良好，只有少数设备出了故障。

负责技术设计的副总经理琼斯主张明确规定每小时运转速度不得超过 1 300 转，否则一旦产品普遍发生故障，将对公司的声誉造成极坏的影响。然而，负责销售的副总经理帕克却不同意这种做法，他认为，一旦明文规定每小时运转速度不得超过 1 300 转，必将影响销售，不利于和其他产品的竞争，何况机器的故障报修率远没有达到不可容忍的程度。当然，这种明文规定也会有损于帕克的销售业绩。双方意见不一致，所以决定举行内部谈判。

为了达到谈判的目的，琼斯事先做了扎实的调查研究工作。不仅如此，他还进行了模拟谈判，派人扮演帕克等对手，站在帕克的立场上提出并考虑种种设想，并模拟帕克可能做出的种种反驳。通过模拟谈判，琼斯发现，在己方的设想中，至少存在三个方面的问题：

（1）琼斯设想帕克感兴趣的只是向手下灌输销售神话，这是不符合事实的。

（2）琼斯发现，他对谈判的策划都建立在这种设备运转速度超过 1 300 转之后一定会出问题的基础上，这也是不符合事实的。

（3）在模拟谈判前，琼斯一直认为，对技术设计方面的一切专门知识的掌握，非自己负责的部门莫属，帕克等人对技术一窍不通，这更成问题。

同时，琼斯通过模拟谈判，预计到帕克可能会说琼斯的技术设计部门对公司的销售业务存在的问题丝毫不关心、一无所知等。

在模拟谈判之后，琼斯确定了可行的方案和策略，有问题的地方做了必要的修改和补充。所以，在接下来进行的正式谈判中，局势基本上按照琼斯的预计发展，他一直主动地控制着谈判的进程，在谈判中占有绝对的优势地位。最后，谈判通过了琼斯设想的方案，他取得了圆满成功。

知识运用

1. 一个国家或地区与商务谈判有关的法律、法规和财政金融信息有哪些？

2. 如何了解对方的商业信誉情况？

3. 谈判小组的人员构成应遵循哪些原则？

4. 模拟谈判的作用有哪些？

5. 组织一场“二手汽车销售”的模拟谈判。要求：将全班同学分成小组，分卖方和买方两种立场完成模拟谈判，体会如何使自己的利益尽可能最大化。

6. 留心一件生活中可以进行谈判的事情，制订一份谈判计划并加以实施。

项目六

商务谈判的开局

【项目目标】

1. 学会如何建立谈判气氛。
2. 通过学习，能够熟练地安排谈判议程。
3. 掌握开局的礼仪。
4. 能够恰当地做到沟通谈判意图。
5. 了解商务谈判的开局策略。
6. 熟知谈判开局的技巧。

【项目引导】

握手的妙用

1954年，在日内瓦曾经发生过美国前国务卿杜勒斯不准美国代表团成员与周总理率领的中国代表团成员握手的事情。因此，1972年，尼克松在第一次访问中国下飞机时，要警卫人员把守机舱门，不让其他人下来，以便突出他一下飞机就主动地伸出手来和周总理握手的场面。握手的动作持续的时间不过几秒钟，却给这次谈判营造了一个良好的开端。

俗话说："良好的开端，是成功的一半。"开局的好坏直接影响着整个商务谈判过程，甚至对交易的成败起着决定性的作用。

商务谈判的开局阶段是指谈判准备阶段之后，谈判双方在讨论具体的实质性交易内容之前，相互介绍、寒暄以及就谈判内容以外的话题进行交谈的那段时间。它是在双方已做好了充分准备的基础上进行的，通过本阶段的商谈为以后具体议题的商谈奠定基础。

任务一　谈判气氛的建立

开局是实质性谈判的序幕。开局的效果如何，在很大程度上决定着整个谈判的走向和发展趋势。一个和谐的开局将为谈判的成功奠定良好的基础。因此，谈判人员在开局阶段最首要的任务就是积极营造和谐的谈判气氛。其次，运用自然的话题转入谈判的实质性阶段。最后，在陈述己方观点、立场的同时观察、探测对方的真实意图。有经验的谈判人员，都会充分重视和利用谈判开局，采取各种有效的策略和技巧，使得开局能够在和谐的气氛中顺利进行。

一、谈判气氛的类型

在通常情况下，双方面对面谈判之前，会有一定的预先接触，这一接触对于谈判各方交流、了解彼此的基本情况具有重要意义，能在很短的时间内形成谈判气氛，而这个形成过程，是十分重要的。同时，它也为谈判气氛的形成起到积极的影响作用。

一般来说，每一次商务谈判都有独特的谈判气氛，大体有以下几种类型。

（一）冷淡、对立、紧张的谈判气氛

在这种谈判气氛下，谈判双方见面不关心、不热情；目光不相遇；相见不抬头；相近不握手；在衣着、言语等方面企图压倒对方；交谈时语带双关，甚至带讥讽口吻；带有明显的戒备、不信任的心理状态。双方处于对立情绪之中，整个开局呈剑拔弩张的局面。这种谈判气氛给整个开局蒙上了一层阴影。这一类型的谈判气氛通常是在法院调解、双方利益对立的情况下发生的，常见于贸易纠纷谈判。

（二）松弛、缓慢、旷日持久的谈判气氛

商务谈判中不乏持续性、分阶段性的洽谈。在这种类型的谈判气氛下，双方人员已感厌倦，谈判人员姗姗来迟，进入谈判会场时精神不振，相见时握手例行公事、不紧不松；面部表情麻木、眼视他方；入座时左顾右盼，显出一种可谈可不谈的无所谓的态度；对双方谈判的目标不表示有信心，对对方的谈话不认真倾听，甚至以轻视的口吻发问，双方谈判不断转换话题，处于一种打持久战的气氛之中，彼此之间认为双方的共同点太少，对谈判不抱有希望。这种类型的谈判气氛常见于持续性、阶段性的谈判。

（三）热烈、积极、友好的谈判气氛

在热烈、积极、友好的谈判气氛下，谈判双方态度诚恳、真挚，彼此适应对方的需要；见面时话题活跃，目光和善；入座时互相让座，欣然落座，互相问候，互敬烟茶；谈判时口气轻松，情感愉快，常有幽默感；双方显得精力充沛，兴致勃勃；谈判人员服装整洁，举止大方；双方对谈判的成功充满热情，充满信心，把谈判成功看成友谊的象征。这样一种谈判气氛无疑对谈判的开展起到了一种积极促进的作用。这种谈判气氛常见于谈判双方已经很了解，或者曾经有过愉快的合作的谈判。多数谈判人员都希望在这种气氛下进行谈判。

（四）平静、严肃、严谨的谈判气氛

这种谈判气氛表现为，谈判双方见面时并不热情，握手一触即放，入座时并不相让；讲话时语言主动，句子简练，语速适中；双方目光对视，面带微笑只一闪而过；双方自信而检点，平静而不声张；进入谈判场所速度适中。谈判双方已不是谈判生手，也不是初次见面，而是处于一定的形势和受到一定条件的制约。因此在谈判中相互提防，不会刻意地去营造良好的谈判气氛，并且双方保持相当的冷静，所以无论是传递有声的语言或者无声的语言，表达的信息是相对准确的。在大多数情况下，谈判都是在这种气氛中开始的。

不同的谈判气氛，对于商务谈判有不同的影响。

首先，它可能影响商务谈判的发展方向。谈判气氛可以在不知不觉中把商务谈判朝着某种方向推进。如热烈、积极、友好的谈判气氛，会把商务谈判向达成一致协议的方向推动；而冷淡、对立、紧张的谈判气氛，则会把商务谈判推向更为严峻的境地，甚至导致谈判失败。

其次，它会影响谈判人员的心理、情绪和感觉，从而引起相应的行为反应。如不加以调整和改变，就会强化这种气氛，影响商务谈判的成功。

总的来说，热烈、友好、积极、建设性的谈判气氛有着诚挚、合作、轻松和认真的特点，能够体现出双方达成交易的迫切愿望，有同对方做成生意的诚意。合作，就是双方为实现各自的目标相互配合、相互支持。轻松，就是双方谈判者处于不拘谨、不对立、应付自如的状态。认真，就是以严肃负责的态度，积极主动地搞好商务谈判，力争交易实现。

但有人认为刻意地营造气氛在整个谈判中是没有任何作用的，谈判的实质是洽谈事宜，这些花哨的事情，大可不必。然而营造谈判气氛绝非是做"表面文章"，友好、热烈的气氛有助于谈判的顺利进行。因为，在谈判开始的瞬间，谈判人员大脑的活动十分活跃。首先是外部刺激信号的接收，即对方走进谈判场所的情景、目光、姿势、手势、动作、态度、语气、声调等都会对谈判人员的大脑产生影响。其次是对这些信号的反应，比较典型的情况是谈判双方或某一方会表现出对谈判感到紧张、信心不足、猜疑，甚至是防范心理。所以，在谈判开局时，每个谈判人员都要把自己看做是谈判环境的一部分，做好充分的思想准备，巧妙地以恰当的信号刺激对方或接收信号，争取在短暂的时间内创造出积极、融洽的谈判气氛。

二、谈判气氛的作用

（1）良好的谈判气氛，有利于谈判双方和谐沟通，促成谈判。

（2）良好的谈判气氛，有利于谈判双方互相信任。

（3）良好的谈判气氛，有利于谈判双方增进感情，促成长期合作等。

（4）良好的谈判气氛，有利于谈判者双方调整情绪和行为方式，进而影响到谈判的发展。

【课堂拓展】

松下在寒暄中失去先机

日本松下电器公司创始人松下幸之助先生刚"下海"时，曾被批发商以寒暄的形式试探了底细，因而使产品的收入大受损失。

当他第一次到东京找批发商谈判时，刚一见面，批发商就友善地对他寒暄说："我们第一次合作吧？以前我好像没见过你。"批发商想用寒暄托词，来试探对手究竟是生意场上的老手还是新手。松下先生没有经验，恭敬地回答："我是第一次来东京，什么都不了解，请多关照。"正是这句极为平常的寒暄回答却使对手获得了重要的信息：对方原来只是个新手。批发商问："你想以什么价钱卖出你的东西？"松下又实在地告诉对方："我们的产品每件成本是 20 元，我打算卖 25 元。"

对手知道松下在东京人生地不熟，又显现出急于要为产品打开销路的心思，因此趁机杀价，"你第一次来东京做生意，刚开张应该卖的更便宜些。每件 20 元，怎么样？"结果没有经验的松下先生在这次谈判中吃了亏。

三、合理利用营造谈判气氛的各种因素

【课堂拓展】

联想汉卡曲折获奖路

郭为作为神州数码最大的个人股东、CEO 兼执行董事，他将联想汉卡已经评下来的国家科技进步二等奖通过复议变成了中国计算机领域第一个国家科技进步一等奖，在这个过程中，他就特别善于营造有利于自己的谈判氛围。

当时，联想高层认为联想汉卡应该被评为一等奖，于是决定启动复议，通过谈判打动和说服评委。这项重任就落在了郭为的身上。但是，评委们都是国家各个领域里一流的专家，无论如何也不会轻易被郭为的意见所左右。在 50 位评委中获得 10 位评委支持都很难，要获得 2/3 的专家同意更是难上加难，而且国家科技奖励办公室的一位主任干脆让手下的工作人员传来一句话："我们还没干过把二等奖改成一等奖的事呢，倒是干过把二等奖改成三等奖。"在这种情况下，很多专家也有顾虑，甚至直接表示怕产生不必要的"麻烦"，根本不愿见郭为。

怎样才能完成领导交给的重任呢？郭为首先开始营造有利于自己的谈判氛围。他精心策划了媒体攻势，首选几家有影响的重量级的报纸，开始连篇累牍地宣传联想汉卡。这些大报的观点和呼声都在为联想汉卡第二"鸣冤叫屈"。读者也对评委的意见纷纷发出质疑。几周的攻势下来，专家们也有些疑惑："是不是原来的评审结果有点问题？"在媒体的声势见效之后，郭为一家家去拜访专家。他压根不谈改判的事情，恭敬地对他们说："我只是请您到我们公司来，再一次给您展示联想汉卡。"就这样，郭为把专家们一个个请过来。自然，先前的媒体宣传已经在他们的头脑中先入为主了。在友好沟通的氛围中，联想汉卡最终拿下了国家科技进步一等奖。

开局阶段的谈判气氛会对整个谈判过程产生重要的影响和制约作用。为了达到互惠双赢的目的，谈判人员在开局阶段就要建立一个诚挚、友好、合作、轻松的洽谈气氛，为后续的谈判工作打下良好的基础，因此就要充分利用各种因素，建立良好的气氛。

（一）营造轻松的谈判环境

1. 谈判地点的选择

谈判地点的选择对谈判人员的心理有着较强的影响。在主场谈判，可以随时请教领导和有关专家，以及查阅资料等，在生活方面可以不受影响，能以较为放松、愉悦的心情占据优势地位。在客场，谈判一方的谈判人员会有诸多的不便，但是也有一定的好处，就是以权力有限为借口，暂时中止谈判，以便深入思考相关问题。一般来说，在谈判前期，双方在安排谈判事宜的时候，应尽量将谈判地点选择在己方所在地。

2. 谈判室的环境布置

谈判室最好选择在相对安静，没有外人干扰的地方。房间的大小、光线要适中。桌椅摆放紧凑但不拥挤，以方便谈判小组成员和谈判双方之间的沟通。谈判房间的色调要简洁明快，使人的心情保持愉悦。一般说来，前几次谈判涉及的都是相对重要的事项，在这些重要事项结束后，对于一般的无关紧要的事项可以安排在娱乐休闲的公共场合进行，以便使双方在身心愉悦的情况下，顺利进行洽谈磋商。

（二）塑造良好的个人形象

1. 表情、眼神

谈判人员目光的交流十分重要，眼睛是心灵的窗户，谈判人员心理的微小变化都会通过眼神表现出来。双方通过对方眼神的变化，来窥测其心理情况。西方心理学家认为，谈判双方第一次目光交流意义最大，对手是诚实还是狡猾，是活泼还是古板，一眼就可以看出来。友好的谈判气氛有利于谈判的进程，谈判人员应做到恰当的变化，以适应谈判交流的过程，同时务必真实、自然。观察脸部表情时应特别注意：

第一，面无表情，会使魅力与信用降低。

第二，脸上的表情，只有善变和用得恰当，才可能产生正确的交流作用。

第三，脸上的表情务必率真、自然。

第四，脸上表情的表达关键在于眼睛的变化。当然除了眼睛之外，口唇的变化、脸部肌肉的变化，也自然会改变脸上的表情。

2. 仪表礼节

谈判人员的服饰应与谈判的环境相适应，需要注意服饰的颜色、款式的搭配。一般谈判人员的着装以正装为主，保持衣服的整体搭配和干净整洁，同时又要兼顾谈判对方的文化习俗。

3. 行为语言

在谈判开始之前，双方会有步入会场、打开会议室门、拉开椅子、与对方握手等无声的语言，这些无声的语言是最有效地向对方传送信息的方式。例如，大步流星进入会场，会让对方判断己方的性格比较急躁；握手时毫无力度，会让对方判断己方对本次谈判没有合作的诚意，只是流于应付。因此，在谈判开始之前也需要注意这些细节，避免对方找到可用的信息，调整谈判策略，使己方陷于被动。所以谈判人员的行为举止要大方稳重，做到以礼相待。

（三）选择中性的话题

在谈判开始之时，双方人员较为紧张，可以进行一些开场白，从一些比较轻松的话题入手，来缓和紧张的情绪，如旅途经历、娱乐事件、彼此的兴趣爱好等，或是曾经有过的合作事项，以及曾接触过的共同的客户等。这些话题一般都与本次谈判内容无关，容易产生共鸣，调动双方友好的情绪，增强双方合作的意向，有利于创造和谐的谈判气氛。但开场白的时间不宜过长，如若过长，会使谈判对方感到反感，甚至怀疑合作的诚意。

【课堂拓展】

开局时的“好消息”

中国一家彩电生产企业准备从日本引进一条生产线，于是与日本一家公司进行了接触，双方分别派出了谈判小组进行谈判。谈判那天，当双方谈判代表刚刚就座，中方的首席代表（副总经理）就站了起来，他对大家说：“在谈判开始之前，我有个好消息要与大家分享，我的太太在昨天夜里为我生了一个大胖儿子。”此话一出，中方职员纷纷站起来向他道贺，日方代表也站起来向他道贺，整个谈判会场的气氛顿时高涨起来，谈判进行得非常顺利。中方企业以合理的价格顺利地引进了一条生产线。

（四）保持平和的心态

“好的开始是成功的一半”，这句话足以看出开始阶段的重要性，在这个环节进行必要的准备是无可厚非的。因此，有的谈判方会在这个阶段使用一些策略，如使用冷言冷语、无理取闹、抓住一个把柄恣意放大等行为，在开始就占据上风。另外的一方切不可将这些事情放在心上，应该认为这是一种策略，及时调整谈判思路，以平和的心态迎接下一步工作。

（五）巧妙地利用传播媒介

谈判的主体通过传播媒介向对方传递意图，施加心理影响，制造有利于自己的谈判气氛或启动谈判的背景。许多谈判在没有正式开始以前，舆论的准备往往就已经开始了，并发挥了相当大的作用。有效地制造谈判舆论气氛，可以引导谈判双方走到谈判桌前，并开始谈判。

制造谈判舆论气氛的四个要素：谈判主体，即由谁来从事这一工作，可以是谈判者，也可以是其他人；采用的工具，即采用各种传播媒介；接受对象，即所造就的舆论气氛要影响和感染哪些人；采用的方式，即结合我方谈判的目的及谈判对象的特点，确定以什么形式、什么内容，来最有效地影响谈判对象，为谈判的正式开始做好铺垫。在这四个要素中，前三者构成了制造谈判舆论气氛的基本条件，而后一个要素是必要条件，四者缺一不可。

古往今来，人们都非常注意利用传播媒介来制造谈判舆论气氛。大众传播媒介的形式从过去影响范围极小的口头传播、手抄传播，发展到现在的大规模的印刷传播，以及传播迅速、影响极其广泛的电子传播。这种传播媒介的作用，已经从沟通某种情况、传递某个信息，发展到影响人们的思考，甚至改变其生活方式和价值取向。在引导案例中，郭为就采取了有影响力的报纸宣传联想汉卡，在舆论的作用下，使专家不得不对自己的判断产生质疑。现在各种谈判被形形色色的传播工具运载，使得谈判信息比比皆是，也使制造谈判舆论气氛的重要性日益突出。因此，如何利用传播媒介已成为商务谈判的谈判双方不得不考虑的一个方面。

（六）谈判座次

座次安排是有学问的，谈判座次的安排也是影响谈判空间环境的重要因素之一。座次的安排代表了许多用言语难以表达的意义，其细微之处，有可能会对谈判者的心理产生明显的影响，同时，也会对整个谈判氛围产生微妙的影响。因此，谈判的座次安排是谈判场景布置中不得不慎重考虑的内容。

俗话说：心急吃不了热豆腐。谈判是双方互动的活动，在尚未营造出理想的谈判氛围之前，不能只考虑自己的需要，更不能不讲效果地提出要求。在“联想汉卡曲折获奖路”案例中，试想如果郭为与专家一见面就提出改判要求，对方肯定是难以接受的，那样，不但目的达不到，还会使谈判陷入僵局。在精心营造好谈判氛围后，目的达到也就水到渠成了。

任务二　谈判开局策略

开局策略是谈判者谋求谈判开局有利地位，实现对谈判开局的控制而采取的行动方式或手段。有经验的谈判人员都能在这一阶段采取各种有效措施，充分发挥其积极作用，使谈判向着健康的方向发展。

一、典型的开局策略

谈判的开局关系到整个谈判的方向和进程，所以，在商务谈判中显得尤为重要。谁率先掌握了准确又详尽的信息，谁就较容易施展谋略，掌握谈判的主动权，控制谈判的方向、节奏，更好地为自身的利益服务。下面介绍几种典型的、基本的谈判开局策略。

（一）一致式开局

一致式开局策略是指在谈判开始时，为使对方对己方产生好感，以协商、肯定的方式建立起对谈判“一致”的感觉，从而在愉快而友好的气氛中将谈判引向深入的一种开局策略。心理学研究表明，人们通常会对那些与自己想法一致的人产生好感并愿意将自己的想法按照那些人的观点进行调整。这一结论正是一致式开局策略的心理学基础。

一致式开局策略的目的在于创造取得谈判成功的条件。运用一致式开局策略的方式有很多。例如，在谈判开始时，以一种协商的口吻征求谈判对手的意见，然后对其意见表示赞同和认可，并按照其意见开展工作。运用这种方式时要注意的是，拿来征求对手意见的问题应该是无关紧要的问题，对手对该问题的意见不会影响己方的利益。另外，在赞成对方意见时，态度不要过于谄媚，要让对方感觉到是出于尊重，而不是奉承。

一致式开局策略的运用还有一种重要方式，就是在谈判开始时以问询方式或补充方式诱使谈判对手步入既定安排，从而在双方间达成一种一致和共识。所谓问询方式，是指将答案设计成问题询问对方。例如，问：“你看我们把价格及付款方式问题放到后面讨论怎么样?”所谓补充方式，是指对对方的意见进行补充，使己方的意见变成对方的意见。采用问询方式或补充方式，使谈判逐步进入开局。

【课堂拓展】

一致式开局策略的运用

1972 年 2 月，美国总统尼克松访华，中美双方将要展开一场具有重大历史意义的国际谈判。为了创造一种融洽和谐的谈判环境和气氛，我方在周恩来总理的亲自领导下，对谈判过程中的各种环境都做了精心而又周密的准备和安排，甚至对宴会上要演奏的中美两国民间乐曲都进行了精心的挑选。在欢迎尼克松一行的国宴上，当军乐队熟练地演奏起由周总理亲自选定的《美丽的亚美利加》时，尼克松总统简直听呆了，他绝没有想到能在中国的北京听到如此熟悉的乐曲，因为这是他最喜爱的并且指定在他的就职典礼上演奏的家乡乐曲。敬酒时，他特地到乐队前表示感谢，此时，国宴达到了高潮，一种融洽而热烈的气氛感染了每位美国客人。一个小小的精心安排，赢得了和谐融洽的谈判气氛，这不能不说是一种高超的谈判艺术。

日本首相田中角荣 20 世纪 70 年代为恢复中日邦交正常化到达北京，他怀着等待中日最高首脑会谈的紧张心情在迎宾馆休息。迎宾馆内温度舒适，田中角荣的心情也十分舒畅，与随行的陪同人员谈笑风生。他的秘书早饭茂三仔细地看了一下房间的温度计，是“17.8 摄氏度”。这一田中角荣习惯的“17.8 摄氏度”使得他心情舒畅，也为谈判的顺利进行创造了条件。

《美丽的亚美利加》乐曲、“17.8 摄氏度”的房间温度，都是针对特定的谈判对手、为了更好地实现谈判目标而进行的一致式开局策略的运用。

（二）保留式开局

保留式开局策略是指在谈判开局时，对谈判对手提出的关键性问题不作彻底、确切的回答，而是有所保留，从而给对手造成神秘感，以吸引对手进入谈判。

运用保留式开局策略时，应注意不要违反商务谈判的道德原则，即以诚信为本，向对方传递的信息可以是模糊信息，但不能是虚假信息，否则，会陷于非常难堪的局面。

【课堂拓展】

保留式开局策略的运用

江西省某工艺雕刻厂原是一家濒临倒闭的小厂，经过几年的努力，发展为产值两百多万元的规模，其产品打入日本市场，战胜了其他国家在日本经营多年的厂家，被誉为“天下第一雕刻”。有一年，日本三家株式会社的老板在同一天先后到该厂订货。其中一家资本雄厚的大商社，要求原价包销该厂的佛坛产品。

这应该说是好消息。但该厂想到，这几家原来都是经销韩国、我国台湾地区产品的商社，为什么不约而同到本厂来订货？他们查阅了日本市场的资料，得出的结论是：本厂的产品所用木材质量上乘、雕刻技艺高超是吸引外商订货的主要原因。

于是，该厂采用了“待价而沽”“欲擒故纵”的谈判策略，先不理那家大商社，而是积极抓住两家小商社求货心切的心理，把佛坛的梁、榴、柱分别与其他国家的产品作比较。在此基础上，该厂围绕产品争价钱、论成色，使其价格达到理想的高度。首先与小商社拍板成交，使那家大客商产生失去货源的危机感。该大客商不仅更急于订货，而且想垄断货源，于是大批订货，以致订货数量超过该厂现有生产能力的好几倍。

本案例中，该厂巧于审势布阵，先与小客商谈，并非疏远大客商，而是牵制大客商，促其产生失去货源的危机感，这样订货数量和价格才有大幅增加。

（三）坦诚式开局

坦诚式开局策略是指以开诚布公的方式向谈判对手陈述己方的观点或想法，从而为谈判打开局面。坦诚式开局策略比较适合于有长期业务合作关系的双方，以往的合作双方比较满意，彼此比较了解，不用太多的客套，直接坦率地提出己方观点、要求，反而更能使对方对己方产生信任感。

采用这种开局策略时，要综合考虑多种因素，例如己方的身份、与对方的关系、当时的谈判形势等。坦诚式开局策略有时也可用于谈判实力弱的一方。当己方的谈判实力明显不如对方，并为双方所共知时，坦率地表明己方的弱点，让对方加以考虑，更能表明己方的诚意，同时也能表明己方对谈判的信心和能力。

【课堂拓展】

坦诚式开局策略的运用

北京某区一位党委书记在同外商谈判时，发现对方对自己的身份持有强烈的戒备心理。这种状态妨碍了谈判的进行。于是，这位党委书记当机立断，站起来对对方说道：“我是党委书记，但也懂经济、搞经济，并且拥有决策权。我们摊子小，并且实力不大，但人实在，愿意真诚与贵方合作。咱们谈得成也好，谈不成也好，至少你这个外来的‘洋’先生可以交一个我这样的‘土’朋友。”

寥寥几句肺腑之言，打消了对方的疑虑，使谈判顺利地向纵深发展。

（四）进攻式开局

进攻式开局策略是指通过语言或行为表达己方强硬的姿态，从而获得谈判对手必要的尊重，并借以制造心理优势，使谈判顺利地进行下去。

采用进攻式开局策略一定要谨慎。因为在谈判开局阶段就设法显示己方的实力，使谈判双方一开始就处于剑拔弩张的气氛中，对谈判进一步发展极为不利。

通常，只在这种情况下使用进攻式开局策略：发现谈判对手在刻意制造低调气氛，这种气氛对己方的讨价还价十分不利，如果不把这种气氛扭转过来，将损害己方的切实利益。进攻式开局策略可以扭转不利于己方的低调气氛，使之走向自然气氛或高调气氛。但是，进攻式开局策略也可能使谈判陷入僵局。

【课堂拓展】

进攻式开局策略的运用

日本一家著名汽车公司刚刚在美国登陆，急需找一个美国代理商来为其推销产品，以弥补它们不了解美国市场的缺陷，当日本公司准备同一家美国公司谈判时，谈判代表因为堵车迟到了，美国代表抓住这件事情紧紧不放，想以此为手段获得更多的优惠条件，日本代表发现无路可退，于是站起来说："我们十分抱歉耽误了你的时间，但是这绝非我们的本意，我们对美国的交通状况了解不足，导致了这个不愉快的结果，我希望我们不要再因为这个问题耽误宝贵的时间了，如果因为这个事怀疑我们的诚意，那么我们只好结束这次谈判，我认为，我们所提出的优惠条件是不会在美国找不到合作伙伴的。"日本代表的一席话，让美国代表哑口无言，美国人也不想失去一次赚钱的机会，于是谈判顺利进行下去。

（五）挑剔式开局

挑剔式开局策略是指开局时对对手的某项错误或礼仪失误严加指责，使其感到内疚，从而达到营造低调气氛、迫使对手让步的目的。

【课堂拓展】

挑剔式开局策略的运用

巴西一家公司到美国去采购成套设备。巴西谈判小组成员因为上街购物耽误了时间，当他们到达谈判地点时，比预定时间晚了 45 分钟。美方代表对此极为不满，花了很长时间来指责巴西代表不遵守时间、不遵守信用，"如果老这样下去的话，以后很多工作很难合作""浪费时间就是浪费资源、浪费金钱……"，对此，巴西代表感到理亏，只好不停地向美方代表道歉。谈判开始以后，美方代表似乎还对巴西代表来迟一事耿耿于怀，一时间弄得巴西代表手足无措、处处被动，无心与美方代表讨价还价，对美方提出的许多要求也没有静下心来认真考虑，匆匆忙忙就签订了合同。

等到合同签订以后，巴西代表平静下来时，才发现自己吃了大亏、上了美方的当，但为时已晚。

本案例中，美国谈判代表成功地使用了挑剔式开局策略，迫使巴西谈判代表自觉理亏，在来不及认真思考的情况下匆忙签下对美方有利的合同。

以上介绍了五种开局策略，谈判人员在选择开局策略时，应综合考虑谈判的内容与类型、谈判各方实力的对比、谈判形势等一系列因素。

二、谈判开局的方式

（一）提出书面条件，不做口头补充

该方式适用于两种情况：一是在谈判规则的束缚下不可能选择别种方式；二是准备把所提交的最初的书面交易条件也作为最后的交易条件。例如，在招投标的商业活动中，投标方向招标方递交的标书即书面材料，在开标之前是不允许互相交流信息的，最终的裁定内容依照性价比、需求、服务等综合各个方面来确定。

（二）提出书面条件，并做口头补充

在会谈前将书面材料提交给对方。提出书面交易条件之后，努力做到下述要点：让对方多发言，不可多回答对方提出的问题；尽量试探出对方反对意见的坚定性，即如果不作任何相应的让步，对方能否顺从意见；不要只注意眼前利益，还要注意目前的合同与其他合同的内在联系；无论心里如何感觉，都要表现得冷静、泰然自若；随时注意纠正对方的某些概念性错误。

（三）面谈提出交易条件

不做任何的书面沟通，双方仅在会谈时提出交易条件，以这种方式开局的优点是可以见机行事，有较强的灵活性，而且先磋商后承担义务，可充分利用感情因素，建立个人关系，缓解谈判气氛等。其缺点是容易受到对方的反击，阐述复杂的统计数字与图表等相当困难，语言的不同也可能产生误会。

三、开局阶段应注意的问题

（一）注意谈判对方的谈判风格

在开局阶段要注意观察对方，判断对方的性格、态度、意向等，并采取必要的措施向对方施加影响，使得这种影响贯穿谈判的始终，并能影响谈判的气氛。不同的人谈判的风格不一样，同时还有谈判策略的因素的影响，在谈判开局阶段会有多种多样的行为出现，要通过这种判断，进一步了解对方的谈判方式。有的谈判人员采用粗蛮无礼的语言，这样可以大声地当面呵斥“我们是来谈判的，不是来吵架的”，如果己方听之任之，对方则会变本加厉。因此应对对方表现出来的谈判风格加以区分。

（二）要缓慢地显示自己的力量

开局阶段双方进行第一次询价和报价时，要慢慢地显示己方的谈判策略，因为慢慢地显示可以给对方一定的时间来理解并接受己方的观念，增加改变意见的可能性。

（三）引发对方的注意和兴趣，并刺激欲望

开局的策略应该刺激对方的注意力，使对方产生合作的欲望，所以在使用时要注意己方的目光和语言的配合，使对方感觉到己方的策略有助于解决问题，方法独特可行。

（四）及时调整策略

谈判开局时双方表现出的行为以及观念，有可能会与预先准备的谈判策略有所不同，那么就需要及时调整策略。

（五）不要认为已经了解对方的要求

不了解对方的要求，就需要耐心地试探和发现事实的真相。如果根据主观臆测或未经证实的估计进行深入洽谈，就犯了严重的错误。

（六）不要轻信对方的数字、先例、原则、规定

开局的一个任务就是开场陈述，谈判双方会表达各自的坚定立场，说出一些先例、原则等事项，但是原则是人定的，在特定的情况下原则和先例是可以改变的。所以，不要轻易相信对方在一开始的这些表述，要保持怀疑的态度，敢于挑战。

任务三　谈判开局技巧

谈判双方在进行有效的意图沟通之后，提出各自的交易条件是谈判开局时的主要任务。通过各自交易条件的提出，以了解对方的具体立场和原则，了解双方存在的差距和分歧，为下一步进行正式的磋商奠定基础。

在此阶段，掌握了开局的谈判技巧，就能在对话中掌握主动，获得满意的结果。

一、先行试探

先行试探，即探测对方情况，了解对方虚实。

在谈判的开局阶段，谈判双方都会利用这一短暂的时间，进行事前的相互探测，了解对方的虚实。

在这期间，谈判人员接收对方通过行为、语言传递来的信息，并对其进行分析、推理，对对方的实力、风格、态度、经验、策略以及各自所处的地位等形成一些感性认识，为及时调整己方的谈判方案、策略提供依据。当然，这时的感性认识还仅仅是初步的，还需在以后的磋商阶段不断地加深认识。

有经验的谈判者一般都以静制动，用心观察对手的一举一动，即使发言也是诱导对方先说，而缺乏谈判经验的人，才抢先发表己见。实际上，这正是对方求之不得的。如果谈判者不想在谈判之初，过早、过多地暴露弱点，就不要急于发表观点或看法。正确的策略是，在谈判之初最好启示对方先说，然后再察言观色，把握动向。对尚不能确定，或需进一步了解的情况应进行进一步试探。

谈判专家麦科·马克认为：“如果你想给对方一个丝毫无损的让步，你只要注意倾听他的说话就成了，倾听就是你能做的一个最省钱的让步。”

【课堂拓展】

“不明白”的奥妙

日本一家公司与美国某公司进行许可证贸易谈判，谈判之初，美方代表便滔滔不绝地向日方介绍情况，日方代表则一言不发，认真倾听，埋头记录。当美方代表讲完后，征求日方代表的意见时，日方代表却表示“听不明白”，要求“回去研究一下”。几个星期以后，日方出现在第二轮谈判桌前的已是全新的阵容，由于他们声称“不了解情况”，美方代表只好重复说明一次。此时的日本代表仍是埋头记录，以“还是不明白”为由使谈判不得不暂时休会。到了第三轮谈判，日本代表团故伎重演。转眼半年过去了，正当美国代表团得不到日方任何回音，而埋怨日方没有诚意时，日方突然派来了一名董事长亲自率领的代表团飞抵美国，在美方毫无准备的情况下要求立即谈判，并抛出最后方案，逼美方讨论

全部细节。准备不充分的美方代表终于同日本人达成了一个明显有利于日方的协议。

从以上案例可以看出，日方之所以谈判成功，正如维克多·金姆在《大胆下注》书中说的："你应该少说为妙。我确信，如果你说得越少，而对方说得越多，那么你在谈判中就越容易成功。"

二、高起点

高起点，即开局时提出的交易条件（目标）一定要高于期望值。

（1）高起点的效果。这种开局的谈判技巧是符合常理的，从对策论的角度来看，谈判双方在提出各自的利益要求时，一般都含有策略性的虚报部分。同时，从心理学的角度来看，谈判者都有这样一种心理倾向，就是希望实际得到的比预期的要多，并且研究结果表明，期望较高的人总是能以高价成交；而期望较低的人则往往以较低的价格成交。

美国的国务卿、谈判大师亨利·基辛格曾经说过："谈判桌的结果完全取决于你能在多大程度上抬高自己的要求。"

（2）高起点的合理性。强调谈判的开局要有一个高目标，但高目标不是无限度地高，更不能把己方的高目标建立在损害对方利益的基础之上。如果谈判一方单纯考虑己方的利益，要求过高时，则会出现两种不利的局面：一是对方会认为己方没有诚意甚至怀疑谈判的必要性；二是对方为了抵制过高的要求，也会"漫天要价"，使谈判脱离现实，导致徒劳无功、浪费时间。

所以，在开始和对手谈判时，己方所开出的条件一定要高，但高的要有依据、要有其合理性。同时，也一定要让对方感觉到己方所提出的条件是可以商量的，这样，才可以鼓励对方，使其愿意继续展开谈判。

三、不要动摇

不要动摇，即确定一个立场之后就要明确表示不会再让步。

由于人们在陌生的环境中与他人发生联系时，处事往往是较为谨慎小心的。所以，谈判的开局阶段，谈判者们通常是竞争不足，合作有余，更倾向保守，唯恐失去一个合作的伙伴或一个谈判的机会。如果因此一味迁就对方，不敢大胆坚持己方的主张，结果必然会被对方牵着鼻子走。

开局阶段的动摇，将会导致两种局面：一是一拍即合，轻易答应对方的要求，失去己方原来应该得到的利益；二是过分的迁就、忍让，会使对方以为己方的利益要求仍有水分，迫使己方做出更多的让步。

所以，在谈判的开局阶段，应尽早在重大问题上站稳脚跟。坚持立场，无论遇到多大的压力或诱惑，绝不轻易动摇或妥协。这样做会改变对方对最终目标的期望，更有可能成交。己方在提出利益要求，确定一个立场之后就要明确地表示不会再让步。即使要让步，也不会单方面地做出无谓的让步；即使己方做出让步也是以对方做出相应的让步为前提的。

反之，在开局谈判中，当遇到对方固守立场、毫不松动，己方似乎无计可施之时，为了获得谈判的主动权和了解对方的情况，此时不妨采用"投石问路"策略，即通过假设己方采取某一步骤，询问对方有何反应，来进行试探。例如，如果订货的数量加倍，那么价格能否优惠；如果减少保证金，会不会影响交货时间等。

四、权力有限

权力有限，即谈判者故意强调上司或者委托人给予的权力是有限的，从而达到降低对方条件、迫使对方让步或修改承诺条文的目的。

从某种意义上说，受了限制的权力才会成为真正的力量，一个受了限制的谈判者要比大权独揽的谈判者处于更有利的状态。例如，可以优雅地向对方说“不”，因为未经授权，这往往使对方大伤脑筋，迫使对方只能根据他们所拥有的权限来考虑问题。如果对方急于求成，虽然明知会有某种损失，也不得不妥协拍板。否则，就会冒谈判失败的风险。

【课堂拓展】

权限的妙用

尼尔伦伯格在《谈判的艺术》一书中讲了这么一件事，他的委托人安排了一次会谈，当尼尔伦伯格到达时，对方及其律师也都到场了，等了半天，也没见到委托人，于是三位到场的人就开始谈判了。随着谈判的展开，尼尔伦伯格发现自己正顺利地迫使对方做出一个又一个的让步和承诺，每当对方要求他做出相应的让步时，他都以委托人未到，他的权力有限为理由委婉地拒绝了。结果，他以一个代理人的身份，为他的委托人争得了对方许多的让步。

权力有限的谈判技巧可以在谈判中发挥以下几个方面的作用：

(1) 权力有限可以起到有效地保护己方的作用。谈判者的权力受到限制，也就是给谈判者规定了一个由有限权力制约的最低限度的目标。例如，“成交价格超过每件 100 元，须请示上级”，这种权力限制实际上是给对方的谈判者规定了一个最低限度目标——成交价格最多不能超过每件 100 元。所以，这种由有限权力制约的最低限度目标，可以对己方谈判者起到保护作用。

(2) 权力有限可使谈判者立场更加坚定。由于权力受限，上级为交易条件设限，超过这个范围，可以坚决拒绝，没有任何回旋余地，使谈判者在谈判桌上表现得更加从容而坚定。

(3) 权力有限可以作为对抗对方的盾牌。权力有限作为一种策略，有些是真正的权力有限，有些则不完全属实。有时谈判者本来有做出让步的权力，反而宣称没有被授予做出这种让步的权力，这实际上是一种对抗对方的盾牌。在一般情况下，这个“盾牌”使对方难以辨别真伪，只好凭“底牌”来决定是否改变要求，做出让步。

如果必须敲定某项规则或者价格时，即使谈判人员有权力做出最后的决定，也可以先说还需要得到上司的批准之后方可答复，从而赢得主动。

五、沉着应对

谈判之初，谈判双方在提出各自的交易条件之后，往往会由于观点上的分歧、利益上的冲突导致谈判人员之间的情绪对立，进而破坏和谐的谈判气氛，使问题的解决难上加难。

因为谈判各方人员的情绪、态度的变化，是各方意见分歧的放大器，怀疑、戒备、不安的情绪往往导致谈判陷入僵局，最终葬送谈判。所以，谈判人员无论是在表明己方意图、提出交易条件，还是在倾听对方发表意见、提出利益要求时，要恰如其分地表明己方的感情倾向，沉着应对。要努力达到以下几方面境界：

（1）要“饥而不急”。它是指在谈判中得到的条件离己方要求差得很远时，不能急躁，鲁莽行事。

（2）要“荒而不慌”。它是指当谈判毫无进展，己方一无所获时，不要慌乱，要根据交易的必要性、交易条件的实际差异以及对方的言谈、态度，沉着冷静，思考对策。

（3）要“争之不松”。它是指在对手对谈判产生更大的欲望，谈判难以进展时，要尽量遏制对方的贪欲，要控制让步条件的时机，使对方感到得到的条件来之不易。

（4）要“望之有望”。它是指在对手久攻不下，失去信心时，应设法使之有某种希望支持谈判继续下去。在谈判中，做到不讲“绝话”，节奏掌握适当，适时掌握坚持立场与做出让步的时间，并做到让步幅度适中。

（5）要注意控制和调节情绪。一个成熟的谈判人员，要能够控制和调节情绪。不要用带有感情色彩的词汇回答对手，不要回应对方的压力。谈判人员应以理智和自然的情绪、态度影响对手，要根据谈判的进展情况，适度地表现或喜或忧的情绪，让对手感到己方的“诚实与实在”，使对手重视这种情绪的后果，从而做出有利的积极响应。

【课堂拓展】

买卖不成仁义在

在20世纪80年代的一次中日钢材贸易谈判中，尽管我方提出了合理报价，并做出了巨大让步，但经过反复磋商仍未达成协议。我方代表虽然感到恼火，但并没有责怪对方，而是用一种委婉谦逊的口气对日方代表说道：“你们这次来中国，我们照顾不周，请多包涵。虽然这次谈判没有取得成功，但在这十几天里，我们却建立了深厚的友谊。协议没有达成，我们不怪你们，你们的权限毕竟有限。希望你们回去能及时把情况反映给你们总经理，重开谈判的大门随时向你们敞开。”一席话令日方代表感动不已。后来他们主动向我方发出邀请并重开谈判，两方终于达成协议，谈判获得圆满成功。

六、富有感染力

在谈判中，谈判能手不会一味硬拼。优秀的谈判人员可以通过委婉的语言、恰当的举止、乐观的态度来表现己方的信心和决心，提升己方的可信度，使对手解除疑虑，使双方建立起情感上的认同关系，从心理上开启对方接纳己方之门。谈判虽为论理之“战”，然而谈判桌上能感动对方的是“情”，常常是“情”先于“理”。

感染力是建立在真诚的基础之上的，俗话说“精诚所至，金石为开”，在谈判中只要能做到从谈判实际出发，本着“双赢”的原则，让对方感觉到确实在为对方着想，再加上艺术性的语言与激情，就一定会打动对方，取得谈判的胜利。

知识运用

一、认真阅读谈判场景，选择正确的答案

1. 你租赁的房屋已经到期，准备续租，估计房主会提高租金20%。那么你将（　　）。

A. 主动提出合理建议，提高租金10%

B. 要求对方降低租金

C. 请求公断仲裁

D. 罗列房屋的种种需要修补和改善之处

2. 你和一位阿拉伯主要代理商在当地会晤，两人边聊天边喝酒，时间已经过了好几个小时，但还是没谈到正题，令你心急如焚。此时你会（　　）。

A. 趁聊天稍有停顿时，赶紧引入正题

B. 和对方接着聊下去，等他先谈正题

3. 你在东京与一家日本厂商谈判供应水管的长期合同，但谈了几天毫无头绪，总在原地转圈子。此时你会（　　）。

A. 等对方首先采取行动

B. 稍微做点让步，以推动谈判进行

C. 另换一个题目

D. 休会

4. 美国一家公司对你的产品感兴趣，其总裁约你面谈，但开头五分钟，对方净在闲扯。你认为这说明了什么？（　　）

A. 表示他和你很合得来

B. 示意你引入正题

C. 要你不要性急，应等他来引入正题

5. 来见你的人身穿着裁剪得美观大方的塞维利罗公司精品套装，手戴劳力士金表，脚上是古驰牌的名贵皮鞋。如果要你对他的身份做出评价，你认为可以判断（　　）。

A. 他的身份低

B. 他的身份高

C. 他的身份不能肯定

二、简答题

1. 作为客方谈判的代表，应该如何了解谈判对手？应该了解谈判对手的哪些信息？

2. 谈判气氛的建立需要双方的共同努力。作为客方的谈判代表，在客方所在地谈判，应该如何努力建立融洽的谈判气氛？

三、案例分析

1. 某公司的推销组赴日本某公司谈判，他们到达会议室时，门口站着一位女士和几位日本公司代表。由于是第一次到该公司，中方谈判组长不认识对方人员，看女士站在门边，于是就按离门远近的次序挨个与对方人员握手，其小组成员也就这么握手后进入了会议室。

问题：

（1）该组人员这样进入会议室有什么问题吗？

（2）日本方面应该怎么做才使双方均感到方便呢？

2. 德国某公司的谈判组到中国某公司谈判。在进入正式谈判阶段后，中方主谈人要求德方将一些数据写到白板上。德方主谈人走到白板前书写，写完后即回原位，不想脚下绊到投影仪电缆，差点摔倒，会议室一片哗然。德方代表满脸通红，连说："对不起。"

问题：

（1）中方的会场安排是否有问题？

（2）德方对此"事件"是否有文章可做？

项目七

商务谈判的磋商

【项目目标】

1. 了解商务谈判中报价的原则、形式。
2. 掌握商务谈判报价的策略和技巧。
3. 掌握交易磋商中让步的策略和技巧。
4. 学会制造僵局和处理僵局的策略和技巧。
5. 正确理解商务谈判中迫使对方让步以及阻止对方进攻的方式。

【项目引导】

小贩的圈套

美国著名的谈判专家荷伯·科恩与妻子到墨西哥旅游，妻子想到商业区观光，荷伯不太想去就独自向旅馆走去。当他穿过马路时，看到在相距很远的地方站着一个当地的土著居民，荷伯走近他，看见这人在炎热的天气里身披几件当地的披肩毛毯独自叫卖："1 200比索！"

"他在和谁说话呢？"荷伯问自己，"绝对不是对我说！首先，他怎么知道我是一个游客呢？其次，他不知道我在暗中注意他。"

于是荷伯加快了脚步，装出一副没有看见的样子，甚至对小贩说："朋友，我不想买披肩毛毯，请你到别处卖吧。你听懂我说的话了吗？"

"是的。"小贩答道，这说明他听懂了。

荷伯继续往前走，却听到身后仍然有脚步声，原来，小贩一直跟着他，就像两人系上了链条一样，他一次又一次地叫道："800 比索！"

荷伯有点生气了，开始小跑，但是小贩紧跟着一步不落，这时，他的要价已经降到600 比索了，到了十字路口，因车辆堵住了马路，荷伯不得不停住了脚步，小贩却仍然在唱他的独角戏："600 比索，500 比索，好吧，400 比索！"

这时候，荷伯又热又累，身上直冒汗。小贩紧跟着他使他很生气，荷伯气呼呼地说："我告诉你我不买！别跟着我了！"

小贩从荷伯的神态和声调中听懂了他的话。"好吧，你胜利了。"他回答说："只对你，200 比索！"

"你说什么？"荷伯叫道。此时，他对自己说的话也吃了一惊，因为他压根没有打算买披肩毛毯。

“200 比索!”小贩又重复了一遍。

“给我一件，让我看看。”

于是又经过一番讨价还价，小贩的最终要价是 170 比索，荷伯从小贩口中得知，在墨西哥的历史上以最低价格买到一件披肩毛毯的是一个来自加拿大温尼培格的人，他花了 175 比索，但他的父母出生在墨西哥的瓜达拉贾拉，而荷伯买的这件只花了 170 比索，使他在墨西哥历史上创造了买披肩毛毯的新纪录。

那天的天气很热，荷伯一直在冒汗。尽管如此，他还是把披肩毛毯披在了肩上，感觉十分不错。

当荷伯回到旅馆的时候，妻子正躺在床上翻阅杂志。

“嗨！看我买的什么?”荷伯得意地对妻子说。

“一条漂亮的披肩毛毯!”

“你花了多少钱?”妻子漫不经心地问道。

“是这么一回事”，荷伯自信地解释说：“一个土著小贩要价 1 200 比索，而一个国际谈判家，就是周末有时间跟你住在同一间屋里的这个人，花 170 比索就买到了。”

妻子听了讪笑道：“真有趣，我也买了同样的一件，在壁橱里，花了 150 比索。”

随着开局阶段的“破冰”，谈判议题逐渐深入到此次谈判的实质问题时，就要开始整个商务谈判过程中最艰难的阶段——磋商阶段。商务谈判中的磋商阶段，是报价阶段结束之后到缔结协议之前，谈判各方就实质性事项进行磋商的全过程，是谈判的关键阶段，也是最困难、最紧张的阶段，这是谈判的中心环节，即实质性谈判阶段。

虽然价格不是谈判的全部，但毫无疑问，有关价格的讨论是谈判的主要组成部分，在任何一次商务谈判中价格的协商通常会占据 70%以上的时间，因此如何进行价格谈判以取得理想的结果是所有谈判中最核心、最实质性的问题。此阶段不仅是谈判人员间的实力、智力和技术的具体较量阶段，也是谈判双方求同存异、合作谅解让步的阶段。这一阶段一般包括：报价、讨价还价和价格让步。经过一系列的磋商，可使彼此的立场和观点逐步接近和趋于一致。

任务一　磋商阶段的报价

报价，并不仅指双方在谈判中提出的价格条件，而是泛指谈判一方主动或根据另一方要求向对方提出己方的所有要求。当然在所有这些要求中，价格条款最为显著、地位最为重要。

报价标志着商务谈判进入实质性阶段，也标志着双方的物质性要求在谈判桌上“亮相”。报价是商务谈判过程中非常关键的一步，许多贸易谈判成功与否，都与报价是否恰当密切相关。同时，它与谈判双方在价格谈判合理范围内的盈余分割息息相关，对实现己方既定的谈判目标具有举足轻重的意义。因此，要提高报价的成功率，就必须了解影响报价的基本因素，掌握报价的技巧。

一、报价的原则

由于报价的高低会对整个谈判进程产生实质性的影响，因此要成功地进行报价，谈判人员必须遵守一定的原则。

在商务谈判中，谈判双方即买方与卖方处于对立统一体之中，它们既相互制约又互相统一。因此报价水平的高低不是由报价一方随心所欲就可以决定的，报价只有在对方接受的情况下才可能产生预期的结果，才可能使买卖成交。因此，谈判一方向另一方报价时，不能信口开河，而是要经过仔细分析、精心梳理，不仅要考虑报价所获利益，还要考虑该报价能否被对方接受，即报价能够成功的概率。

报价的基本原则：通过反复比较和权衡，设法找出报价者所得利益与该报价被接受的成功概率之间的最佳结合点。然而，这仅仅是就报价的一般性原则进行的分析。在实际的商务谈判过程中，由于谈判双方的状况以及谈判环境条件的复杂性，很难确定这样一个最佳的、理想的报价。但谈判者应把握这一原则的精神实质，尽可能精确地估计对方可接受的报价范围，根据不同的形势采用灵活的报价策略，力争在实际谈判过程中使报价接近理想的报价。

具体来说，报价应遵守以下几项原则。

（一）对卖方来讲，报价起点要高

对卖方来讲，报价起点要高，即“可能的最高价”，相应地，对买方来讲，报价起点要低，即“可能的最低价”，这是报价的首要原则。之所以要遵循这个原则，是因为：

（1）卖方的开盘价实际上是确定了价格谈判区间的一个上限。开盘价一经确定报出，除特殊情况外，一般来说就不能提出更高的要价了。最终的成交价肯定在此价格以下。类似的，如果是买方先出价，该出价即为价格谈判区间的下限，除特殊情况外，最终的成交价肯定在该出价之上。

（2）开盘价会影响对方对己方提供的商品或劳务的印象和评价。“一分钱，一分货”的观念是大部分人所信奉的。

（3）开盘价高，能为以后的讨价还价留下充分的回旋余地，使己方在谈判中更富于弹性。

（4）经验证明，开盘价对最终成交水平具有实质性的影响。开盘价高，最终成交的水平也就比较高。换言之，在开盘时要求越高，最终所能得到的往往也就越多。

（二）开盘价必须有根有据，合乎情理

开盘价要报得高一些，但绝不能漫天要价、毫无根据，它同时必须合乎情理，要能够讲得通。如果报价过高，又讲不出道理，对方必然会认为己方缺少谈判的诚意，或者中止谈判扬长而去；或者以其人之道还治其人之身，相对地来个“漫天杀价”；或者对方一一提出质问，己方无言可答，从而使己方丢脸，丧失信誉，并且会很快被迫让步。在这种情况下，有时即使己方已将交易条件降到比较公平合理的水平，对方仍会认为尚有“水分”可挤而穷追不舍。

（三）报价的表达应该坚定、明确、完整，不加解释和说明

开盘报价要坚定而果断地提出，没有保留，毫不犹豫，这样方能给对方留下己方是认真而诚实的印象。欲言又止、吞吞吐吐必然会导致对方的不信任。报价要非常明确清楚，

以便对方准确地了解己方的期望，含糊不清易使对方产生误解。报价时不要对所报价格做过多的解释、说明和辩解，没有必要为那些合乎情理的事情进行解释和说明，因为对方肯定会对有关问题提出质询的。如果在对方提问之前，己方主动地加以说明，会使对方意识到这是己方最关心的问题，这种问题有可能对方过去尚未考虑过。有时过多的说明和辩解，会使对方从中找出破绽或突破口。

（四）报价的解释应坚持不问不答、有问必答、避虚就实、能言不书的原则

通常情况下，一方报价完毕之后，另一方会要求报价方进行价格解释。在进行价格解释时，必须遵循一定的原则，即不问不答、有问必答、避虚就实、能言不书的原则。

不问不答是指对方不主动问及的问题不要问答。对方未问到的一切问题，都不要进行解释或答复，以免造成言多必失的后果。

有问必答是指对对方提出的所有有关问题，都要一一做出回答，并且要很流畅、很痛快地予以回答。经验告诉人们，既然要回答问题，就不能吞吞吐吐、欲言又止，这样极易引起对方的怀疑，甚至会提醒对方注意，从而穷追不舍。但是，对所提出的问题回答到何种程度，如何问答等，这其中有很多策略和技巧。

避虚就实是指对己方报价中比较实质的部分应多讲一些，对于比较虚的部分，或者说水分含量较大的部分，应该少讲一些，甚至不讲。

能言不书是指能用口头表达和解释的，就不要用文字来书写，因为当表达有误时，口述和笔写的东西对己方的影响是截然不同的。有些国家的商人只承认书面信息，而不重视口头信息，因此要格外慎重。

二、报价的形式

商务谈判中的报价根据不同的分类标准，可以有不同的报价方式。

（一）根据报价的方式分为书面报价和口头报价

1. 书面报价

书面报价，通常是指谈判一方率先提供了较详尽的文字材料、数据和图表等，将己方愿意承担的义务，以书面形式表达清楚，使对方有时间针对报价做充分的准备，使谈判进程更为紧凑。但书面报价的白纸黑字，客观上成为己方承担责任的记录，限制了企业在谈判后期的让步和变化，况且文字的东西缺少口头表达的“热情”，在翻译成另一种文字时，精细的内容不容易翻译出来，因此，对实力强大的谈判者，书面报价是有利的，至少双方实力相当时，可使用书面报价，实力不强的谈判者就不宜采用书面报价，而应尽量采取一些非书面报价的谈判形式。

2. 口头报价

口头报价具有很大的灵活性，谈判者可以根据谈判的进程，来调整、变更己方的谈判战术，先磋商、后承担义务，没有义务约束感。口头报价，可充分利用个人沟通技巧，利用情感因素，促成交易达成。察言观色、见机行事，建立某种个人关系，来寻求谈判气氛，是这种方式的最大长处。当然，如果谈判人没有娴熟的沟通技巧和经验，则容易失去议题的头绪，而转向枝节问题，容易因没有真正的理解而产生误会，也容易使对方有机会进行反击。一些复杂的要求，如统计数字、计划图表等，难以用口头阐述清楚。此外，由于对方事先对情况一无所知，就有可能一开始很有礼貌地聆听企业的交易条件，然后就退

出谈判，直到准备好如何回答才回来谈判，因而影响谈判进度。为了克服口头报价的不足，在谈判前可以准备一份印有己方交易重点、要点，某些特殊要求，各种具体数字、简明表等，形成一个谈判大纲，以供谈判时有一个大致的轮廓可循，不致在谈判时丢三落四，乱了阵脚。

书面报价和口头报价的比较如表 7－1 所示。

表 7－1　　书面报价与口头报价的比较

报价方式	优点	缺点
书面报价	表述清楚、严谨； 权利、义务明确	对本方约束力较强； 缺乏灵活性
口头报价	具有较大的灵活性； 能发挥谈判者的经验和表现力	对复杂问题难以表达清楚； 口头交谈容易偏离主题

（二）根据报价的战术分欧式报价术与日式报价术

1. 欧式报价术

欧式报价术与前述的有关报价原则是一致的。其一般的模式是，首先提出留有较大余地的价格，然后根据买卖双方的实力对比和该笔交易的外部竞争状况，通过给予各种优惠，加数量折扣、价格折扣、佣金和支付条件上的优惠（如延长支付期限、提供优惠信贷等）来逐步软化和接近买方的市场和条件，最终达成成交的目的。

上述报价的战术，为欧洲等西方国家所经常采用，故称为欧式报价术。实践表明，这种报价方法只要能够稳住买方，往往会有一个不错的结果。

2. 日式报价术

日式报价战术的一般做法是，将最低价格列在价格表上，以求首先引起买主的兴趣。由于这种低价格一般是以对卖方最有利的结算条件为前提条件的，并且在这种低价格交易条件下，各个方面都很难全部满足买方的需求，如果买主要求改变有关条件，则卖主就会相应提高价格。因此，买卖双方最后成交的价格，往往高于价格表中的价格。日式报价在面临众多外部对手时，一方面可以排斥竞争对手而将买方吸引过来，取得与其他卖主竞争中的优势和胜利；另一方面，当其他卖主败下阵来纷纷走掉时，买主原有的买方市场的优势就不复存在了，原来是一个买主对多个卖主，谈判中显然优势在买主手中，而当其他卖主不存在的情况下，变成了一个买主对一个卖主的情况，双方谁也不占优势，从而可以坐下来细细地谈，而买主这时要想达到一定的需求，只好任卖主一点一点地把价格抬高才能实现。

聪明的谈判者是不愿陷入日式报价的圈套的。避免陷入日式报价的最好做法就是把对方的报价内容与其他客商的报价内容进行一一对比，看看它们所包含的内容是否一样，从而判断其报价与其他客商的报价是否具有可比性。不可只看表现形式，不顾内容实质而误入圈套。如果在对比中发现内容不一致，即从中判断其内容与价格的关系，不可盲目行事。

需要指出，如果报价内容不具备直接的可比性，那就要进行相应的调整，使之具有可比性，然后再做比较和决策。切忌只注意最后的价格，在对其报价所包含的内容没进行认真地分析、比较的情况下匆忙决策，造成不应有的被动和损失。另外，即使某个客商的报价的确比其他厂商优惠，富有竞争力，也不要完全放弃与其他客商的接触与联系，要知道这样做实际上就是要给对方一个持续的竞争压力，迫使其继续做出让步。

综合以上两种报价战术，虽说日式报价较欧式报价更具有竞争实力，但它不适合买方的心理，因为一般人总是习惯于价格由高到低，逐步降低，而不是不断地提高。因此，对于那些谈判高手，会一眼识破日式报价者的计谋，而不至于陷入圈套。

三、报价的顺序

报价的顺序即谈判双方谁先报价，这是一个先发制人还是后发制人的策略选择，报价的先后顺序在某种程度上对谈判结果会产生一定的影响。因此，这个问题需要引起每一位谈判者的重视。

在商务谈判中，究竟是先报价有利，还是后报价有利？实践证明，先报价既有利，也有弊。

【课堂拓展】

专家也会犯错

有家跨国公司与盖温联系，请他为公司的高级经理办一次有关谈判问题的两小时研讨会。公司董事长事前约见了他，征询对研讨会讨论主题的意见，盖温扼要地讲了对于谈判者而言最不该做的事是接受对方的第一次出价的观点。董事长表示赞同，说："这个主题好，能使我的人受益匪浅"。接下来他们还谈了些其他细节，董事长要盖温放手去做，临告别时，盖温提到了报酬问题。

董事长问："你想要多少？"

盖温说："通常都是 1 800 镑。"心想董事长大概会嫌要价太高。

哪知他回答得很痛快："成！请开发票来。"

至今，盖温还是搞不清该要多少劳务费才算合适。

在商务谈判中，不管是出于自愿、主动，还是应对方的请求，总要有一方要先报价。先报价的好处可以归纳如下：

（1）先报价能够先声夺人，先报价比反应性报价显得更有力量，更有信心。这种建立在谈判人员详尽地调查了解、报价准备比较充分的基础上的力量和信心，可以使己方首先在气势上压倒对方，同时也首先表明欲达到的目标。

（2）先报价的价格将为以后的讨价还价树立起一个界碑。这个界碑把对手的期望限制在一个特定的范围内。一旦起始报价摆到了桌面上，对方讨论还价就只能以此为起点，不可能要求报价一方在更优惠的条件上后退。

（3）先报价可以占据主动，先施影响，并对谈判全过程的所有磋商行为持续发挥作用。

然而，先报价的不利之处也是显而易见的：

（1）当己方对市场行情及对手的意图没有足够了解时，贸然先报价，往往起到限制自身期望值的作用。对方则可根据己方提供的数据、材料和所掌握的各种信息自由地调整期望值，从而获得本来不曾想、不敢想或估计很难得到的一些好处。

（2）先报价的一方由于过早地暴露了手中的"牌"，处于明处，为对方暗中组织进攻，逼迫先报价一方沿着他们设定的道路走下去提供了方便。

先报价和后报价的对比，如表 7－2 所示。

表 7-2　报价时机的利弊对比

报价时机	先报价	后报价
优点	占据主动地位，对谈判影响大；为价格谈判确定了范围	对方在明处，己方在暗处，便于随时调整策略
缺点	暴露本方谈判目标，便于对方调整策略	必须在对方划定的范围谈判，比较被动

四、报价策略及技巧

交易谈判的报价是不可逾越的阶段，只有在报价的基础上，双方才能进行讨价还价。

报价之所以重要，就是因为报价对讨价还价乃至整个谈判结果产生实质性影响。因此，报价既要具有合理性又要有一定的策略性，只有合理使用报价技巧和策略，才能在谈判中赢得胜利。

（一）报价时机策略

在价格谈判中，报价时机也是一个策略性很强的问题。有时，卖方的报价比较合理，但却并没有使买方产生交易的欲望，原因往往是买主首先关心的是此商品能否带来价值，带来多大的价值，其次才是带来的价值与价格的比较。所以，价格谈判中，应当首先让对方充分了解商品的使用价值和能为对方带来多少收益，待对方对此感兴趣后再谈价格问题。实践证明，提出报价的最佳时机，一般是对方询问价格时，因为这说明对方已对商品产生了购买欲望，此时报价往往水到渠成，比较自然。

有时，在谈判开始的时候对方就询问价格，这时最好的策略应当是听而不闻。因为此时对方对商品或项目尚缺乏真正的兴趣，过早报价会增加谈判的阻力。这时应当首先谈该商品或项目的功能、作用，能为对方带来什么样的好处和利益，待对方对此商品或项目产生兴趣，交易欲望已被调动起来时再报价比较合适。当然，对方坚持即时报价，也不能故意拖延。否则，就会使对方感到不尊重甚至反感，此时应善于采取建设性的态度，把价格同对方能获得的好处和利益联系起来，一起介绍效果较好。

总之，报价时机策略，往往体现在价格谈判中相对价格原理的运用，体现着促进价格的转化作用。

（二）报价起点策略

价格谈判的报价起点策略，通常是：作为卖方，报价起点要高，即“开最高的价”；作为买方，报价起点要低，即“出最低的价”。商务谈判中这种“开价要高，出价要低”的报价起点策略，由于足以震惊对方，被国外谈判专家称为“空城计”。对此，人们也形象地称之为“狮子大张口”。

显然，谈判双方报价起点的这种“一高一低”的策略，是合乎常理的。而不可能是“一低一高”，因为那是违背常理的。也不可能是“一中一中”，因为那只可能是经过数轮讨价还价后的结果，不可能是开盘的局面。从对策论的角度看，谈判双方在提出各自的利益要求时，一般都含有策略性虚报的部分。这种做法，其实已成为商务谈判中的惯例。同时，从心理学的角度看，谈判者都有一种要求得到比预期得到的还要多的心理倾向。并且研究结果表明，若卖方开价较高，则双方往往能在较高的价位成交；若买方出价较低，则双方可能在较低的价位成交。

当然，价格谈判中这种报价起点策略的运用，必须基于价格谈判的合理范围，必须审时度势，切不可漫天要价和胡乱杀价，否则，就会失去交易机会和导致谈判失败。

【课堂拓展】

撒切尔夫人与欧洲共同体各国首脑的谈判

1975 年 12 月，在柏林召开的欧洲共同体各国首脑会议上，举行了削减英国支付共同体经费的谈判。

各国首脑们原来以为英国政府可能希望削减 3 亿英镑，从谈判的惯例出发，撒切尔夫人会提出削减 3.5 亿英镑，所以，他们就在谈判中，提议可以考虑同意削减 2.5 亿英镑。这样讨价还价谈判下来，会在 3 亿英镑左右的数目上达成协议。

可是，完全出乎各国首脑们的意料，撒切尔夫人狮子大开口，报出了 10 亿英镑的高价，使首脑们瞠目结舌，一致加以坚决反对。

可撒切尔夫人坚持己见，在谈判桌上始终表现出不与他国妥协的姿态，共同体各国首脑——这些绅士们，简直拿这位“铁娘子”没有任何办法。

最后，不得不迁就撒切尔夫人。

结果不是在 3.5 亿英镑上，也不是在 6.25 亿英镑上，而是在 8 亿英镑上达成协议，即同意英国对欧洲共同体每年负担的经费削减 8 亿英镑。

撒切尔夫人用报高价的手法获得了谈判的巨大成功。

（三）报价差别策略

出于购买数量、付款方式、交货期限、交货地点、客户性质等方面的不同，同一商品的购销价格不同。这种价格差别，体现了商品交易中的市场需求导向，在报价策略中应重视运用。例如，对老客户或大批量购买的客户，为巩固良好的客户关系或建立起稳定的交易联系，可适当实行价格折扣；对新客户，有时为开拓新市场，也可适当给予折让；对某些需求弹性较小的商品，可适当实行高价策略等。

（四）价格分割策略

价格分割是一种心理策略。卖方报价时，采用这种技巧，能制造买方心理上的价格便宜感。价格分割包括两种形式：

（1）用较小的单位报价。例如，茶叶 200 元/千克报成 10 市两，大米 1 000 元/吨报成 1 元/千克。国外某些厂商刊登的广告也采用这种技巧，如淋浴器广告“淋浴一次仅需 8 便士”，油漆广告“油漆 1 平方米只要 5 便士”。巴黎地铁公司的广告是：“每天只需付 30 法郎，就有 200 万旅客能看到你的广告。”用小单位报价比用大单位报价会使人产生便宜的感觉，更容易使人接受。

（2）用较小单位商品的价格进行比较。例如，“每天少抽一支烟，每天就可订一份××报纸”“使用这种电冰箱平均每天花费 0.5 元电费，0.5 元只够吃 1 根最便宜的冰棍”“一袋去污粉能把 1 600 个碟子洗得干干净净”……用小商品的价格去类比大商品会给人以亲近感，拉近与消费者之间的距离。

（五）心理定价策略

心理定价策略，又称为尾数定价。人们在心理上一般认为 9.9 元比 10 元便宜，而且认为零头价格精确度高，给人以信任感，容易使人产生便宜的感觉。像这种在十进位以下的而在心理上被人们认为较小的价格称为心理价格。因此，市场营销中有奇数定价这一策略。例如，标价79.00元，而不标价80元；标价19.90元，而不标价20元。这1分钱、1角钱或者1元钱之差，给人“大大便宜”的感觉。心理定价策略在国内外都已被广泛采用。

（六）中途变价策略

中途变价策略是指在报价的中途，改变原来的报价趋势，从而争取谈判成功的报价方法。所谓改变原来的报价趋势是指买方在一路上涨的报价过程中，突然报出一个下降的价格，或者卖方在一路下降的报价过程中，突然报出一个上升的价格，从而改变原来的报价趋势，促使对方考虑接受。

大量的谈判实践表明，许多谈判者为了争取更好的谈判结果，往往以极大的耐心要求、要求、再要求，争取、争取、再争取，碰到这样的对手实在让人头痛，尽管已经满足了对方的许多要求，使对方一次又一次地受益，可对方似乎还有无数的要求。面对这种麻烦的有效方法就是“中途变价法”，即改变原来的报价趋势，报出一个出乎对方意料的价格来，从而遏制对方的无限要求，促使其尽早下决心进行交易。

【课堂拓展】

中途变价促成交

美国谈判专家麦科马克有一次代表公司交涉一项购买协议，对方开始的开价是50万元，他和公司的成本分析人员都深信，只要用44万元就可以完成这笔交易。

1个月后，他开始和对方谈判，但对方却又声明原先的报价有误，现在开价60万元，这反倒使麦科马克先生怀疑自己原先的估价是否正确。

直到最后，当他以50万元的价格与对方成交时，竟然感到非常满意。麦科马克认为是以低于对手要价10万元之差达成了交易，而对方则成功地遏制了他的进一步要求。

任务二　磋商阶段的讨价还价

讨价还价阶段是谈判的关键阶段，也是最困难、最紧张的阶段。一般情况下，谈判一方报价之后，另一方不会无条件地接受对方的报价，而要进行一场实力、智力和技术的较量。讨价还价阶段是谈判各方求同存异、合作、谅解、让步的阶段。因此，这一阶段是谈判各方为了实现其目的而运用智慧、使用各种策略的过程。在经过一次或几次讨价还价之后，谈判双方达成共同利益，从而结束商务谈判过程中的磋商阶段，进入结束阶段。

【课堂拓展】

中日玻璃流水线谈判中的讨价还价

某年，我国某玻璃厂要引进一条浮法玻璃流水线。该厂人员到日本考察后认为，日本的生产线质量、技术都是世界上最先进的，只是要价偏高。为此，他们决定与日方谈判，以求在价格上能够得到优惠。第一次谈判于当年4月下旬进行。中方为了谈判成功，事先做了周密的部署和充分的准备。该玻璃厂的主管部门特意请来一位专门从事技术引进工作的专家当主谈人，并配备了一个精干的谈判班子。为了能在谈判中掌握主动权，谈判班子进行了科学的分工，并让副手先与日方对谈。

日方为了做成这笔大买卖，事先也做了充分的安排，组成了一个由日方公司专务、中国课课长和驻华事务所代表兼翻译为主体的谈判班子。日方一亮相就口气强硬，报价高出中方所掌握的外汇底盘200多万美元。为了证明报价的合理性，对方一再声称他们的浮法生产线是世界之冠。中方与之恳谈了三次，但日方总是盛气凌人，寸步不让。中方主谈人深知日方的这个报价比中方在日本考察时的价格还要高出约100万美元。经过三次对谈，把握了谈判中最关键的问题，即必须首先粉碎日方舍此莫属的信念，否则日方是不会让步的。为了扭转被动局面，中方采取了欲擒故纵的谈判手段，使谈判出现了主观性假性僵局。

谈判结束后，中方主谈人将日方搁置一边，率团赴英国考察浮法玻璃生产线。考察发现，英国产品不如日本，且价格也不低。尽管如此，中方还是向英国公司发出了谈判邀请。为此，中方的随行人员向主谈人提出了异议，认为不应向英国公司发出谈判邀请。但主谈人力排众议，自有打算。

当年6月，英国浮法玻璃生产线的谈判代表来到中国。中方热情地将他们接下了飞机，故意安排在日方公司驻华事务所办公室所在的同一家饭店。日方很快得到了这一消息，其谈判代表立即向日本公司汇报了中方正在选择新的贸易伙伴的情况。日本人是很有商业头脑的，他们当机立断，再次派谈判代表来华要求恢复谈判。这样，中方的谈判地位由被动转为主动，而日方却陷入求助中方选择其产品的不利局面。日方在谈判桌上放弃了之前那种盛气凌人的姿态，大讲中日友好，并声称愿意“给予优惠”。

这时，中方主谈人才坐回谈判桌的首席说：“我为专务先生（日方主谈人）的友好讲话感到高兴。我们已经注意到贵公司在生产线价格问题上的松动和转变，专务先生说我们是真诚合作的朋友，因此才考虑给予优惠价格，这种说法不错。但我更赞成朋友之间的那种平等互利的贸易原则，不能一方占大便宜，而让另一方吃大亏，这不是朋友所为。我想专务先生不会对我的话有异议吧！”

日方这才意识到，这位主谈人才是谈判桌上的真正对手。

中方主谈人接着说：“关于浮法生产线，我们又专程考察了英国的同类产品。他们的产品质量、性能都很好，但报价却比贵公司低得多，这很吸引人呐！我们准备与他们的谈判代表接触，当然是非正式的。不过，如果贵公司的价格合适，我们也会首先考虑友好邻邦的。”

这番话向日方传递了两层意思、一个结论：其一，英国的同类产品物美价廉，富有竞争力；其二，中方仍优先考虑与日方成交。结论必须是价格“合适”。这就迫使日方与英国进行价格竞争。然而，中方的这种假手第三者介入的方法也存在一定的风险。一旦日方不肯让步，中方就很难再吃“回头草”了。对此，中方主谈人已有考虑。

与日方的此轮会谈一结束，中方主谈人就坐到英国代表的谈判桌前。她分析，如日方不让步，用日方来迫使英方让步是有把握的。虽说英方的产品不如日方的产品，但仍不失为世界先进水平，如价格降低，还是可以成交的。中方主谈人深知，降低对谈判的依赖程度，是制服胃口过大的谈判对手的最有效的方法。

中方主谈人在与英方谈判时同样实施着整体计划，她说：“诸位先生想必已经听说了，在你们来中国后，又从日本来了一个推销该产品的代表团。他们的浮法玻璃生产线不仅质量、技术高于贵公司，且报价低于贵公司30%，我想贵公司应考虑这个现实情况。”

中方主谈人的此番话足以使英方明白：如不降价，谈判是不可能深入下去的。英方一听说日本已经派来代表团，马上意识到己方的处境。他们满怀信心地远道而来，怎么能轻易让日本人抢走生意呢？于是立即答复："我们愿考虑一个适中的价格。"

用日方压英方，再用英方压日方，这样一来，迫使日英两方竞相角逐压价。

事隔一天，日方又主动找上门来要求继续洽谈。在这次会谈中，日方一开始就表示愿以诚相见，再降价 100 万美元。至此，日方已经降价 200 万美元。但由于日方是在"筑高台"上降下的，中方仍认为这个价格偏高。

于是，中方主谈人答复："我们丝毫不否认贵国的诚意。但是，跟你们竞争的英方似乎更有诚意，他们的报价比你们现在的报价还要少 140 万美元。如果贵方想争取到我们的订单的话，我看至少还要降价 100 万美元。"

日方本以为这个报价已经接近中方的底盘，该是握手成交的时候了，没想到中国对手比他们想象的更有毅力和耐性，等待着他们做出新的让步。为了打破僵局. 日方只好再次压低价格。

在经过了几次讨价还价之后，中日双方终于成交。

一、讨价

讨价，是在一方报价之后，另一方认为其报价离己方的期望目标太远，而要求报价方重新报价或改善报价的行为。讨价可以是实质性的，也可以是策略性的。为了继续谈判，本着尊重、说服的原则，晓之以理，动之以情，说服对方，表明己方的合理要求，改变对方的期望值，要求对方重新报价或改善报价，为己方还价做好准备。

（一）讨价的方式

讨价的方式可以分为全面讨价、针对性讨价和总体讨价三种。

1. 全面讨价

全面讨价是讨价者根据交易条件全面入手，要求报价者从整体上改变价格，重新报价。这种讨价不仅可以使用一次，还可以根据情况使用两次或更多次。

2. 针对性讨价

针对性讨价是讨价者有针对性地从交易条款中选择某些条款，要求报价者重新报价。这些被选择到的条款可以是一项，也可以是若干项，可以同时是几项，也可以是逐条逐项。

3. 总体讨价

总体讨价是讨价者从总体出发综合分析交易条件，运用策略，改变报价者的理想目标，降低期望值，考虑重新报价。

（二）讨价的方法

1. 举证法

举证法亦称引经据典法。为了增加讨价的力度，使对方难以抗拒，谈判者以事实为依据，要求对方改善报价。这种事实可以是市场的行情、竞争者的价格、对方的成本、过去的交易惯例、产品的质量与性能、研究成果、公认的结论等，总之是有说服力的证据。

证据要求客观实在，起码是对方难以反驳或难以查证的（如竞争者的状况、己方过去的交往记录等），而不是凭空杜撰的证据或对方一揭就穿的证据。

2. 求疵法

讨价是朝着对方报价条款的缺漏、差错、失误而来的。有经验的谈判者，都会以严格的标准要求对方，以敏锐挑剔的目光寻找对方的疵点，并引经据典，列举旁证来降低对方的期望值，要求对方重新报价或改善报价。

买方讨价，是要求卖方降低价格。这时，买方不能轻易赞美对方标的质量及报价条款内容，而把赞美或略带恭维的话语送给谈判者个人。在赞美其“能干”“会经营”“懂得做人”声中，融进了生意场中朋友的感情，又指出其谈判标的条款的问题，使对方不得不承认其条款的不足，再按谈判者的权限、成交的决心和己方对商品需求数量的缓急，尽力向前推进，及早改变对方的期望值。卖方讨价，是要求买方提高价格。这时卖方对买方的报价要指出其报价缺乏的依据，或依据的资料不准确，引证同类标的市场的行情和最低价格，同数量报价更高的竞争者的报价，交易成功的买者和具体的报价。

3. 假设法

以假设更优惠条件的口吻来向对方讨价，如以更大数量的购买、更优惠的付款条件、更长期的合作等优惠条件来向对方再次讨价，这种办法往往可以摸清对方可以承受的大致底价。假设不一定会真正履行，但因其是假设，所以留有余地。

4. 多次法

讨价是冲着对方策略性虚拟价格的水分、虚头来的，它是卖方要求买方加价，买方要求卖方降价的一种表示。不论是加价还是降价都不是一步到位的，都需要分步实施，只要每一次的讨价都会得到改善，即使对方的理由不都合乎逻辑，只要对己方有利都应表示欢迎。讨价刚开始，无论哪一方都会固守价格，不会轻易改变，并会提出许多理由加以解释。所以，讨价需要反复多次方可有较大的收效。谈判中应抓住主要矛盾，一般是对重要的关键的条款予以讨价，要求改善；也可以同时针对若干项，形成多方位强大攻势的讨价。这些方法和条款内容的选择，要综合考虑报价的不合理现状及依据，对价格的解释、分析、改善以及谈判素质、谈判风格、特点等因素，依据谈判者的总体谈判策略而定。

（三）讨价的技巧

1. 以理服人

讨价不是买方还价，而是通过启发，诱导卖方进行降价，为买方的还价做准备，所以在讨价的过程中，应本着尊重对方和说理的方式进行。若硬压对方降价，可能过早地陷入僵局，对买方不利。因此，在谈判的初期、中期的讨价，买卖双方务必保持平和的心态，充分的说理，做到以理服人，获取最大的收益。

2. 相机行事

若首次讨价，就能得到对方的改善报价的迅速反应，这可能说明报价策略中虚报的成分比较大，价格中所含水分较多，也可能表明对方想急于成交的心理。同时，还要分析其降价是否有实质性内容，这样通过讨价后，依据对方的反应进行认真分析，来判定己方的讨价的策略。

一般有经验的报价方，开始都会固守其价格立场，不会轻易地降价，并且会不厌其烦地验证那些比他们报价还高的竞争者的价格，来表达报价的合理性，进而表示这一报价是不可能改变的，对此，就要分析报价及其解释的矛盾和漏洞，并盯住不放。

3. 投石问路

投石问路是卖方发盘之后，买方不马上还盘，而是提出种种假设条件下的商品售价问题。既能保持“平等信赖”的气氛，又有利于还价前对卖方情况的进一步掌握。

当对方固守立场，毫不松动，己方似无计可施时，为了取得讨价的主动权和了解对方的情况，此时不妨投石问路，即通过假设己方采取某一步骤，询问对方做何反应，来进行试探。比如：

——如果我方加大订货量或减少订货量呢？

——如果你方的这几种产品我方都订货呢？

——如果我方买下你方的全部产品呢？

——如果我方向你方常年订货呢？

——如果我方以现金支付、迟付或分期付款呢？

——如果在淡季我方仍然向你方下订单呢？

——如果我方买下你们的全部存货，你方的报价又是多少？

一般来说，任何一个“石头”都能使讨价者进一步了解对方。

【课堂拓展】

山野菜的“底牌”

某食品加工厂为了购买某种山野菜与某县土产公司进行谈判。在谈判过程中，食品加工厂的报价是每千克山野菜15元。为了试探对方的价格“底牌”，土产公司代表采用了投石问路的技巧，开口报价每千克山野菜22元，并摆出一副非此价不谈的架势。急需山野菜的食品加工厂的代表急了：“市场的情况你们都清楚，怎么能指望将山野菜卖到每千克高于18元呢？”食品加工厂的代表在情急之中暴露了价格“底牌”，于是土产公司的代表紧追不放。“那么，你是希望以每千克18元的价格与我们成交啦？”这时，食品加工厂的代表才恍然大悟，只得无奈地应道：“可以考虑。”最后，双方以每千克18元的价格成交，这个结果比土产公司原定的成交价格要高出3元。如果土产公司的代表没有巧妙地运用投石问路的技巧揭出对方的“底牌”，是很难找到一个如此合适的价位与对方成交的。

二、还价

还价，就是针对谈判对手的首次报价，己方所做出的反应性报价。还价以讨价作为基础。在一方首先报价以后，另一方一般不会全盘接受，而是根据对方的报价，在经过几次讨价之后，估计其保留价格和策略性虚报部分，推测对方可妥协的范围，然后根据己方的既定策略，提出己方可接受的价格，反馈给对方。如果说报价划定了讨价还价范围的一个边界的话，那么，还价将划定与其对立的另一条边界，双方将在这两条边界所规定的界区内展开激烈的讨价还价。

（一）还价的基本原则

在商务谈判中，还价的基本原则主要包括以下几个方面的内容。

1. 做好还价前的各项准备工作

还价不是一种简单的压低价格的行为，它必须建立在市场调查与“货比三家”的基础之上。要求还价者必须掌握标的物市场供应和价格状况及其发展趋势、交易标的物的质量等各项技术指标、市场竞争情况等，以确保还价具有一定的科学依据和资料依据。

2. 摸清对方报价的确切含义

有经验的谈判人员在接到对方报价后，不是急于要求对方解释为什么如此报价，而是要摸清对方报价的事实，确切明白对方报价究竟是什么含义，而且要准确无误。当情况基本了解后，还应当把对对方报价的理解进行归纳总结，并加以复述，以保证还价时的准确性和严肃性。

3. 牢记目标

谈判中的讨价还价是反复进行的，因此要时刻判断讨价还价的幅度与进展离己方的成交目标还有多远。可以记住对方再降多少数额或百分比才能进入己方的成交区域。这样，可以使还价者有的放矢。

4. 统筹兼顾

还价不能只把目光集中在价格上，应当把价格与技术、商务等各方面的数字、条件和资料联系起来，并把所有的条件作为还价交换的筹码统筹兼顾，这样会适当缓解还价的难度与矛盾。

5. 松紧适宜，尤其不能过松

还价如果过紧，可能会使对方感到缺乏诚意退出谈判；如果过松，可能会招致对手的紧逼，使己方毫无退路，处于被动地位。一般来说，应适当从严从紧还价，以掌握谈判的主动权。

（二）还价的方式

在商务谈判中，还价的方式主要包括以下几种。

1. 逐项还价

逐项还价是指对主要设备逐台还价，而对安装调试费、员工培训费、技术指导费、工程设计、资料费等分项还价。

2. 分组还价

分组还价是指根据货物的质量、规格进行分组，按照价格差距档次分别还价。

3. 总体还价

总体还价是指把货物以及与货物有关的服务项目分别集中还两个不同的价，或仅还一个总价。

总而言之，采取哪种还价方式应具体分析，不能生搬硬套，越适合具体情况，效果越好。

（三）还价起点的确定

一旦买方选定了还价的性质和方式以后，还价最为关键的问题是确定还价起点，即以什么条件作为第一次还价。还价的起点是买方第一次公开报出的打算成交的条件，其高低直接关系到自身的利益，也反映出谈判者的谈判水平。所以，还价起点的总体要求是：第一，还价起点要低，力求使己方的还价给对方造成压力，影响或改变对方的判断。第二，接近目标，还价起点要低，但又不能太低，还价起点的高度必须接近对方的目标，使对方有接受的可能性，能够保证价格磋商过程得以正常进行。

还价起点的确定，从原则上讲，还价起点既要低，但又不能太低，要接近谈判的成交目标。从量上讲，谈判起点的确定有三个参照因素：报价中的含水量、与己方目标价格的差距和准备还价的次数，同时还应考虑分析卖方在买方价格评价和讨论后，其价格改善的情况。

谈判中的一方在对方的讨价过程中，必须对其报价进行改善，但改善的程度是各不相同的。因此，谈判者修改原报价或重新报价后，价格中所含“水分”的多少是确定还价起点的第一项因素。对于所含水分较少的报价，还价起点应较高，这样可使双方均感到对方的合作诚意；对于所含水分较高的报价，还价起点应较低，以便使己方的还价与成交价格的差距同对方价格中所含的水分相对应，确保己方在后续的讨价还价中不吃亏。

对方报价与己方的价格目标的差距是确定还价起点的第二项因素。目标价格是己方根据自身利益需要、他人利益需要和各种客观因素制定的，并力图通过讨价还价达到的成交价格。因此，当对方提出报价后，己方应将该报价与己方的目标价格相比较，根据差距确定己方的还价。对方报价距离己方的目标价格越远，其还价起点就应越低；反之，对方报价距离己方的目标价格越接近，其还价起点就应越高，但还价起点必定要低于己方准备成交的价格，以便在后续的讨价还价中留有余地。

己方准备还价的次数是确定还价起点的第三项因素。在每次还价的幅度大致确定的情况下，当己方准备还价的次数较多时，还价的起点应较低；当己方准备还价的次数较少时，还价的起点应较高。

三、讨价还价的策略及技巧

磋商既是双方求同存异、合作、谅解、让步的过程，也是双方斗智斗勇，在谈判中智力、体力和耐力等方面较量的过程，谈判策略和技巧的作用在本阶段得到了充分的体现。

在商务谈判中，整个谈判过程呈现出一定的阶段性。尽管谈判是多种策略的综合运用，但每一个阶段也都会使得一些策略具有明显的主导性。因此，在本节讲解讨价还价的策略时，将根据谈判过程的先后大致分为三个时间段，即讨价还价前期、中期和后期来讨论较为常见的谈判策略。

（一）讨价还价阶段前期的策略运用

1. 故布疑阵

故布疑阵策略是指通过不露痕迹地向对方提供虚假信息或大量无用信息而使对方上当，从而取得有利的谈判条件。该策略的具体做法是，故意在走廊上“遗失”经过刻意加工的备忘录、便条或文件，或者故意把它们丢在容易被对方发现的纸篓里；在休息期间把笔记本放在无人的谈判桌上；在“无意”中让对方发现其他竞争对手的有关资料等。

使用该策略可以通过给对方提供虚假信息或无用信息来干扰对方的判断，促使其做出有利于己方的决策，增强己方的优势。此策略一般是在对方谈判代表缺乏谈判经验、容易轻信他言、不掌握市场行情或急于想了解己方的观点、立场的情形下使用。

在使用该策略时，必须进行精心设计，不能露出一点破绽。在向对方提供资料时，必须是间接的，因为人们一般认为间接得到的信息要比直接得到的资料更可信，间接提供的假情报更容易使对方接受。

作为策略运用者，不到万不得已的情况下，一般不宜采用这种策略，因为它有损于己方的诚意，一旦在谈判中被识别，即会影响谈判气氛甚至导致谈判失败，事后被发现了也将失信于人。

本策略的应对：不能轻信对方不应出现的失误，对轻易得来的材料持怀疑态度，作为防御，必须了解这种策略。因为目前谈判桌前仍有不诚实者和故意欺诈者，应从心理上予以重视，在措施上予以反击。

【课堂拓展】

饭店招标

某饭店改建，需修建一个标准游泳池。该饭店采用招标方式，初步选定甲、乙、丙三个承包商。饭店负责人在得到三个承包商的标书后，发现每个方案所提供的温水设备、过滤网、抽水设备、设计、装饰材料和价格均不相同。由于技术性强，选择十分困难，饭店负责人最后邀请三个承包商于同一天、同一时间到达饭店，并在他们相互认识并了解意图之后，依次进行谈判。谈判中，甲方告诉饭店负责人，他们建造的游泳池质量最好，乙方通常使用陈旧的抽水设备，丙方信誉不好；乙方告诉饭店负责人，甲方和丙方提供的都是塑料管道，而自己提供的是铜管道；丙方则告诉饭店负责人，甲方和乙方使用的过滤网品质低劣，报价太高……饭店负责人通过这种谈判，达到了以下目的：一是了解了有关建造游泳池的知识；二是积累了与承包商还价的经验。最后，饭店在要求修改工程预算和施工方案的基础上，选定了价格最低的承包商。

2. 抛砖引玉

抛砖引玉策略的基本做法是在对方询价时，己方先不开价，而是举一两个近期达成交易的案例，给出其成交价，进行价格暗示，反过来提请对方出价。

运用此策略的目的是将先出价的“球”踢回给对方，为己方争取好价格。如果运用得当，举例真实可信，可以为己方带来额外收益，强化己方在谈判中的有利地位；但若提供的成交案例经不起推敲，则己方就具有欺诈之嫌，从而使己方处于不利的谈判地位。

此策略一般是在己方不愿意先出价而对方又期望己方先出价的情形下使用，实施这一策略时应注意，所举案例的成交价要有利于己方，成交案例与本交易要具有可比性，且需要提供证明材料。

本策略的应对：千方百计找出对方所提供案例的漏洞或不可比性，坚持要对方先出价。

3. 吹毛求疵

谈判中，讨价还价时，对方的目标越高，对己方越不利。对方的目标很高，要价往往居高临下，成交价格也就很难降低。因此，己方首先要降低对方的目标，将对方的商品挑出毛病，这等于贬低产品的价值，对方心中就失去了商品应有的价格基础。吹毛求疵策略，就是谈判中处于劣势的一方对有利的一方炫耀其实力，谈及对方的实力或优势时采取回避态度，而专门寻找对方弱点，伺机打击对方。

【课堂拓展】

“吹毛求疵”的压价

苹果熟了，果园里一片繁忙景象。一家果品公司的采购员来到果园，“多少钱一千克？”“1.6元。”“1.2元行吗？”“少一分也不卖。”目前正是苹果上市的季节，不久，又有一家公司的采购员来到果园。“多少钱一千克？”“1.6元。”“整筐卖多少钱？”“零买不卖，整筐1.6元一千克。”接着这家公司的采购员从苹果的质量、大小、色泽等方面挑出一堆毛病，其实是在声明：瞧你的苹果多差劲。对方显然不同意他的说法，在价格上也不肯让步。采购员却不急于还价，而是不慌不忙地打开筐盖，拿起一个苹果掂量着、端详着，不紧不慢地说："个头还可以，但颜色不够红，这样的苹果卖不上价呀！"接着伸手往筐里掏，摸了一会儿摸出一个个头小的苹果："老板，您这一筐苹果，表面是大的，筐底可藏着不少小的，这怎么算呢？"边说边继续在筐里摸着，一会儿，又摸出一个带伤的苹果："看，这里还有虫咬，也许是雹伤。您这苹果既不够红，又不够大，算不上一级，勉强算二级就不错了。"这时，卖主沉不住气了，说话也和气了，"您真想要，还个价吧。"双方终于以每千克低于 1.6 元的价钱成交了。第一个采购员遭到了拒绝，而第二个采购员却能以较低的价格成交，第二个采购员在谈判中，采取了"吹毛求疵"的战术，说出了压价的道理。

这种吹毛求疵的策略，是通过再三挑剔，提出一大堆问题和要求来运用的，尽管有的是真实的，有的是虚张声势，但都可以成为讨价还价的理由，达到以攻为守的目的。同时，从心理角度分析，买方运用这种技巧，讨价还价，可使买方精明强干的行为得到体现，促成卖方重视买方，从而提高买方的谈判效果。

作为卖方，遇到使用吹毛求疵的买家时，应使用以下方法应对：

第一，必须要有耐心。那些虚张声势的问题及要求，自然会渐渐地露出马脚，并且失去影响力。

第二，遇到了实际问题，能开门见山地和买主商谈。

第三，对于某些问题和要求，要能避重就轻或视若无睹地一笔带过。

第四，当对方在浪费时间、节外生枝，或做无谓的挑剔及无理的要求时，必须及时提出抗议。

第五，向买家建议一个具体且彻底的解决方法，而不去讨论那些没有关联的问题。

（二）讨价还价阶段中期的策略运用

1. 步步为营

步步为营策略是指谈判者在谈判过程中步步设防，试探着前进，不断地巩固阵地，不动声色地推行己方的方案让人难以察觉，己方的每一微小让步都要让对方付出相当代价。在一切条件上都要坚持己方的观点，己方做出了一点让步就缠住对方不放，要求对方也做出对等的让步，以消耗对方的锐气，坚守己方的阵地。

运用此策略可以减少己方的让步，不做无谓的牺牲，以己方微小的代价换得对方较大让步。此策略如果运用不当，会加大谈判的艰难程度，严重时会导致谈判的搁浅。此策略一般在谈判时间充裕，谈判议题较少，或是各项议题的谈判均比较艰难的情形下使用。

使用该策略应小心谨慎，戒急躁和冒进。每次让步之前应该想好它对对方的可能影响及对方可能会有的反应。使用该策略要做到言行一致，有理有据，使对方觉得情有可原。还价要狠，退让要小而缓。要使对方感到己方的每一次让步都是做出了重大牺牲，一般情况下，己方做出一次让步后，需坚持要对方也做出一次对等（或是较大）的让步，然后本方才有可能做出新一轮的让步。

本策略的应对：

第一，寻找并抓住对方的一两个破绽，全盘或大部分地否定对方的要价理由。

第二，坚持己方的要价与让步策略和行动计划，不跟随对方的步调行事，不做对等让步，坚持要求对方做出大的让步，己方其后才做出让步。

第三，以其人之道，还治其人之身，即向对方学习，也步步为营。

第四，运用其他策略技巧，如最后出价、最后通牒、不开先例等来打乱对方的步调。

2. 疲劳轰炸

研究结果表明，疲倦的人容易犯错误。经过白天长时间的会谈后，再用整晚的时间来讨论、重新计划。故意这么做的人都知道，这种方法只要实施一段时间，谈判者便会变得不讲理、沮丧而容易犯错误。在谈判者产生负面情绪的情况下进行谈判，谈判结果会大打折扣。

疲劳轰炸策略就是指通过上述的疲劳战术来干扰对方的注意力，瓦解其意志并抓住有利时机达成协议。马拉松式的谈判，本已存在的会场气氛、精力等自然障碍，再加上“疲劳策略”的运用，人为地拖延谈判时间，把对方的休息和娱乐的机会也安排得满满的，看似是隆重礼遇，实际上也许只是一种圈套。这时，影响谈判结局的决定性因素是谈判人员的精力，而不是高明的辩论技巧。

运用该策略，可以应对对手所提出的种种盛气凌人的问题，通过采取回避、巧妙周旋的办法，暗中摸清对方的情况，寻找其弱点，逐渐消磨对方的锐气；同时己方的谈判地位也从不利和被动的局面中扭转过来。待对手精疲力竭时，己方则可反守为攻，抱着以理服人的态度，摆出己方的观点，力促对方做出让步。

本策略的应对：谈判小组的领导应尽量使谈判在正常的工作时间内进行，确保谈判小组成员有足够的时间休息；到外地进行谈判的小组应制定相应的规章制度，谈判以外的时间要由自己安排，而不能按别人的计划行事；对对方的过度安排，要学会说“不”。

3. 黑脸白脸

软硬兼施策略又称“黑脸白脸策略”“好人坏人策略”或“鸽派鹰派策略”。

在商务谈判中运用此策略，通常的做法是，初始阶段先由“黑脸”的人出场，傲慢无理、苛刻无比、立场坚定、毫不妥协，让对手产生极大的反感。当谈判进入僵持状态时，唱“白脸”的人出场，表现出体谅对方的难处，以合情合理的态度，照顾对方的某些要求，放弃己方的某些苛刻条件和要求，做出一定的让步。实际上，做出这些让步之后，剩下的那些条件和要求恰恰是原来设计好的必须全力争取达到的目标。

该策略是通过“先兵后礼”的举措来感化或压迫对方转变立场，从而打破僵局，促成交易。软硬兼施策略往往在对手缺乏经验，对手很需要达成协议的情境下使用。

实施该策略时应注意：扮演“黑脸”的，既要表现得“凶”，又要保持良好的形象；既要态度强硬，又要处处讲理，决不蛮横。扮演“白脸”的，应是主谈人，一方面要善于把握谈判的条件，另一方面也要把握好出场的火候，做到软中要有硬，不能使己方的利益受损。

本策略的应对：可以让其“黑脸”表演，并仔细倾听，寻找其弱点和言语中的漏洞，紧紧抓住不放，将对方的“黑脸”从“防线”上击退；对“黑脸”的表演不予理睬，相信必定会换上“白脸”调和；认识到对方无论是“白脸”还是“黑脸”都属于同一战线，其目的都是从己方得到利益，因而应同等对待；放慢谈判及让步速度，在“黑脸”面前也要寸步不让；当持温和态度的“白脸”上场时，马上“旧话重提”，在顾全对方的面子或给予对方台阶的同时，迫使对方“体面地”让步并根据他的让步决定己方的对策；给对方的让步要算总账，绝不能在对方的温和派上场后给予较大的让步；针锋相对，以其人之道，还治其人之身，跟对方抗衡到底。

4. 休会策略

休会策略是谈判人员为控制、调节谈判进程，缓和谈判气氛，打破谈判僵局而经常采用的一种基本策略。有时候，当谈判进行到一定阶段或遇到某种障碍时，谈判双方或其中一方会提出休会，以便谈判人员恢复体力和调整对策，推动谈判的顺利进行。

从表面上看，休会是让谈判双方恢复体力和精力，但实际上，休会的作用已远远超出了这一含义。它已成为谈判人员调节、控制谈判过程，缓和谈判气氛、融洽双方关系的一种策略技巧。

谈判出现僵局，双方情绪都比较激动、紧张，会谈一时也难以继续进行，这时，双方可借休会之机冷静下来，仔细考虑争议的问题；也可以召集各自的谈判小组成员，集思广益，商量具体的解决办法。当双方再按预定的时间、地点坐在一起时，会对原来的观点提出修正的看法。这时，僵局就会较容易打破。

人们的精力往往呈周期性变化，经过较长时间的谈判后，谈判人员就会精神涣散、工作效率低下，这时最好提议休会，以便休息一下，养精蓄锐，以利再战。在会谈出现新情况时，谈判中难免出现新的或意外的情况和问题，使谈判局势无法控制。这时，可建议休息几分钟，以研究新情况，调整谈判对策。当谈判出现僵局时，在谈判双方进行激烈交锋时，往往会出现各持己见、互不相让的局面，使谈判陷于僵局。这时休会，能让双方冷静下来，客观地分析形势，及时地调整策略。等重开谈判时，会谈气氛就会焕然一新，谈判有可能顺利进行进而打破僵局。有时，谈判进展缓慢、效率很低、拖拖拉拉，谈判一方对此不满。这时，可提出休会，经过短暂休整后，重新谈判，可改善谈判气氛，当谈判进行到某一阶段的尾声时，双方可借休会之机、分析研究这一阶段所取得的成果，展望下一阶段谈判的发展趋势，谋划下一阶段进程，提出新的对策。

本策略的应对：要把握好时机，讲清休会时间；要委婉讲清需要，但也要让对方明白：提出休会建议后，不要再提出其他新的问题，应先把眼前的问题解决好再说。

（三）讨价还价阶段后期的策略运用

1. 最后通牒

在谈判双方争执不下，对方不愿做出让步以接受己方交易条件时，为了逼迫对方让步，己方可以向对方发出最后通牒。其通常的做法是，给谈判规定最后的期限，如果对方在这个期限内不接受己方的交易条件达成协议，己方就宣布谈判破裂而退出谈判。

最后通牒在多数情况下是一个非常有效的策略。在谈判中人们对时间是非常敏感的。特别是在谈判的最后关头，双方已经过长时间紧张激烈的讨价还价，在许多内容上已经达成一致或接近一致的意见，只是在最后的某一两个问题上相持不下，如果这时其中一方给谈判规定了最后期限，另一方就必须考虑是否准备放弃这次盈利的机会，牺牲前面已投入的巨大谈判成本，权衡做出让步的利益牺牲与放弃整个交易的利益牺牲谁轻谁重，以及坚持不做让步的后果。如果谈判的对手没有足够的勇气和谈判的经验的话，那么，在最后通牒面前常常选择的道路是退却，做出让步以求成交。

该策略往往在谈判后期的关键时刻被谈判者所采用。当谈判处于僵局，或对手迟迟不下决心成交时，可以采用此策略来加速谈判进程。这一策略有时能够收到较好的效果，有助于加速谈判进程，促使对手早下决心。但谈判者在采用这一策略时，也有可能会引起对方的敌意，所以在采用该策略时要尽量设法降低对方的敌意。

运用该策略时应注意：

第一，谈判者知道自己处于一个强有力的地位，特别是该笔交易对对手来讲，要比对己方更为重要。这一点是运用这一策略的基础和必备条件。

第二，谈判的最后阶段或最后关键时刻才使用“最后通牒”。对方经过旷日持久的谈判，花费大量人力、物力、财力和时间，一旦拒绝己方的要求，这些成本将付诸东流。这样，对方会因无法担负失去这笔交易所造成的损失而达成协议。

第三，在言语上要委婉，既要达到目的，又不至于锋芒太露。

第四，应拿出一些令人信服的证据（诸如国家的政策、与其他客户交易的实例或者国际惯例、国际市场行情的现状及趋势，以及国际技术方面的信息等），让事实说话。

第五，给予对方思考、讨论或者请示的时间。这样一来，有可能使对方的敌意减轻，从而自愿地降低其条件或者不太情愿地接受己方的条件。

第六，“最后通牒”的提出必须是非常坚定、明确、毫不含糊的，不让对方存有任何幻想。同时，己方也要做好对方真的不让步而退出谈判的思想准备，不致到时惊慌失措。

第七，使用这一策略有可能使谈判破裂或者陷入更严重的僵局，所以要视情况而定，除非有较大把握或者万不得已时才用，千万别滥用和多用该策略。

该策略的应对：

第一，应该分析和判断对方的“最后通牒”是真还是假。这主要是分析在本次交易谈判中双方的谈判实力，特别是交易对对方的重要性。因为这涉及一旦谈判真正破裂后哪一方的利益损失更大的问题。毫无疑问，利益损失的大小会直接影响对待中止谈判的态度。

第二，继续谈判，对此根本不予理睬，就像根本没有听到对方的通牒一样。如果对方是为了试探己方的诚意发出通牒，这样做会使对方吃闭门羹，策略失败。

第三，尽量找出个圆满的解释去反驳对方的解释，从而使对方的通牒陷入不攻自破的局面。

第四，摆出准备退出谈判的姿态，以此来反侦察对方的真实意图。

第五，转换话题或改变交易的条件。诸如增加或减少订货、要求更多或更少的服务、要求品质规格更高或略低、要求更快或更慢地送货、改变支付方式、改变产品种类的比例、改变包装或运输方面的条件等，以此来试探对方的立场。

第六，暗示还有其他货主和顾客，使对方感觉激烈竞争的压力，并适当指出谈判破裂对对方的损失。

第七，提醒对方注意采用该策略的后果，然后暂时休会让双方都能静心思考是否要继续谈下去。

2. 场外交易

场外交易策略是指谈判双方将最后遗留的个别分歧问题放下，离开谈判桌，东道主一方安排一些旅游、酒宴、娱乐项目，以缓解谈判气氛，争取达成协议的做法。

在谈判后期，如果仍然把个别分歧问题摆到谈判桌上来商讨，往往难以达成一致。一是经过长时间的谈判，已经令人很烦闷，影响谈判人员的情绪，相应地还会影响谈判协商的结果；二是谈判桌上紧张、激烈、对立的气氛及情绪易迫使谈判人员自然地去争取对方让步，而即使是正常的、应该的，但在最后的一个环节上的让步，让步方会认为丢了面子，可能会被对方视为战败方；三是即使某一方的主谈人或领导人头脑很清楚冷静，认为做出适当的让步以求尽快达成协议是符合本方利益的，但因同伴态度坚决，情绪激昂而难以当场做出让步的决定。此时，运用场外交易策略是最为恰当的。

场外轻松、友好、融洽的气氛和情绪很容易缓和双方剑拔弩张的紧张局面。轻松自在地谈论感兴趣的话题，交流私人感情，有助于化解谈判桌上激烈交锋带来的种种不快。这时适时巧妙地将话题引回到谈判桌上遗留的问题上来，双方往往会很大度地相互做出让步而达成协议。

当谈判即将进入成交阶段，双方在绝大多数的议题上均已取得一致意见，仅在某一两个问题上存在分歧、相持不下而影响成交时，即可考虑采取场外交易。

运用该策略时应注意：一定要注意谈判对手的不同习惯。有的国家的商人忌讳在酒席上谈生意，必须事先弄清，以防弄巧成拙。

3. 私下接触

在谈判过程中，各方谈判人员一般都有充裕的业余时间进行休整。在这段时间谈判人员可以充分地休息、娱乐、养精蓄锐，自然也可以运筹下一步谈判的各项内容，除此之外，谈判人员还可以有意识地同对手私下接触，一起去娱乐游玩，以增加双方的了解，促进谈判的顺利发展，这一策略称为“私下接触”策略。

这种策略尤其适用于各方的首席代表。双方代表在业余时间里一起说说笑笑、轻松愉快，这很容易消除双方的隔阂，增强合作精神，建立起真挚的个人友谊，为下一步谈判创造积极气氛。

哪些场所适合谈判双方联络感情呢？一般来说，凡是可以使双方人员一起高高兴兴地消遣一下的地方都在此列。比如说高尔夫球俱乐部、保龄球馆、游泳馆等，皆无不可。当然，各国、各地商人可能有独特的偏好。如日本人喜欢在澡堂一起洗澡闲谈，芬兰人乐于在蒸汽浴室一起消磨时间，而英国人则倾向于一起去俱乐部坐坐，我国的广东人喜欢晨起在茶楼聊天。对于不同的谈判对手要兼顾偏好，这更有利于联络感情。

4. 权力有限

受到限制的权力才是真正有力量的权力。有限权力策略正是谈判者巧妙地利用权力权限与对方进行讨价还价的一种策略。它是指当双方人员就某些问题进行协商，一方要求对方做出某些让步时，另一方可以向对方宣称，在这个问题上，授权有限，无权向对方做出这样的让步，或无法更改既定的事实。

实力较弱的一方的谈判者常常带着许多限制去进行谈判，这在一定程度上比大权独揽的谈判者处于更有利的地位。因为，谈判人员的权力受到了限制，可以促使其立场更加坚定，可以优雅地向对方说：“不，这不是我个人的问题，我不能在超越权力范围的事情上让步。”确实，一个未经授权的主谈人，不可能答应赊账、降价。同理，一个买主如果无权灵活接受卖方条件，则也是个极难商议的对手。

运用该策略的最大好处在于既维护了己方利益，又不伤对方面子。此外，利用权力限制，借与高层决策人联系请示之机，可以更好地商讨处理问题的办法。利用此策略，还可以迫使对方向己方让步，在权力有限的条件下与己方进行洽谈。

此策略一般是在对方要求条件过高或己方需要对方在后期做出更大让步的情形下使用。运用该策略时应注意：

第一，“权力有限”作为一种策略，只是一种对抗对手的盾牌。“盾牌”的提出要严密，让人难辨真伪，对手只能凭自己一方的“底牌”来决定是否改变要求、做出让步。

第二，运用这一策略时，如果要撤销“盾牌”也并不困难，可以说已请示领导且领导同意了。

第三，采用有限权力策略要慎重，不要使对方感到己方谈判人员没有决策权，不具备谈判的能力。

第四，不要让对方失去与己方谈判人员谈判的诚意和兴趣，否则就无法达成有效协议。

该策略的应对：在正式谈判开始就迂回地询问对方是否有拍板定案的权力，如果有就谈，没有就应提出相应的要求，要么更换谈判代表，要么停止谈判，要求对方尽快通过电话、电传等向其领导联系，尽快解决权力有限的问题。

5. 坐收渔利

坐收渔利策略是指买主把所有可能的卖主请来，同他们讨论成交的条件，利用卖者之间的竞争，各个击破，为己方创造有利的条件。该策略取自“鹬蚌相争，渔人得利”，比喻双方争执，第三者得利。该策略成功的基础是制造竞争，卖者的竞争越激烈，买者的利益就越大。

运用此策略，通常的做法是：（1）邀请多家卖方参加投标，利用其间的竞争取胜。（2）同时邀请几家主要的卖主与其谈判，把与一家谈判的条件作为与另一家谈判要价的筹码，通过让其进行背靠背的竞争，促其竞相降低条件。（3）邀请多家卖主参加集体谈判，当着所有卖主的面以压低的条件与其中一位卖主谈判，以迫使该卖主接受新的条件。因为在这种情况下，卖主处在竞争的压力下，如不答应新的条件，又怕生意被别人争去，便不得不屈从于买方的意愿。

该策略的应对：对方采用该策略时，己方的对策要因其制造的竞争方式不同而不同。对于利用招标进行的秘密竞争，要制订周密的、合理的竞标方案，要积极参加竞标。对于背靠背的竞争应尽早退出。对于面对面的竞争，采取相反的两种对策：一种是参加这种会议，但只倾听而不表态，不答应对方提出的任何条件，仍按己方的既定条件办事；另一种是不参加这种会议，不听别人的观点，因为在会议上容易受到买方所提条件的影响。

任务三　价格让步

【课堂拓展】

让步策略的意义

20 世纪 80 年代，蛇口招商局同美国 PPC 集团签订合资生产浮法玻璃的协议。谈判时，在蛇口方面每年应付给美方的知识产权费用所占销售总额的比例上，双方产生了较大的分歧。美方要价是 6%，而蛇口方面还价是 4%，经过一番讨价还价，美方被迫降下来一个百分点，要价为 5%，而蛇口方面还价是 4.5%。这时，双方都不肯再让步了，于是谈判出现了僵局。怎么办呢？休会期间，蛇口招商局负责人袁庚出席美方的午餐会，在应邀发表演讲时，他念念不忘台下的 PPC 集团的谈判对手，于是故意将话题转向谈论中国文化上。他充满豪情地说："早在千年以前，我们民族的祖先就将四大发明——指南针、造纸术、印刷术和火药无条件地贡献给了全人类，而他们的后代子孙却从未埋怨过不要专利权是愚蠢的。恰恰相反，他们盛赞祖先具有伟大的风格和远见。"一席豪情奔放的讲话，把会场的气氛激活了。接下来，袁庚转到正题上，他说："我们招商局在同 PPC 集团的合作中，并不是要求你们也无条件地让出专利，不！我们只要求你们要价合理——只要价格合理，我们一分钱也不会少给！"这番话，虽然是在谈判桌外说的，却深深触动了在座的 PPC 集团的谈判者。回到谈判桌以后，PPC 集团很快做出了让步，同意以 4.75%达成协议，为期 10 年。蛇口的这个协议，比其他城市的同类协议开价低出了一大截。从达成的协议上不难看出，与最初的要价相比，美方让步是 1.25 个百分点，而我方让步仅为 0.75 个百分点。

谈判是妥协的艺术，没有让步就不会成功。无论是买方还是卖方，让步都是其达成有效协议所必须采取的策略。因此，让步技巧在商务谈判中的运用显得尤为重要，它影响着谈判发展的方向，关系到谈判的最终结果。因此，从某种意义上说，让步是谈判双方为达成协议而必须承担的义务。商务谈判各方要明确己方所追求的最终目标，以及为达到该目标可以或愿意做出的让步。让步本身就是一种谈判策略，它体现了谈判人员通过主动满足对方需要的方式，来换取自身需要的满足这一实质性问题。如何把让步作为谈判中的一种基本技巧和手段加以运用，从而使谈判最终获得成功，这就是让步策略的根本意义。

一、让步的原则

（一）有效适度的让步

在商务谈判中一般不要做无谓的让步。有时让步是为了表达一种诚意；有时让步是为了谋取主动权；有时让步是为了迫使对方做相应的让步。

（二）让步要谨慎有序

让步要选择适当的时机，力争做到恰到好处，同时要谨防对方摸出己方的虚实和策略组合。

（三）双方共同做出让步

在商务谈判中让步应该是双方共同的行为，一般应由双方共同努力，才会达到理想的效果。任何一方先行让步，在对方未做相应的让步之前，一般不应做继续让步。

（四）让步是不容易的

每做出一项让步，都必须使对方明白，己方的让步是不容易的，而对对方来说这种让步是可以接受的。

（五）高期望值

对对方的让步，要期望得高些。只有保持较高的期望，在让步中才有耐心和勇气。

二、让步的策略

谈判中的让步是必要的。没有必要的让步，谈判便无法进行。然而，一味地让步是根本不现实的，也有害于己方利益。"最好的防守便是进攻"。在谈判磋商中，迫使对方让步也是达到最终谈判目的的手法之一。迫使对方让步的策略主要有以下几种。

（一）利用竞争

制造竞争是谈判中迫使对方让步的最有效的武器和策略。当一方存在竞争对手时，其谈判的实力就大为减弱，面临的选择就是要么让步，要么放弃。

在竞争日益激烈的社会，竞争对手的出现，会给对方造成很大的心理压力。因此，在谈判中，应善于利用竞争局面迫使对方让步。

（二）虚拟假设

所谓虚拟假设，就是进行利害分析，迫使对方选择让步。

【课堂拓展】

法国警方的“最后通牒”

1977年8月，克罗地亚人劫持了美国环球公司的一架班机，最后迫降于法国戴高乐机场。法国警方与劫持者进行了3天谈判。双方陷入僵局后，警方运用虚拟假设向对方发出了“最后通牒”：“如果你们现在放下武器跟美方警察回去，你们将被判处2～4年的监禁。但是，如果我们不得不逮捕你们，按照法国的法律，你们将被判处死刑。你们愿走哪条路呢?”恐怖分子只好选择了投降。虚拟假设的另一个作用是诱使对方进入圈套，以便自己如愿以偿。美国谈判大师荷伯·科恩一次飞往墨西哥城去主持一个谈判研讨会，抵达目的地时，旅馆告知已“客满”。此时，荷伯·科恩施展了他的看家本领，找到了旅馆经理问：“如果墨西哥总统来怎么办？你们是否要给他一个房间?”“是的，先生。”经理回答。荷伯接着说：“好吧，他没有来，所以我住他那间。”结果他顺利地住进了“总统套房”，不过附加条件是总统来了必须立即让出，而这个概率是很小的。

（三）得寸进尺

得寸进尺指一方在争取对方一定让步的基础上，再进一步，提出更多的要求，以争取己方利益。这一策略的核心是：一点一点地要求，积少成多，以达到目的。有时也称它为“蚕食策略”，意思是就像蚕吃桑叶一样步步为营，有人也把它形象地比喻为切“意大利香肠”。你想得到整根的意大利香肠，而你的对手抓得很牢，这时你一定不要去抢，而是恳求他给你切一片，这时他不会十分介意。第二天，你再恳求他给你切薄薄的一片，第三天、第四天，连续得到一片片香肠，整根香肠就是你的了。

【课堂拓展】

精明的顾客

有位精明的顾客去店里买录像机时，将这一策略运用得淋漓尽致。他对售货员说：“我了解你，我信赖你的诚实，你出的价格我决不还价。”（先以道德的压力使对方公平出价）“等一等，如果我要买台带遥控的录像机，会不会在总价上打点折扣?”（以一揽子交易压价）“还有一件事要给你提一下，我希望你给我的价格是公平的，是一次双方都获益的交易。如果是这样的话。三个月后，我的办公室也要买一套，现在就可以定了。”（以远利压价）就这样，这位顾客每次赶在对方报价之前提出新的条件，不动声色地使售货员一再压价，最终得到了非常划算的价格。这就是说，积少成多，达到了预期目的。

但这种战术的运用也有一定的冒险性，如果一方压得太凶，或要求越来越高的方式不恰当，反而会激怒对方，使其固守原价，甚至加价，以进行报复，从而使谈判陷入僵局。因此在具有一定条件的情况下，才采用这一策略。这些条件是：第一，出价较低的一方有较为明显的议价倾向；第二，经过科学的估算，确信对方出价的“水分”较大；第三，弄清一些不需要的服务费用是否包括在价格之中；第四，熟悉市场行情，一般在对方产品市场疲软的情况下，回旋余地较大。

（四）先斩后奏

先斩后奏策略亦称“人质策略”。这在商务谈判活动中可以解释为“先成交，后谈判”。即实力较弱的一方往往通过一些巧妙的办法使交易成为事实，然后在举行的谈判中迫使对方让步。

先斩后奏策略的实质是让对方先付出代价，并以这些代价为“人质”，扭转己方实力弱的局面，让对方通过衡量已付出的代价和中止成交所受损失的程度，被动接受既成交易的事实。

先斩后奏策略的作法主要有：

（1）卖方先取得买方的预付金，然后寻找理由提价。

（2）买方先获得了卖方的预交商品，然后提出推迟付款。

（3）买方取得货物之后，突然又以堂而皇之的理由要求降价等。

当然，以上作法如无正当理由，可视为缺乏商业道德，不宜采用。

如果对方使用这一先斩后奏策略，那么对付它的对策应该是：首先，要尽量避免“人质”落入对方之手，让对方没有“先斩”的机会；其次，即使交易中必须先付定金或押金，也必须做好资信调查，并有何种情况下退款的保证；最后，还可采取“以其人之道，还治其人之身”的做法，尽可能相应掌握对方的“人质”，一旦对方使用此计，则可针锋相对。

三、让步节奏

让步是商务谈判双方为达成商务谈判结果，协调双方利益的必须，是讨价还价的结果，但让步的节奏和幅度必须掌握好。

在一轮又一轮的价格谈判中，当心不要把做出的让步固定为某一种模式。比如卖器械，以 15 000 美元的价格开始谈判，但是可以降到 14 000 美元拿到订单，所以谈判幅度是 1 000 美元。

怎么让出这 1 000 美元是很关键的。应该避免 4 种错误：

（1）错误一：平均幅度。

这是指把 1 000 美元分四次做出平均幅度的让步。

250 美元　　250 美元　　250 美元　　250 美元

想想，如果这么做买主会怎么想？对方不知道能让多少，对方所知道的就是每次都得到 250 美元，于是对方不断讲价。实际上，任何两次相同的让步都是错误的。被迫又让出 250 美元的时候，你不是在告诉别人下一次让步也是 250 美元吗？

（2）错误二：最后做个大让步。

即做出 600 美元的让步，紧接着是 400 美元的让步。

600 美元　　400 美元　　0 美元　　0 美元

然后告诉买家：“这绝对是我们的底限了。少一分我都不能给了。”买家觉得卖方先让了 600 美元，接着又让出 400 美元，他相信至少还能再让出 100 美元。他说：“这个价格差不多，要是再降 100 美元，我们就成交。”如果拒绝了，告诉他 10 美元都不能降了，因为已经给出了一个底限了。此时买主一定很沮丧，他在想："400 美元都让了，现在就 100 美元都不行！怎么这么不好说话？"所以，不要最后做出一个大的让步，因为那会让对方产生敌意。

(3) 错误三：一下子都让出去。

另外一种让步的类型是一下子把 1 000 美元的谈判幅度都让出去。

1 000 美元　　0 美元　　0 美元　　0 美元

买主到底怎么能让己方一下子把整个谈判幅度都让出去呢？很容易！他们打电话，说："你是我们正在考虑的三家供应商之一。现在你们排在前面，但是我们认为最公平的方法是请你们三家最后给一个价。"除非训练有素，不然就会惊慌失措，一下子把价降到底，尽管他们没有给任何保证说不会再来一轮竞争。

买主把价格降到底限的另外一种方法是使用"我们不喜欢谈判"的伎俩。买主满脸真诚地说："告诉你我们做生意的方式吧，在 1926 年，我们公司刚刚成立的时候，公司的创立者说：'我们要真诚地对待供应商，不要跟他们讨价还价。让他们给出最低的价格，然后告诉他们我们是否接受。'我们经常这么办。所以，你给我们一个最低价，看我们能不能接受。因为我们不喜欢谈判。"买主在撒谎！他喜欢谈判！这就是谈判——看看他能不能在谈判开始之前就让己方做出最大的让步。

(4) 错误四：首先做出小小的让步试试深浅。

先让出一点小利，看看情况。首先告诉买主："我也许可以降 100 美元，但那是我们的极限了。"如果他们拒绝，可能想："不像我想得那么容易。"于是又降 200 美元。又让了 300 美元之后仍然没有得到订单，谈判幅度中还剩 400 美元，最后恐怕会全让给了他们。

100 美元　　200 美元　　300 美元　　400 美元

看清楚什么了吗？开始让了一小步，然后累积让了一大步，这么做永远都无法成交，因为每次他们要求做出让步的时候，他们得到的越来越多。

这些做法都是错误的，因为它们在买主心里形成一种期待的定势。让步的最好方法是首先做出一个合理的让步，可以抓住这笔买卖。也许 500 美元的让步并不过分。这是谈判幅度的一半。然后要确保再做出让步的时候越来越小。下一次让步可能是 200 美元，然后是 100 美元，然后是 50 美元。

减少让步的幅度可以让买主确信他已经让己方竭尽全力了。总之，让步是必要的，但让步的节奏和幅度必须掌握好。

知识运用

一、认真阅读谈判场景，选择正确答案

1. 有位才华横溢的年轻女演员想在电视台黄金时间节目中露露脸。此时，她遇见一位电视剧制片人，那人答应让她在一部侦探片中担任女主角，但对她说，不出名的演员不能拿较高的演出费，但如果她愿意"廉价"出演，片子一出，她马上就能出名。那以后再参加演出，片酬就会成倍增长了。你认为她的反应是（　　）。

A. 叫那人"去你的吧"

B. 同意，反正凡事都要有个开头

C. 既然让我当主角，就得拿主角的价码

2. 一家大公司的采购员看了你的供应产品的开价之后说："竞争激烈得很啊，你最好把要价降低一些。"你会（　　）。

A. 为了取得大公司的订单，答应压价

B. 问问对方，你的报价比别人的高多少

C. 让他先去与别人谈谈

D. 要求看看别人的报价

E. 问他喜不喜欢你的报价

3. 一家连锁店的采购员对能遇到你十分高兴，因为他的供应商由于工人罢工而无法供货，想求你帮忙解决这个燃眉之急，并希望能马上提供 50 000 打"可乐"饮料。此时你会（　　）。

A. 对他笑笑，回答"可以"

B. 告知可以，但需另加 5%的紧急供货费用

C. 对他笑笑，但对他说，时间太紧恐怕难以办到

D. 告诉他，他真是运气好极了，不但能马上满足需求，还可以享受这个月开始实行的大宗交易折扣

4. 你是一名房地产经纪人。有人请你代其出售一处位于城区的房产，叫你"尽量卖个最高价"，你会（　　）。

A. 马上为其四处找买主

B. 要求他把价钱说得具体一点

C. 回绝这一委托

5. 当发现对方明显说错了话，也最好不要打断他的话。这样做（　　）。

A. 对

B. 不对

C. 有时对，有时不对

6. 一位主顾对你建议的价格表示坚决反对，但又不提具体要求。你会（　　）。

A. 对对方的降价要求告以"不行"

B. 请对方提出具体的还价

C. 问他为什么反对你的报价

D. 另提一个建议

7. 你是一家公司的财务经理，正与一主要客户的财务主管商讨为该客户联系一笔交易的事宜。该主管一上来就疾言厉色地指责你所报服务费要价太高。随着谈判的进行，他更加变本加厉，态度越来越不像话，威胁要另找他人代办这项交易，对你的业务能力表示怀疑，还不断打断你的发言。这时你会（　　）。

A. 以牙还牙，报以同样的态度

B. 态度与之截然相反，仍旧与之心平气和地商量

C. 拂袖而去

D. 不理他的所作所为，继续向他施压要他接受你方所提的服务费要求

8. 你在一家玩具商店看上了一种玩具，每个标价 165 元。你想买三个回去送人。这时你会问售货员（　　）。

A. 买两个要多少钱

B. 买三个要多少钱

C. 有没有特价优惠

9. 你在南方推销产品。在长沙，人们说“太贵”了，在广州，人们说你的报价“不实在”，而在厦门，人们则说“照这个价进货，卖出去就没有钱好赚了”。此时你会（　　）。

A. 给总部发传真，说营销部算出的价格肯定出了错

B. 继续四处推销

C. 请求在决定价格上给自己以一定的主动权

D. 同意打折扣，只求能得到订单

二、案例分析

1. 某工厂要从日本 A 公司引进收音机生产线，在引进过程中双方进行谈判。在谈判开始之后，日本公司坚持要按过去卖给某厂的价格来定价，坚决不让步，谈判进入僵局。我方为了占据主动地位，开始与日本 B 公司频频接触，洽谈相同的项目，并有意将此情报传播，同时通过有关人员向 A 公司传递价格信息，A 公司信以为真，不愿失去这笔交易，很快接受我方提出的价格，这个价格比过去其他厂商引进的价格低 26%。

请分析：在本案例中，我方运用了什么策略?

2. 中日索赔谈判

我国从日本 S 汽车公司进口大批 FP-148 货车，使用时普遍发现严重质量问题，致使我国蒙受巨大的经济损失。为此，我国向日方提出索赔。

9 月 30 日，中日双方在北京举行谈判。

首先是卡车质量问题的交锋。

日方深知，FP-148 汽车质量问题是无法回避的，他们采取避重就轻的策略：如有的车轮胎炸裂，有的电路有故障，有的铆钉震断，有的车架偶有裂纹……

果然不出我方所料，日方言词谨慎，所讲的每一句话都是经过反复推敲的。毕竟质量问题与索赔金额有必然的联系。我方代表用事实给予回击：贵公司的代表都到过现场，亲自查看过，经商检和专家小组鉴定，铆钉非属震断，而是剪断的；车架出现的不仅仅是裂纹，而是裂缝、断裂！而车架断裂不能用“有的”或“偶有”，最好还是用比例数来表达更为严谨、科学、准确……

日方吃了一惊，没料到对手是如此精明，连忙改口：“请原谅，比例数字未做准确统计!”

“贵公司对 FP-148 货车质量问题能否取得一致看法?”

“当然，我们对贵国实际情况考虑不够……”

“不，在设计时就应该考虑到中国的实际情况，因为这批车是专门为中国生产的。至于我国道路情况，诸位先生都已经查看过，我们有充分理由否定那种属中国道路不佳所致的说法。”

室内烟雾弥漫，谈判气氛趋于紧张。

日方转而对这批车损坏程度提出异议：“不至于损坏到如此程度吧？这对我们公司来

说，是从未发生过的，也是不可理解的。”

我方拿出商检证书：“这里有商检公证机关的公证结论，还有商检拍摄的录像，如果……”

“不，不，不！对商检公证机关的结论，我们是相信的，无异议，我们是说贵国能否做出适当的让步。否则，我们无法对公司交代。”

对 FP-148 货车损坏归属问题上取得了一致的意见。日方一位部长不得不承认，这属于设计和制作上的质量问题所致。

初战告捷，但是我方代表深知更艰巨的较量还在后头。索赔金额的谈判才是最根本性的。

我方一代表，专长经济管理和统计，精通测算。在他的纸笺上，在大大小小的索赔项目旁，布满了密密麻麻的阿拉伯数字。这就是技术业务谈判，不能凭大概，只能依靠科学准确的计算。根据多年的经验，他不紧不慢地提出：“贵公司对每辆车支付的加工费是多少？这项总额又是多少?”

“每辆 10 万日元，计 58 400 万日元。”日方又反问：“贵国提价是多少?”

“每辆 16 万零 1 日元，此项共计 95 000 万日元。”

久经沙场的日方主谈淡然一笑，与助手耳语了一阵，神秘地看了一眼中方代表，问：“贵国报价的依据是什么?”

我方将车辆损坏的各部件、需要如何维修加固、花费多少工时，逐一报出单价。“我们提出这笔加工费不高，如果贵公司感到不合算，派员维修也可以。但这样一来，贵公司的耗费恐怕是这个数的好几倍。”

日方对此测算叹服了：“贵方能否再压一点?”

“为了表示我们的诚意，可以考虑。贵公司每辆出多少?”

“12 万日元。”

“13 万日元如何?”

“行。”

这项费用日方共支付 77 600 万日元。

中日双方争议最大的项目，间接经济损失赔偿金，金额高达几十亿日元。

日方在谈这项损失费时，也采取逐条报出。每报完一项，总要间断地停一下，环视一下中方代表的反应，仿佛给每一笔金额数目都要圈上不留余地的句号。日方提出支付 30 亿日元。

我方代表琢磨着每一笔报价的奥秘，把那些“大概”“大约”“预计”等含糊不清的字眼都一一挑了出来，指出里面埋下的伏笔。

在此之前，我方有关人员昼夜奋战，液晶体数码不停地在计算机的荧光屏上跳动着，显示出各种数字。在谈判桌上，我方报完了每个项目和金额后，讲明这个数字测算的依据在那些有理有据的数字上，打的都是惊叹号。最后，我方提出赔偿间接损失费 70 亿日元!

日方代表听了这个数字之后，惊得目瞪口呆，老半天说不出话来，连连说：“差额太大！差额太大!”于是，进行无休止地报价、压价。

“贵国提的索赔额太高，若不压半，我们会被解雇的。我们是有妻儿老小的……”日方代表哀求着。

“贵公司生产如此低劣的产品，给我国造成多大的经济损失啊！”继而我方又安慰道：“我们不愿为难诸位代表。如果你们做不了主，请贵方决策人来与我们谈判。”

双方各不相让，只好暂时休会。

即日，日方代表接通了北京通往日本S汽车公司的电话，与公司决策人秘密谈了数小时。

接着，谈判又开始了。先是一阵激烈的鏖战，然后双方一言不发，室内气氛显得很沉闷。

我方代表打破僵局：“如果贵公司有谈判的诚意，彼此均可适当让步。”

“我公司愿意付40亿日元，这是最高突破数了。”

“我们希望贵公司最低限度必须支付60亿日元。”

这样，使谈判又出现了转机。但差额毕竟是20亿日元！后来，双方几经周折，提出双方都能接受的方案：中日双方最后的各报金额相加，除以2，等于50亿日元。

除上述两项达成的协议外，日方愿意承担下列三项责任：

（1）确认出售到中国的全部FP-148货车为不合格品，同意全部退货，更换新车。

（2）新车必须重新设计试验，精工细作和制造优良，并请中国专家试验和考察。

（3）在新车未到之前，对旧车进行应急加固后继续使用，日方提供加固件和加固工具等。

一场罕见的大索赔案终于公正地交涉成功了！

问题：

（1）中方在谈判中体现出了怎样的让步策略？

（2）中日双方各采用的是什么谈判战略？

（3）在这场谈判中中方是如何坚持原则的？

（4）日方最后为什么承认了它的失误？

（5）谈谈本案例所涉及的让步技巧。

（6）在面对这样复杂艰难的谈判时，中方取胜的根本原因是什么？

项目八

商务谈判的结束

【项目目标】

1. 了解商务谈判结束的判定条件。
2. 了解谈判的各种可能结果。
3. 掌握如何把握签约意向。
4. 掌握促成缔约的策略。
5. 了解谈判的收尾工作。

【项目引导】

匆忙中的协议

美国著名谈判大师荷伯·科恩年轻时曾受雇于一家经营外贸业务的公司，他听到大亨们满嘴是异国的故事，也决心去当一回谈判代表。他介绍说：我习惯每星期五去见我的上司，三番五次请求他，“给我个好机会去打一仗吧，派我出去，让我当一回谈判代表吧!”我烦得上司受不了了，最后终于同意。上司说：“好吧，科恩，我要派你去东京跟日本人打交道。”我太高兴了，兴奋地对自己说：“这可是我的一次好机会。”一周之后，我乘上去东京的飞机，参加为期 14 天的谈判。我带了有关日本人的精神和心理的书籍，我一直对自己说：“一定要把这桩买卖做好。”飞机在东京着陆了，我第一次以小跑走下舷梯。舷梯下有两位日本代表热情地迎接我，并向我客气地躬身敬礼，我很高兴。两位日本人帮我顺利地通过了海关，然后陪我坐上一辆大型豪华轿车，舒舒服服地倚在锦绒座背上，他们却笔直地坐在两把折叠椅上，我非常感激。在轿车行驶途中，其中一位日本人问道：“请问，你懂这儿的语言吗?”我答道：“你是指日语吧?”他说道：“对，就是我们日本语言。”我说：“噢，不懂，但是我想学几句，我随身带了一本字典。”他的同伴问道：“你是否关心你返回的乘机时间?我们可以安排车子送你到机场。”我心里想：“多么体谅别人呀!”我从口袋里掏出返程机票给他们看，以便让他们知道什么时间开车送我到机场。当时我并不知道他们因此就知道了我的截止期，而我却不知道他们的截止期。他们没有立即开始谈判，而是先让我领略一下日本的文化，我的游览花费了一周多的时间，从天皇的宫殿到京都的神社，他们甚至给我安排了一次坐禅英语课，以便学习他们的宗教。每晚有 4 个半小时，他们都陪着我进餐和欣赏文艺节目。每当我要求开始谈判时，他们总是说：“有的是时间，有的是时间，别着急。”直到第 12 天，谈判总算开始了，但又提前结束，以便能打高尔夫球。第 13 天又开始谈，又是提前结束，因为要举行告别宴会。在第 14 天早上，我们才恢复了认真的谈判，正当我们深入到问题的核心时，轿车开来了，要接我去机场。我们全部挤进车里，继续商谈条款，正好轿车到达飞机场刹住时，我们达成了交易协议。

这次谈判结果怎样？显而易见，匆忙中签订的协议，自然是对日本人有利。多少年来，科恩的上司一直把这次谈判看做是“日本人自从珍珠港事件后的第一个重大胜利”。为什么出现大溃败呢？是因为日本人知道了科恩的截止期。由于他们预料到科恩不会空手返回，所以他们一直不做让步。此外，科恩表现出的焦急也说明他把返回日期看做是不可改变的，好像这是由东京起飞的最后一趟班机。

谈判桌上的学问真是无穷无尽，我们谁也不会认为结束阶段的谈判仅此而已。从谈判的开局，到磋商较量，最后到结束时刻，环环相扣，这时更不能有半点松懈，谈判桌上的“美味佳肴”，确实需要细细品味。

经过谈判双方的共同努力，谈判进入了结束阶段。商务谈判的结束阶段是谈判的最后阶段，在先前的谈判中双方已经表达了自身的利益和观点，提出了一些基本的条件和预案，也达成了一定的让步和妥协，这似乎意味着谈判马上就要成功，但是如果不能把握好谈判结束阶段的程序和要点，会导致前面的谈判成果功亏一篑，前功尽弃。而谈判的最终结果就是签订合同，把谈判双方达成的目标、条件和意见肯定下来，经双方签字后成为具有法律约束力的书面文件，并很好地去履行合同，最终圆满完成商务谈判的最后一道程序。

双方经过谈判，有以下三种可能的结果：

（1）成交。即双方达成合同，交易实现。成交分为两个层次：一是双方对交易条件达成一致，对全部或绝大部分问题没有实质性的分歧；二是双方在这个前提下能够达成书面法律生效的合同，合同内容符合各种规章制度的规定，需要主管部门审批的内容能够获得通过，合同能够正式进行到操作阶段。

（2）中止。谈判中止是指双方因为某种原因未能达成全部或部分成交合同而由双方约定或单方面要求暂时终结谈判的方式。

（3）破裂。谈判破裂是指双方经过最后的努力仍然不能达成共识和签订协议，交易不成，或友好而别，或愤然而去，从而结束谈判。对于友好破裂，双方虽然没有达成共识，但是增进了彼此的了解，可以创造进一步合作的机会。而对立破裂使双方关系恶化，将来很难再次合作。因此，在谈判双方经过一系列努力终究不能达成共识的情况下，应尽可能稳定情绪，增进理解，不要攻击对方，争取以损失最小化的方式处理谈判破裂。

任务一　判定谈判结束时机

当谈判进行到尾声接近双方的预期目标时，要见好就收。这是指要及时结束谈判以巩固前面的成果，否则再拖延下去，有可能前面所做的一切努力都会徒劳无功。谈判者必须正确判定谈判终结的时机，才能运用好结束阶段的策略。谈判如“下棋”，是否该结束，有其本身的规律，或有其一定的标志，见到这种标志，就要准备“收棋”——结束谈判。一般来说，己方会有意识地创造交易条件和巧妙地向对方提出结束问题，可以观察对方对结束谈判的反应，辨认对方的结束信号，通过随后的签约将购买欲望转化为购买的决定。

一、根据谈判涉及的交易条件判定

交易条件是指谈判中有关商务、法律等与成交有关的条件。谈判的中心任务是交易条件的洽谈，在磋商阶段双方进行多轮的讨价还价，临近终结阶段要考察交易条件经过多轮谈判之后达成共识的情况如何，以此为基础判定谈判结束的标志有以下三个方面的内容。

（一）分歧数

分歧数是指谈判双方针对谈判议题反复磋商后尚存的分歧数量。首先，从数量上看，如果双方已达成一致的交易条件占绝大多数，所剩的分歧数量仅占极小部分，就可以判定谈判已进入终结阶段，谈判性质已经从磋商阶段转变为终结阶段。其次，从质量上看，如果交易条件中关键的问题已经达成共识，仅留有一些非实质性的无关大局的分歧点，就可以判定谈判已进入终结阶段。谈判中关键性问题常常会起决定性作用，如果关键性问题还存在很大差距，是不能判定谈判进入终结阶段的。

（二）成交线

成交线是指己方可以接受的最低交易条件，是达成协议的下限。如果对方认同的交易条件已经进入己方成交线范围之内，谈判自然进入终结阶段。当然作为谈判的双方都想争取更好一些的交易条件，但是已经看到了可以接受的成果，这无疑是值得珍惜的。如果恰当运用一些策略与技巧，能争取到更优惠的条件自然更好，但考虑各方面的因素，此时不可强求最佳成果而重新形成双方对立的局面，把有利的时机白白丢失，而应见好就收。因此，当谈判交易条件进入己方成交线时，就意味着谈判进入终结阶段。

（三）一致性

一致性是指交易条件在大体上、原则上已达成共识，对个别问题尚需做技术处理，这时也标志着谈判进入终结阶段。首先，双方就交易条件已达成一致，不仅包括价格，而且还包括对其他相关问题所持的观点、态度、做法、原则都有了共识。其次，个别问题尚需做技术处理。

【课堂拓展】

一致性的判定原则

某学校为了提高学生的计算机应用能力，决定新增 5 个机房，可是学校资金有些紧张，最后决定采用谁投资谁受益的办法来解决资金问题。有 5 位老师愿意投资建机房，有关机房的配置、占用哪个教室、电费如何承担、学生上机时间如何安排等基本谈妥，只剩下有关学生上网的一些问题没有达成一致，这时完全可以判定谈判进入了终结阶段。

二、根据谈判时间判定

谈判的时间包括所需、所限的时间。如果把洽谈交易条件的判定称作实体性终结的判定，那么谈判时间的判定就是过程性终结的判定。谈判必须在一定的时间内终结，不会无休止地拖延下去，当谈判时间即将结束，谈判自然就进入终结阶段。根据时间来判定谈判是否进入终结阶段，有以下三种情况应予以注意。

（一）双方约定的谈判时间

商务谈判中，不少谈判项目在开始之前，双方就确定了谈判所需要的时间。根据既定的时间，双方谈判人员按照协商的程序就有关事项进行磋商。当所规定的时间接近终了时，谈判也就自然进入了尾声。一般情况下，双方约定多长时间要看谈判规模大小、谈判内容多少、谈判所处的环境形势以及双方政治、经济、市场的需要和己方利益。

如果双方实力差距不大，有较好的合作意愿，配合紧密，利益差异不是很悬殊，就容易在约定的时间内达成协议，否则就比较困难。约定谈判结束时间使双方都有紧迫感，促使双方提高工作效率，避免双方长时间地在一些问题上纠缠而争辩不休。

如果在约定时间不能达成协议，一般也应遵守约定的时间将谈判告一段落，或者另约时间继续谈判，或者宣布谈判破裂，双方再重新寻找新的合作伙伴。

（二）单方限定的谈判时间

单方限定的谈判时间是指由一方限定谈判时间，随着时间的终结，谈判随之终结。谈判中单方限定时间的情况有以下几种：一是在谈判中占有优势的一方，出于对己方利益的考虑需要在一定时间内结束谈判；二是谈判中的一方还有其他可供合作的伙伴，因此请求对方或通告对方在己方希望的时限内终结谈判；三是谈判中的一方上司规定了谈判期限。前面两种规定时限的方法对时间的限定方很显然是有利的，因为这一方主动提出期限，可以灵活把握，而最后一种是被动接受上级提出的时限，会受到局限和约束，不利于对谈判过程的灵活把握。

单方限定谈判时间无疑会对对方施加某种压力，当然作为被限定方可以随从，也可以不随从，关键要看交易条件是否符合己方谈判目标。如果认为交易条件合适，可以随从，但要防止对方以时间限定向己方提出不合理的要求。另外，也可以利用对手对时间限定的重视，向对方争取更优惠的条件，让对方用优惠条件来换取己方在时间限定上的配合。

不过，如果以限定时间为手段向对方提出不合理的要求，会引起对方的抵触情绪，破坏平等合作的谈判气氛，从而造成谈判破裂。

（三）形势突变的谈判时间

本来双方已经约定好谈判时间，但是在谈判进行过程中形势突然发生变化，例如，市场行情突变、外汇行情大起大落、公司内部发生重大事件等，这会使谈判者突然改变原有计划，甚至可能会要求提前终结谈判。由于谈判的外部环境是在不断发展变化的，所以谈判进程不可能不受这些变化的影响。

三、根据谈判策略判定

谈判终结因为谈判策略的运用而临近，这种现象称为谈判过程结束的策略效应，也称为技巧性谈判终结。终结策略对谈判终结有特殊的导向作用和影响力，它表现出一种最终的冲击力量，具有终结的信号作用。常见的终结策略是最后立场策略。

最后立场策略实际上是指以谈判破裂相威胁来迫使对方做出让步的策略。谈判者经过多次磋商之后仍无结果，一方阐明己方最后的立场，讲清只能让步到某种条件，如果对方不接受，谈判即宣布破裂。如果对方接受该条件，那么谈判成功。这种最后立场策略可以作为谈判终结的判定。当一方阐明己方的最后立场时，成败在此一举，如果对方不想使谈判破裂，只能让步接受该条件。

【课堂拓展】

最后立场

美国一家航空公司要在纽约建立大的航空站，想要求爱迪生电力公司给予其优惠电价。这场谈判的主动权掌握在电力公司一方，因为航空公司有求于电力公司。因此，电力公司以公共服务委员会不批准为借口，不肯降低电价，谈判相持不下。

这时航空公司突然改变态度，声称若电力公司不提供优惠电价，它就撤出这一谈判，自己建厂发电。

此言一出电力公司慌了神，立即请求公共服务委员会从中说情，表示愿意给予这类新用户优惠价格，因为若失去给这家大航空公司的供电合同，就意味着电力公司将损失一大笔钱，所以电力公司急忙改变原来傲慢的态度，表示愿意以优惠价格供电。

在这一案例中，谈判态势之所以发生如此大的变化，在于航空公司在要求对方让步的过程中，巧妙地使用了最后立场策略，如果对方不接受己方的交易条件，则己方就宣布谈判破裂而退出谈判。

四、根据谈判方发出的信号判定

谈判收尾在很大程度上是一种掌握火候的艺术。在谈判实践中人们通常会发现，一场谈判旷日持久，却进展甚微，然而由于某种原因，很多原本很棘手的问题一下子却得到迅速解决。交易将要明确时，双方会处于一种准备完成时的激奋状态，这种状态往往是另一方发出成交信号所致。要想通过一方发出的信号，来准确地判断谈判即将结束或成交在即，应注意以下几个方面的内容。

（一）语言信号

（1）对方用简洁的言词阐明立场，具有承诺的意味。

（2）对方所提建议完整，没有遗漏和不明之处。

（3）对方回答的任何问题，都很简洁，通常只作肯定或否定答复，不解释理由。

（4）对方开始打听交货的时间或使用、保养问题，询问价格优惠条件，对小问题提出具体要求，用假定口吻谈及购买等。

以上这些语言信号的出现，均表示对方的最后态度或在考虑达成交易。

（二）动作信号

（1）对方从静静地听讲，转为动手操作产品、仔细触摸产品。

（2）对方多次翻看说明。

（3）对方身体由原来前倾转为后仰或由一个角度到多个角度观察产品。

（4）对方出现摸口袋等签字倾向的动作。

以上这些都是较明显的购买动作信号。

（三）表情信号

（1）对方在听的过程中，眼睛由慢向快转动，眼睛发光，神采奕奕。

（2）对方面部表情由紧张转为松弛，略带笑意。

（3）对方情感由冷漠、怀疑、深沉变为自然、大方、随和、亲切。

（4）对方下意识地点头、面带微笑。

以上这些微妙的表情变化，都预示着对方已进入购买思考阶段。

（四）事态信号

（1）对方提出变换洽谈环境与地点。

（2）对方介绍有关参与购买决策过程的其他人员。

（3）对方主动提出安排谈判人员的食宿等。

以上这些举动足以证明对方已有了准备进一步深谈并以合适的条件实现成交的诚意。

总而言之，在谈判过程中一旦捕捉到成交的信号，就应当机立断，促成交易，不能一味拖延而错失良机。

【课堂拓展】

错失良机

一位顾客和他的两位朋友一道走进商店，他要给妻子买一台电冰箱作为结婚周年礼物。一位年轻的售货员开始向他介绍电冰箱，刚介绍了没几分钟，一位朋友便对那位顾客讲："好极了，这台冰箱正符合你的需要。"另一位朋友也表示赞同，那位顾客也点点头。可是这个蹩脚的售货员并不理会如此明显的成交迹象，而是继续介绍商品。后来，买主又表示出好几个强有力的成交迹象，而那个售货员还在不停地讲，直到那3个人离开商店他仍在夸夸其谈。

由此可见，谈判者必须密切注视对手发出的各种成交信号，对方的语言、面部表情和一举一动都能告诉你他在想什么，应当学会理解这些信号，然后选定成交时机。此时，对方兴趣正处于高峰。

案例中的那个年轻的售货员过于炫耀自己掌握的商品知识，想充分展示自己的推销技巧，结果错过了成交机会，丧失了一位潜在顾客。

任务二　选择谈判结束策略

在谈判结束阶段运用谈判策略主要有几个目的：一是通过结束策略使谈判对手改变惰性十足的状态，能够使双方以最有效的方式成交；二是通过结束策略可以为己方获得最后的利益；三是向谈判对手发出结束谈判的信号，以便于双方能够达成协议。常用的结束策略有以下几种。

一、时间策略

时间策略是通过时间因素给对方施加压力，目的是强调己方的优势从而在谈判终结时争取更大的利益以及对对方施加压力使谈判成果能够尽快确定下来，结束谈判。

在日常的商务贸易活动中，会经常听到这样一些话，如"从5月1日起，这种电视机就要限制进口了""如果贵公司不在7日内汇来款项，我们将无法近期交货""明天5点钟之前如果没有收到你方的电话，我们将同别人签订合同"。这就是提出时间期限的策略，日常生活中如此，商务谈判中也如此。

（一）使用对策

在谈判中，期限能使犹豫不决的谈判对手尽快做出决定，因为他们害怕错过这个机会。时间给人造成了某种压力，这种压力常常迫使对方改变战略。谈判专家科恩说：“时间是除信息和权力之外影响谈判结果的主要因素之一。”时间策略也是当谈判陷入停滞不前的境地时，使之快速前行的最佳方法。规定时间限制，通常又称为时间性通牒。要注意的是，当谈判处于僵局时，贸然地采取时间上的最后通牒策略只能激怒对方，造成谈判的破裂，所以应用时间策略应该把握好时机和谈判氛围而灵活使用。可以看出何时提出时间限制使其发挥预期的效果是一个关键的问题。

（二）切记要点

1. 不要盲目制定截止期

一旦盲目制定一个截止期，而对方又识破了这一招，留给己方的选择只剩下要么谈判真的破裂，要么过了规定的时限，还在继续跟别人谈判。如果盲目制定了好几个期限，而且大多都被超过了，一旦真的执行了一个，那反而会造成巨大的影响。例如，规定一个时间限制，对方常常会想办法使这一威胁不能执行。于是，当这个时限被超过了，对方会据此宣告：“噢！对不起，我得收回我做出的让步。”因此，制定截止期一定要谨慎。

2. 确定截止日期时的语气要委婉

因为确定截止日期从某种程度来说是对谈判对手施加的一种压力，为了时间策略能够发挥正确的作用，而不是起到反作用，确定截止日期时语气一定要委婉，尤其是在谈判终局阶段，双方在前期的谈判中都做了很多的努力，付出了很多人力物力成本，态度生硬地使用时间策略会使谈判对手产生反感或逆反心理，从而导致谈判的破裂。不管在任何时候，当必须规定一个某种形式的时限时，必须把自家的大门敞开，等对方再来找你。你可以这么说：“如果你想明天再谈，请于今晚 9 时给我打电话。”这些话与“如果今天咱们谈不成，那这笔生意就算吹了！”这样的话相比，前者显然更委婉，也更留有余地。

二、最后通牒

最后通牒策略也叫边缘政策，是最后一击，不惜以破裂相威胁，以迫使对方让步的谈判方法。

（一）使用对策

最后通牒常表现出凶狠、分量重、“孤注一掷”的最后立场，故可以作为谈判终局的策略。最适合采取最后通牒策略的情况是当一方占有一定的优势，谈判双方又在细枝末节上纠缠不休的时候。一般在谈判将近终局时，一方阐明立场，讲清最后让步条件，并表明如果对方不接受则谈判将会破裂。

（二）切记要点

1. 应该在判断双方已经就关键问题做出了多次磋商以后再使用

如果双方的磋商还不是很充分，一方就贸然采用最后通牒，那么最后通牒就变成一种恫吓，同时过早地暴露了己方的底线，是不可能达到预期目的的。

2. 注意使用最后通牒的环境

一般来说，只有在以下四种情况下，才使用最后通牒策略：

第一，谈判者知道自己处于一个强有力的地位，别的竞争者都不如他的条件优越，如果对方要使谈判继续进行并达成协议的话，只有找他。

第二，谈判者已尝试过其他的方法，但都未取得什么效果。这时，采取最后通牒策略是迫使对方改变想法的唯一手段。

第三，当己方将条件降到最低限度时。

第四，当对方经过旷日持久的谈判，已无法再担负由于失去这笔交易所造成的损失而非达成协议不可时。

3. 用自身的行动和态度来确保最后通牒的成功

谈判者使用最后通谍策略，总希望能够成功，其成功必须具备以下五个条件：

第一，送给对方最后通牒的方式和时间要恰当。一般是在送出最后通牒前，想方设法让对方先做些“投资”。例如，先在其他次要问题上达成协议，在时间、精力等方面让对方有所消耗，等到对方的“投资”达到一定程度时，即可抛出最后通牒，使得对方难以抽身。

第二，送给对方最后通牒的言辞要委婉，既要达到目的，又不至于锋芒太露。言辞太锋利的最后通牒容易伤害对方的自尊心，因此多半是自讨苦吃。例如，“就是这个价钱，不然没什么可谈的了!”“接受这个条件，否则到此为止!”而言辞委婉的最后通牒效果要好一些。例如，“贵方的道理完全正确，只可惜我们只能出这个价钱，能否再融通一下。”这种留有余地的最后通牒，替对方留下退路，易于被对方所接受。

第三，拿出一些令人信服的证据，让事实说话。如果能拿出文件和道理来支持己方观点，那就是最聪明的最后通牒了。例如，“你的要求提得并不过分，我非常理解，只是我方单位的财务制度不允许。”

第四，送给对方的最后通牒内容应有弹性。最后通牒不要将对方逼上绝路，应该设法让对方在己方的最后通牒中选择出一条路，至少在对方看来是两权相害取其轻。

第五，送给对方的最后通牒，要给对方留有考虑或请示的时间。在商务谈判中，让对方放弃原来的条件与立场，是需要时间的。因此，谈判者送出最后通牒后，还要给对方留有考虑的时间，以便让对方有考虑的余地。这样，可使对方的敌意减轻，不至于弄巧成拙。

三、反悔

反悔是结束谈判策略中一个十分有效的方法。买主守信用的时候，用不着使用这个策略。只有当买主没完没了要求降价的时候再使用。或者知道买主想做成这笔买卖，但他们心里想的是：“再跟这个人讲讲，看我一小时能挣多少钱?”

【课堂拓展】

“反悔”的误判策略

比如说你卖的小饰物，每件 1.80 美元，买主给你 1.60 美元。你们谈来谈去最后发现他可能同意 1.72 美元买下来。然而买主想：“我让他从 1.80 美元降到了 1.72 美元，我打赌能再挤出 1 分钱。我打赌能让卖主同意 1.71 美元卖给我。”

于是他说：“看呀，生意现在真的不好做，除非你能降到 1.71 美元的价格，否则我不能买你的东西。”

他可能只是引诱你，只是想看看他是不是能说动你。阻止他软磨硬泡的最好方法就是说：“我没把握是不是能这么做，但跟你说吧，如果我能够，我会同意的。”或者说：“我回去看看，我们重新考虑考虑，看看行不行。明天我再回来找你。”

第二天你回来了，而且假装要收回你前一天做出的让步。你说："真的不好意思，我们昨天整晚上都在重新估算这些货的价格，中间有某个环节出了错。原材料的价格已经上涨了，评估人员没有计算进去。我知道我们昨天说的是 1.72 美元，但我们连这个价格也不能给你了——1.73 美元是我们可能给你的最低价格。"

买主的反应是什么呢？他生气了，说："嘿，等一等，伙计，昨天我们谈的是 1.72 美元，1.72 美元我能接受。"买主立刻就忘了 1.71 美元。反悔的策略阻止了买主的软磨硬泡。

不要在大事情上动手脚，因为这真的会激怒买主。反悔是场赌博，但它可以迫使买家做出决定，通常的情况是要么买卖成交，要么谈判破裂。

（一）使用对策

例如，我们都听到过卖电器的或卖汽车的这样说，"让我回去跟销售经理商量一下，看看我能为你做些什么。"然后他回来说，"我真是太不好意思了！你知道我们谈的那个专题广告吗？我本来以为那个广告还生效，但是上周六作废了。甚至昨天那个价我都不能卖给你了。"马上，你不想再要求卖主做出更大让步了，你赶紧咬住昨天的价格。不要让这种事情发生。"你们的销售人员承诺给我们的价格是 19 元，我们经理今天来就是签合同的呀。""不，不。我们的推销员昨天回来一算，有个地方搞错了，20 元是我们的最低价。他们还想给你们打电话，谁知你们已经来了。"当有人这么对你的时候，不要害怕，坚持要求他首先解决好他自己的内部问题。等他确定谁有权做决定以后，你再恢复谈判。

（二）切记要点

(1) 反悔是种赌博，只有当买主软磨硬泡的时候再使用。

(2) 可以反悔上一个让步，或者反悔包括运输、安装、培训或附加条款的费用。

(3) 避免直接冲突。

任务三　结束谈判的技术准备

经过谈判双方的共同努力，进入到谈判结束阶段，需要结束谈判。在结束谈判之前，除了运用谈判策略之外，还要为谈判成果的确定、签订谈判合同以及谈判后的管理做出一些回避商业风险的准备，同时监督合同的实施，只有这样，双方谈判成果才能准确地确定下来，同时促进双方的合作，并把谈判的收获变成真正的盈利。具体结束谈判的技术准备包括以下几种。

一、对交易条件的最后检索

谈判是沟通的"游戏"，特别是在即将达成交易协议的关键时刻，沟通应当以双方对任何问题都能清晰、全面地了解为目标。不能为履行交易留下模糊的空间，而造成在交易执行中产生歧义，埋下纠纷的隐患。因此，在谈判者认为最后即将达成交易的会谈开始之前，有必要对一些重要的问题进行一次检索。包括：

(1) 明确还有哪些问题没有得到解决。

(2) 对期望成交的每项交易条件进行最后的决定，同时，明确各种交易条件准备让步的限度。

(3) 决定采取何种结束谈判的战术。

(4) 着手安排交易记录事宜。

这种检索的时间与形式取决于谈判的规模。有时可能被安排在一天谈判结束前的休息时间里进行，有时可能安排一个正式的会议，并由己方的某个领导主持。这样的回顾或检索会议往往被安排在己方与对方作最后一轮谈判之前进行。

但是，不管这种检索的形式怎样，这个阶段正是谈判者必须做出最后决定的时刻，并且面临着是否达成交易的最后抉择。因此，进行最后的回顾或检索，应当以协议对谈判者的总体价值为根据，对那些己方没有同意而未解决的问题，予以重新考虑，以权衡是做出相应让步还是失去这笔交易。在这个时候，务必防止一时的狭隘利益占优势，但这并不是提倡让步政策，它直接关系到交易目标能否实现。

二、确保交易条款的准确无误

在商务谈判中，困难之一就是谈判双方要保证对所谈的内容有一致的理解。名词术语的不同、语言的不同等都可能引起误会。所以，最重要的是，在交易达成时，双方对彼此同意的条款应有一致的认识，保证协议名副其实。下面所列各项是最容易产生问题的地方，对于这些问题，谈判者应当特别小心。

(一) 价格方面的问题

(1) 价格是否已经确定，缔约者是否能收回人工和材料价格增长后的成本。

(2) 价格是否包括各种税款或其他法定的费用。

(3) 在履行合同期间，如果行情发生了变化，那么成交的产品价格是否也随之变化。

(4) 在对外交易中是否考虑汇率的变化。

(5) 对于合同价格并不包括的项目是否已经明确。

(二) 合同履行方面的问题

(1) 对“履约”是否有明确的解释，它是否包括对方对产品的试用(测试)。

(2) 合同的履行能否分阶段进行，是否已作了明确规定。

(三) 规格方面的问题

(1) 如果有国家标准或某些国际标准可以参考，是否已明确哪些问题采用哪些标准、哪些标准与合同的哪部分有关。

(2) 对于在工厂或现场的材料与设备的测试以及它们的公差限度和测试方法，是否作了明确的规定。

(四) 仓储及运输等问题

(1) 谁来负责交货到现场，谁来负责卸货和仓储。

(2) 一些永久性或临时性的工作由谁来负责安排与处理。

(五) 索赔的处理

(1) 处理的范围如何。

(2) 处理是否排除未来的法律诉讼。

上述这些问题，适用于各种谈判。对于这些问题及其他有关问题，谈判双方应彻底检查一遍，以保证双方真正能够理解一致。也许会有人反对，因为这有可能给任何一方提供一个改变原来允诺的机会，并重新协商已经谈妥了的某些问题。在谈判双方对某些问题的标准理解不一致的情况下所签订的合同，会给双方带来极大的风险。因此，它的重要性远胜于前者。

三、谈判的记录

根据谈判的性质，有许多记录谈判的方法，但根本的要点是在双方离去之前使用书面记录，并由双方草签。几种常用的记录方法如下：

（1）通读谈判记录或条款以表明双方在各点上均一致同意。通常当谈判涉及商业条款及规格时须使用这一方法。

（2）每日的谈判记录，由一方在当晚整理就绪，并在第二天作为议事日程的第一个项目宣读，后由双方通过。只有这个记录通过后才能再继续进行谈判。这项工作虽然颇费力气，但对于较长时间的谈判来说是可取的。

（3）如果只需进行两三天的谈判，则由一方整理谈判记录后，在谈判结束前宣读通过。在未经双方同意并以书面记录在案的情况下，会谈则不应草草收场。事实上，在谈判过程中所发生的事，如果没有记录则极易引起争论，而记录人员很容易犯的错误是往往会记下他所认为的事情，而不会记下实际发生的事情。

【课堂拓展】

细节决定成败

东北某林区木材厂是一个近几年生意红火的中型木器制造厂。几年来，依靠原材料有保证的优势，木材厂就地制造成本比较低的传统木器，获得了可观的经济效益。但是该厂的设备落后，产品工艺比较陈旧，限制了工厂的发展。因此，该厂决定投入巨资引进设备技术，进一步提高生产效率，开拓更广阔的市场。木材厂通过某国际经济技术合作公司代理，欲与外国某木工机械集团签订引进设备合同，总价值110万美元。

外方按照合同规定，将设备到岸进厂，外方人员来厂进行调试安装。中方在验收中发现，该设备部分零件磨损痕迹严重，开机率不足70%，根本不能投入生产。中方向外方指出，你方产品存在严重质量问题，没有达到合同机械性能保证的指标，并向外方征询解决办法。外方表示将派强有力的技术人员赴厂研究改进。两个月后，外方派来的工作组到厂，更换了不符合标准的部分零件，对机器进行了再次的调试，但经过验收仍然不符合合同规定的技术标准。调试研究后外方应允回去研究，但一去三个月无下文。后来厂方经过代理公司协调，外方人员来厂进行一次调试，验收仍未能通过。中方由于安装、调试引进的设备已基本停产，半年没有效益。为了尽快投入生产，中方认为不能再这样周旋下去，准备通过谈判，做出一些让步，只要保证整体符合生产要求即可。这正中外方下怀，中方提出这个建议后，他们马上答应，签署了设备验收备忘录，外方公司进行三次调试。但调试后，只有一项达到标准，中方认为不能通过验收。但外方公司认为已经达到规定标准，双方遂起纠纷。

本来，外方产品质量存在严重问题，中方完全有理由表示强硬态度，据理力争，但双方纠纷发生后，外方却显得理直气壮，反而搞得中方苦不堪言。其症结到底何在呢？

原来，双方签署的备忘录中，经中方同意，去掉了部分保证指标，并对一些原规定指标进行了宽松的调整，实际上是中方做出了让步。但是让步必须是有目的的和有价值的，重新拟定的条款更需做有利于中方的、明确清晰的规定，不然可能造成新的被动。但该备忘录中竟然拟定了这样的条款标准：某些零部件的磨损程度“以手摸光滑为准”；某某部件“不得出现明显损伤”；等等。这种空泛的、无可量化的、无可依据的条款让外方钻了空子。根据这样的模糊规定，他们坚持认为达到了以上标准，双方争执不下。你摸着不光滑，我摸着就是光滑的。拿什么来做共同依据呢？中方面对自己同意的条款义正词严，但对于白纸黑字却说不清道不明。显然，掉进人家设的圈套里了！

外国公司所采取的是精心炮制好了的策略，一段套着一段走。一开始，他们给你一套不合格的设备，能蒙就蒙，能骗就骗，如果骗不过去，就采取第二步，就是拖，逼着你主动让步。结果就拖出一个备忘录来。外方的调试显得很有耐心，但中方的效益却随之流失。这时候，中方的一位负责人说，签订合同时，有关索赔条款的很多内容他都不是很清楚，也未请律师，当时只把索赔看成了一种不可没有的合同模式，也根本没想到会出现纠纷。可见这位负责人的意识是多么的淡薄，而没有正确的纠纷意识，又怎会有强烈的竞争意识呢？

中方在外商一改“耐心诚恳”的态度，拒不承认产品质量不符合标准的情况下，终于被迫求助于法律，聘请了律师，要求外方按原合同赔偿损失。外方在千方百计地拖延一个月之后，才表示愿意按实际损失来赔偿。中方认为，赔偿后至少可以保本，但结果又是南柯一梦！在原合同中，精明的外方在索赔条款中写进了一个索赔公式，由于这个公式相当复杂，签约时中方人员根本没有认真研究就接受了。他们没有想到会有纠纷，也根本没有把这公式当回事。现在，外方拿来这个公式，面对面地给你算细账。结果一出来，外方看着屏幕微笑，中方看着屏幕发呆。原来，按照这个公式计算，即使这套设备完全不符合要求，视同报废，外方也仅仅赔偿设备引进总价的0.8%！110万美元的损失只赔偿约1万美元，中方负责人被激怒了，外方却始终彬彬有礼地微笑。

此时，纠纷的解决已无可能，律师写上建议依法提出仲裁，但查看合同有关仲裁的条款时，令人大吃一惊。如按合同进行仲裁，吃亏的仍然是中方。因为合同中写道：“如果在本合同中，发生一切纠纷，均需执行仲裁，仲裁在被诉一方所在国进行。”这就是说，如果中方提出仲裁，只能在对方所在国进行，中方将要付出巨大的代价。但如果不提出仲裁，将受到巨大的损失。但外方不可能提出仲裁。如果中方要向外方提出仲裁，中方只能有一种手段，就是拒付货款。在国际贸易中，中国银行出具的不可撤销的保证函已与合同一起生效，银行方面保证信誉，遵守国际惯例，根本不可能拒付，也就是说，中方违约不存在客观可能性。在这种情况下，仲裁与否，中方真是进退两难。

对方对此胸有成竹，他们深深了解中方想仲裁而又不愿意到外国仲裁的矛盾。当中方每次提出干脆以仲裁的方式解决时，他们马上旁敲侧击提醒他们国家仲裁历时要多么长，花销要多么大，等等，而中方一次次望而却步时，他们却又耍新的花招，开始新的进攻。他们趁中方为难时，一再提出所谓的新的解决方法。最后，中方在万般无奈的情况下，接受了对方总额为12%的赔偿，同时提供另外3%零件的最终方案。那台机器两年来根本就不能运转，没有创造任何经济效益。现在，虽然能勉强运转，仍需要不断地调整修理。即便如此，也只有60%左右的生产效率。

在这个案例中，中方在签订合同时没有仔细地确定合同的细节，而只是想当然认为不会发生纠纷，并且对合同条款认识不清楚，最终上当受骗，而且不能挽回损失，给厂家造成了重大的损失。因此，在谈判中，在签订合同的时候，要注意确定谈判的细节和签约的细节，不能马虎大意，否则容易引起纠纷。

细节决定成败。交易过程中，往往是一个细节决定了全局的命运。所以，谈判人员在确定交易细节的过程中，要有重视细节的精神，不能忽视任何一个细节。

谈判是一个斗智的工作，可能的情况是，双方为了各自的利益而不顾其他，有时候为了自己的利益而欺骗对方，尤其是对于不熟悉的客户，或者不是长期业务合作的客户。这时候，就要小心谨慎，不能自以为是，而要在合同签署之前，确认每一个细节条款，对于不合理的地方，要及时指出，共同商讨，如果不能达成一致的话，宁愿放弃这次谈判。

当然，还要注意，合同的细节一般来说应该由双方商讨制定，不能由一方单独确定。否则，即为无效的条款。

任务四　谈判的后期管理

在双方经过谈判签订了协议之后，后期管理过程就变得十分关键了。谈判后的管理主要是密切关注谈判合同的履行，并且继续寻找谈判合同中对己方有利的内容或损害己方利益的内容，因为任何合同都不是十全十美的，会出现很多的漏洞和不足，应在合同履行前被发现。谈判后的管理至少应该做到以下几个方面。

一、履行谈判协议

在谈判中，最容易犯的错误就是：一旦达成了让己方满意的协议就会松懈下来，认为谈判已经圆满结束了。谈判的目的在于达成令人满意的协议，而达成协议的目的就是双方按照约定进行商品或服务的买卖及其他相关活动，所以协议的履行才是最重要的事。

谈判中所达成的协议具有法律效力，谈判双方必须按照协议要求完成己方承担的义务并取得相应的权利，任何一方不得擅自更改合同内容或解除合同，否则要承担法律责任。履行谈判协议，要求当事人必须全面履行合同规定的义务。要实现这一点，必须贯彻实际履行和适当履行的原则，两者缺一不可。

（一）实际履行

所谓实际履行，就是要严格按协议规定的标的履行，协议怎么规定，就怎么履行，不能任意用其他标的来代替，也不能用支付违约金或赔偿金的办法来代替合同原定的标的履行。因此，要求双方在谈判中，对有关标的物的内容的讨论要尽可能详尽、清楚、明确，并在合同中明确规定供货一方交付产品的质量、性能、功能、特点等方面内容以及检验的标准。如果供方未能履行协议，必须按合同规定承担其全部责任，向需方支付违约金及赔偿金。但此时，协议并没有中止，违约方仍然要执行实际履行的义务，所以，原则上罚款不能代替标的履行。

总之，合同签订后，必须按照合同规定的内容认真履行，除非不具备实际履行的情况，才允许不实际履行。这种情况包括：

（1）以特定物为标的协议，当特定物灭失时，实际履行协议的标的已不可能。

(2) 由于债务人延迟履行标的，标的的交付对债权人已失去实际意义，如供方到期不交付原材料，需方为免于停工待料，设法从其他地方取得原材料。此时，如再付货，对需方已无实际意义。

(3) 法律或协议本身明确规定，不履行协议，只负赔偿责任。如货物运输原则一般均规定，货物在运输过程中灭失时，只由承运方负担赔偿损失的责任，不要求做实际履行。

(二) 适当履行

所谓适当履行原则，就是要求协议的当事人，不仅要严格按协议的标的履行协议，而且对协议的其他条款，如质量、数量、期限、地点、付款都要以适当的方式全面履行。凡属适当履行的内容，如果双方事先在协议中规定得不明确，一般可按常规作法来执行。但这是在不得已情况下采用的。严格来讲，适当履行原则本身就要求当事人在订立协议时，尽量做到具体明确，以便双方遵照执行。

二、跟踪业务情况

在谈判之后要跟踪业务交易情况，随时了解双方在合作中出现的问题，及时处理。在业务跟踪的过程中，己方可以及时地了解对方现在处于什么样的境地，对于如约履行协议是否能按时保质保量地完成；如果对方陷入了困境而不能及时地履约，己方可以做哪些工作及能否帮助对方迅速摆脱困境，从而能够完成这个协议；如果对方这个时候已经不再具备履行协议的能力，己方可以迅速地采取其他的措施来补救，以把损失降到最低。

业务跟踪是对交易的重视，也是双向沟通的场所，这对良好的业务合作关系是至关重要的。跟踪对方的业务情况，可以有很多的方法。

(一) 不要随意被公开信息干扰

某种程度上，业务伙伴可以根据公开的信息了解对方现在的财务、人事等的状况，判断对方现在的处境，但要善于辨别信息的真实程度。如果对方是上市公司，可以从对方公开的财务报表中获取这些信息。公开的信息中，比如市场媒体的报道等往往包含着不实的成分，要注意判断。其他的还可能会有小道消息之类的信息，这个时候也要区分出真假，以免做出错误的判断和行动。

(二) 派出人员到对方的公司参与业务开展

双方达成协议之后，可以派出己方人员到对方的公司去了解情况，这样不但能够得到需要的信息，而且也能够加深和对方的联系，巩固双方的合作关系，建立长期合作的基础。但是，派出人员到对方的公司不要违反对方公司的内部规定，不能故意刺探对方的商业机密，不能违反基本的商业道德，不要干涉对方内部的事务。

(三) 建立互相通报业务情况的关系

双方达成协议之后，己方要主动地向对方报告近期的情况和履约的可能性，这样，在双方互相信任的情况下，建立双方的合作关系，互通信息，共同完成这次的协议，并为以后的合作建立诚信互利的基础。

跟踪对方的业务情况是必要的，但是不能够让对方对己方存有戒心，要向对方说明白用意，获得对方的理解，同时也要让对方对己方的业务情况进行跟踪，使对方对己方能够履行协议感到放心，从而不会有什么顾虑，以保持愉快长久的合作，实现双方谈判的共赢。

【课堂拓展】

一个成功的业务交流过程

某品牌绿茶公司与某建材公司希望能够就保健品项目进行合资合作，双方各自派出代表进行谈判。在谈判前，双方对对方的情况都进行了相应的考察。

通过考察，建材公司得知如下情况：

(1) 某品牌绿茶产自美丽的云南省，位于中国的西南部，海拔超过 2 200 米。在那里生长出的优质且纯正的绿茶，茶多酚含量超过 35%，高于其他（已被发现的）茶类产品。茶多酚能降脂、降压，减少心脏病和癌症的发病概率；同时，它能提高人体免疫力，并对消化、防御系统有益。

(2) 已注册生产某品牌绿茶，品牌和创意都十分不错，品牌效应在省内正初步形成。

(3) 已经拥有一套完备的策划、宣传战略。

(4) 已经初步形成了一系列较为顺畅的销售渠道，在全省某知名连锁药房及其他大型超市、茶叶连锁店都设有销售点，销售状况良好。

(5) 品牌的知名度还不够，但相信此品牌在未来几年内将会有非常广阔的市场前景。

(6) 缺乏足够的资金，需要吸引资金，用于扩大生产规模与扩大宣传力度。

(7) 现有的品牌，生产资料、宣传策划、营销渠道等一系列有形资产和无形资产，估算价值 300 万元人民币。

而绿茶公司也通过考察得知建材公司的如下情况：

(1) 经营建材生意多年，积累了一定的资金。

(2) 准备用闲置资金进行投资，由于近几年来保健品市场行情不错，投资的初步意向为保健品市场。

(3) 投资预算在 150 万元人民币以内。

(4) 希望在一年内能够见到回报，并且年收益率在 20%以上。

(5) 对保健品市场的行情不甚了解，对绿茶的情况也知之甚少。

双方在经过一番讨价还价之后，最终达成了如下的协议：

(1) 要求建材公司方出资额度不低于 50 万元。

(2) 保证绿茶公司控股。

(3) 对资产评估的 300 万元进行了合理的解释（包含：品牌、现有的茶叶及制成品、生产资料、宣传策划、营销渠道等）。

(4) 由绿茶公司负责进行生产、宣传以及销售。

(5) 建材公司方得到年收益的 20%，并且希望绿茶公司方能够具体保证其能够实现。

(6) 建材公司方要求绿茶公司方对获得资金后的使用情况进行解释，并随时汇报资金的使用情况。

(7) 风险分担问题。

(8) 利润分配问题。

双方达成协议之后，建材公司初期注资 50 万元用于绿茶公司扩大生产线，并派公司内部的一位部门经理到绿茶公司担任业务代表，随时向公司汇报情况。在随后的合作中，双方互通信息，共同解决在产品的生产、宣传、销售活动中遇到的困难，建材公司也逐步地扩大投资力度。在后期的合作中，由于双方的不断努力，使绿茶在省内占有的市场份额不断扩大，并向周边地区发展。建材公司也不断地加大投入，最终双方都获得了巨大的利益。

由于建材公司在绿茶公司投入的资金和精力过多，导致在建材市场上的份额逐步下降。这时候绿茶公司及时地获得了这一信息，于是同建材公司商讨也向建材公司注入了一笔资金，用于建材公司的生产线建设和设备的引进工作，形成了双方互相持股的合作关系。由于建材公司更新了产品的生产线，产品的质量不断提高，公司也赢得了信誉，逐步获得了更多的市场份额以及较长的缓冲时间来更好地处理出现的问题。

虚假的信息更是对己方有害，它不但造成己方的判断错误，而且还可能导致与对方的合作出现危机，导致合作的破裂，造成不必要的损失。因此，在跟踪对方业务情况的时候，要准确地判断信息的真实性，不要被虚假的信息蒙蔽，造成错误的判断。

在这个案例中，绿茶公司和建材公司在初步的谈判中，都充分获悉了对方的情况，这为合作打下了良好的基础。在合作之后，双方都及时地跟踪对方的业务情况，不断地互通信息，共同解决困难，最终能够形成了一个良好的合作情况，使双方都获得了利益。

跟踪对方的业务情况是谈判达成协议之后必不可少的一项工作，而不能认为可有可无。很多的事例证明跟踪对方的业务情况能够保证合作实现的最大可能性，降低合作失败的风险，化解可能出现的问题，避免损失，减少失败的可能。跟踪对方的业务情况还可以进一步加深对合同本身的了解，能及时发现合同中的漏洞并及时补救。如果在谈判后期通过跟踪对方业务情况，发现对方在某些方面不具有履行合同的能力，可以及时地向对方提出，或者判断是否是对方的陷阱，这个时候，就能够及时地想出解决措施，而不是到最后的关头才发现，那样将会有更大的损失。

跟踪对方业务情况要求必须及时准确，延迟的信息可能是没有用的信息，因此，及时地搜集对方的业务情况信息可以使己方有一个较长的缓冲时间来更好地处理出现的问题。

三、建立合作关系

交易的意义可能并不只是交易本身，在进行谈判活动时要把眼光放长远些。要知道在后续阶段建立信任对以后的合作是一件非常有利的事情。

（一）保持与老客户的信任关系

随着业务的扩大，可能会不断地接触新的客户，但不能因为有了新的客户而忽视了与老客户的关系。如果不积极地对老客户的关系加以维持，慢慢地双方就会疏远，有时甚至由于某些外在的原因还会导致关系的恶化。那个时候再想重新恢复到原来的那层关系，就需要花费非常多的时间和精力。而且，维持与老客户的关系比开发新客户的成本要低得多。

（二）重视与新客户保持良好关系

当某次交易的谈判结束后，不能认为已经完成了所有的任务。在谈判后续阶段的一个重要任务是与对方维持长久的良好合作关系。从长期合作的角度出发，为了以后业务发展，对于那些通过己方努力，在本次谈判中建立起良好关系的业务伙伴，应想方设法与他们保持良好关系，以免到时候再花费精力去重新建立。相对来说，重新建立关系比维持关系的成本要高得多，而且效果也不好。

（三）出现意外情况影响履约时也要为以后的合作建立信任基础

要做到这一点就需要切实履行双方签订的谈判协议，在己方出现意外情况对履约造成影响时，及时通知对方，解释清楚原因，求得谅解并让对方有所准备。事后要以适当的方式感谢对方或做一些相应的补偿。

（四）重视对方的意见和反馈

如果希望与对方长期合作就要对交易的履约情况多加关注，尤其是对方对己方的产品或服务提出的意见和建议，充分重视他们的需要和反馈意见，以此作为改进的基础，保持双方的合作关系。

（五）重视个人之间的联系和接触

不管什么样的经济实体，都是由人组成并进行运作的，所以要与对方维持良好关系的主要方法就是保持与对方人员的接触和联系。

在谈判的后续阶段，以这次合作为基础，与对方建立相互信任的良好关系，可以为以后带来更大的合作空间。

【课堂拓展】

长久才能共赢

ALADO公司隶属于1995年成立的马来西亚最大的铝合金制造商BSA集团。BSA集团是马来西亚最大的铝合金出口商，是马来西亚第一个生产18寸、19寸、20寸、22寸及24寸的铝合金轮圈的制造厂。奇瑞是安徽芜湖市的地方国有企业，1996年购买了一条发动机生产线，1999年12月开始生产轿车。2003年销售轿车9万多辆，其中出口1 200多辆，占2003年我国轿车出口的50%左右。2003年签约，为伊朗建一个年产5万辆轿车的整车厂，用奇瑞的品牌和散件装车，成为我国第一家到国外去办合资轿车厂的企业。

自2004年4月起，奇瑞公司开始与马来西亚ALADO汽车公司正式就ALADO汽车公司在马来西亚代理销售、制造奇瑞汽车展开洽谈。根据计划，双方先期进行CBU整车销售合作，后期进行CKD散件装配。马来西亚人力资源部长拿督冯镇安说："此次合作除能开拓本地东盟汽车市场外，也能为马来西亚工人提供技术增值。同时，这项跨边合作将对许多零组件制造厂和下游供应商带来鼓励作用，并为马来西亚汽车工业创造许多就业机会。"

此后，双方在多个方面保持了良好的合作关系，最终在2004年11月12日，马来西亚ALADO公司与中国奇瑞汽车有限公司举行了规模盛大的授权签字仪式。奇瑞汽车将全面授权马来西亚ALADO公司制造、组装、配售和进口代理奇瑞牌轿车。

根据协议，ALADO公司获权制造、组装、销售和进口代理六种类型的奇瑞牌汽车，按照分阶段执行的计划，ALADO公司到2005年引进奇瑞的另外3款全新车型，将在2006年完成所有6款车的引进工作，首款引进车型是奇瑞QQ，奇瑞汽车于2004年12月正式登陆，同时ALADO公司与马来西亚的东方集团建立合作关系，在马来西亚的柔佛装配奇瑞QQ和奇瑞B14。

为使在马来西亚生产的奇瑞轿车质量得到保证，奇瑞公司先后派出二批人员奔赴马来西亚进行交流、指导，并就零件的国产化方面与ALADO公司达成了意向。

ALADO公司执行主席苏锦鸿先生透露，随着中国-东盟自由贸易区的建立以及2005年东盟开放整车进口市场，设在马来西亚的奇瑞汽车工厂将成为奇瑞轿车进入东盟汽车市场的重要战略要地。公司将陆续在东盟国家确定40～50家奇瑞轿车特许经销商，首先在越南和印度尼西亚展开。

出席签字仪式的马来西亚交通部长陈广才指出，奇瑞汽车和ALADO公司的合作是马中两国经贸合作的一个典范。马来西亚政府希望更多的中国企业向马来西亚转让技术、扩大科技合作。

奇瑞与ALADO公司在初次洽谈业务后，双方开展了多方面的合作关系，并没有因为第一次的合作而将这一合作关系告一段落。最终，双方在多个领域展开了全方面合作，形成了共赢的局面。

形成长久的合作关系，就要讲究诚信。有人认为，谈判中不存在诚信，因为一旦讲诚信，向对方袒露己方情况，那将会导致谈判破裂，或让己方处于不利地位。须注意的是，这里说的诚信是在原则范围许可的诚信，不是那种向对方一览无遗地暴露。诚信是双方在遵守原则、保守秘密前提下的诚信，毕竟双方走到谈判桌前来就是要达成协议，形成合作关系。

一个高明的谈判者会重视任何业务伙伴，在商业社会里，顾客、合作伙伴都是不可多得的资源。所以，高明的谈判者会在谈判中始终坚持一个原则：把该说的东西向对方介绍。这样做的目的是让对方更好地掌握己方的情况，以期考虑一种更好的合作方式，这不失为一种积极的办法。

诚信还有一层意思就是要积极地替对方考虑，给对方提供建设性意见，帮助对方走出困境。这种方法会引起对方的好感，使以后的合作一路顺畅。

知识运用

一、认真阅读谈判场景，进行思考与分析

在谈判结束阶段采用最后通牒策略时，某谈判者在考虑如何表达，他心里有三种表达方式，分别是：

A. “就是这个价钱，不然没什么可谈的了。”

B. “接受这个条件，我们就结束谈判，不然就到这里了！”

C. “贵方的问题我们能充分理解，但是我们出的条件只能到这里了，你看看这个最后的价位贵方能否接受？”

问题：如果你是这个谈判者，你应该采取哪种说法呢？为什么？

二、案例分析

1. 美国一公司的商务代表迈克尔到法国进行一场贸易谈判，受到法国公司代表的热烈欢迎。法方代表亲自驾车到机场迎接，然后把迈克尔安排在一家豪华宾馆，使迈克尔有一种宾至如归的感觉，对法方有了很好的印象。

一切安排完毕之后，法国人似无意间问起：“迈克尔先生您是不是要准时回国呢？到时还是由我送您去机场。”迈克尔告知了对方自己回程的日期，并感谢对方的安排。从迈克尔的回答法方得知了迈克尔此行的时间是十天。接下来，法方安排迈克尔尽情游览，娱乐节目十分丰富。直到迈克尔到法国的第七天才开始谈判，但很快草草结束。第八天重新开始后仍草草收场，第九天还是没有取得实质性进展。直到最后一天，当双方谈到关键问题时，来接迈克尔去机场的车到了，主人建议余下的问题在车上接着谈，迈克尔进退维谷，只好从命。如果不同意，此行白跑一趟；如果不讨价还价，似乎又不甘心。权衡利弊，最终迈克尔只好答应了法国方面的全部条件。

问题：在本案例中，法国一方在谈判技巧上使用了什么策略？迈克尔的经历给我们怎样的启示？

2. 小黄为买一台录像机，跑了几家电器商店，这几家电器店的价格都在2 800元～3 000元。为了购买到更便宜一点的录像机，他又询问了几家店，最后来到了一家门面装饰不凡的电器公司。店员十分客气地同他打招呼，他询问了录像机的价格，店员拿出一张价目表让他看，他所要的那种型号的录像机是 3 000 元，但店员报价 2 800 元，小黄觉得应该买，店员随即开写货单。这时从旁边走来另一位店员，看过货单后说价格应该是3 000元而不是 2 800 元，正在试机的店员立即查看价格表，转身对小黄说：“真对不起，我刚才看错了，将 3 000 元看成了 2 800 元。”小黄已经试机了很长时间，需要赶时间，并且已经挑选了几台，出于面子，他便默许了将购货单上的 2 800 元改为 3 000 元。

问题：该店员采用的是什么终结策略？

参考文献

[1] 刘文广，许铁志，关晓丽. 行销谈判策略与技巧. 北京：中国商业出版社，1989.

[2] 迈克尔·波特. 竞争优势. 陈小悦，译. 北京：华夏出版社，2001.

[3] 李品媛. 现代商务谈判. 大连：东北财经大学出版社，2007.

[4] 李爽. 商务谈判. 北京：清华大学出版社，2007.

[5] 周海涛. 商务谈判成功技巧. 北京：中国纺织出版社，2006.

[6] 李蔚. 推销革命. 成都：四川大学出版社，1995.

[7] 雷娟，全婧. 商务谈判. 西安：西安交通大学出版社，2011.

图书在版编目(CIP)数据

商务谈判项目化教程/潘瑞艳主编. —北京：中国人民大学出版社，2017.9
21 世纪高职高专规划教材．市场营销系列
ISBN 978-7-300-24938-4

Ⅰ.①商… Ⅱ.①潘… Ⅲ.①商务谈判-高等职业教育-教材 Ⅳ.①F715.4

中国版本图书馆 CIP 数据核字（2017）第 220641 号

普通高等职业教育"十三五"规划教材
"教—学—做一体化"校企合作重点科研成果推荐教材
21 世纪高职高专规划教材·市场营销系列
商务谈判项目化教程
主　编　潘瑞艳
副主编　赵凤卿　卿云晖　丁紫辉
参　编　李　芳　叶　丽　马　帅　彭燕琼
Shangwu Tanpan Xiangmuhua Jiaocheng

出版发行	中国人民大学出版社		
社　　址	北京中关村大街 31 号	**邮政编码**	100080
电　　话	010－62511242（总编室）		010－62511770（质管部）
	010－82501766（邮购部）		010－62514148（门市部）
	010－62515195（发行公司）		010－62515275（盗版举报）
网　　址	http://www.crup.com.cn		
	http://www.ttrnet.com(人大教研网)		
经　　销	新华书店		
印　　刷	北京东君印刷有限公司		
规　　格	185 mm×260 mm　16 开本	**版　　次**	2017 年 9 月第 1 版
印　　张	12	**印　　次**	2017 年 9 月第 1 次印刷
字　　数	282 000	**定　　价**	27.00 元
